D1748045

Kölner Schriften zum Europarecht

herausgegeben vom
Institut für Europäisches Wirtschaftsrecht
an der Universität zu Köln
vertreten durch den Direktor Prof. Dr. Ulrich Ehricke

Band 68

André Fredrich

Der Anspruch auf Vorteilsabschöpfung gegen das Bundeskartellamt

Nomos

Onlineversion
Nomos eLibrary

Die Deutsche Nationalbibliothek verzeichnet diese Publikation in
der Deutschen Nationalbibliografie; detaillierte bibliografische
Daten sind im Internet über http://dnb.d-nb.de abrufbar.

Zugl.: Köln, Univ., Diss., 2021

ISBN 978-3-8487-8422-6 (Print)
ISBN 978-3-7489-2798-3 (ePDF)

Die Bände 1-64 der Schriftenreihe sind im Carl Heymanns Verlag erschienen.

1. Auflage 2021
© Nomos Verlagsgesellschaft, Baden-Baden 2021. Gesamtverantwortung für Druck
und Herstellung bei der Nomos Verlagsgesellschaft mbH & Co. KG. Alle Rechte, auch
die des Nachdrucks von Auszügen, der fotomechanischen Wiedergabe und der Übersetzung, vorbehalten. Gedruckt auf alterungsbeständigem Papier.

Für meine Schwester und meine Eltern

Vorwort

Die vorliegende Arbeit wurde im Sommersemester 2021 von der Rechtswissenschaftlichen Fakultät der Universität zu Köln als Dissertation angenommen. Die Disputation fand am 16. Juni 2021 statt.

Den zahlreichen Personen, die mich auf diesem Weg in vielfältiger Art und Weise begleitet und unterstützt haben, möchte ich in diesem Vorwort ganz herzlich danken.

Mein großer Dank gilt zunächst Herrn Prof. Dr. Ehricke LL.M., M.A. und Herrn Prof. Dr. Kühnen, die durch ihre großartige Betreuung und ihr persönliches Engagement einen ganz entscheidenden Beitrag zum Gelingen dieser Arbeit geleistet haben. Der rege fachliche Austausch hierzu hat mir großen Spaß gemacht.

Selbstverständlich hat auch mein persönliches Umfeld erheblich zu einem Gelingen dieser Arbeit beigetragen. Meine Freundin Isabel Lang hat mich insbesondere in schwierigen Phasen immer wieder aufgefangen und mir die nötige Gelassenheit und Zuversicht während der Bearbeitungszeit vermittelt.

Danken möchte ich an dieser Stelle auch meinem Onkel Armin Fredrich sowie meinem Cousin Jonas Fredrich für die Korrekturtipps und insbesondere die Zeit, die sie hierfür aufgewendet haben. Die Mühen der abschließenden Korrekturlektüre haben zudem Özlem Pehlivan und Yolanda Brixel auf sich genommen. Für die präzisen grammatikalischen Hinweise, die aufgebrachte Zeit und selbstverständlich ihre Freundschaft möchte ich mich an dieser Stelle von Herzen bedanken.

Schließlich gilt ein besonderer Dank meiner Familie, ohne die dieses Vorhaben niemals gelungen wäre. Sie unterstützte meinen bisherigen Werdegang bedingungslos und war immer ein wichtiger Rückhalt. Von Herzen widme ich daher diese Arbeit meinen Eltern Michaela und Stefan Fredrich sowie meiner lieben Schwester Laura.

Köln, im Juli 2021 *André Fredrich*

Inhaltsverzeichnis

Abkürzungsverzeichnis 19

§ 1 Einleitung 23
A. Problemstellung 23
B. Ziel der Arbeit 27
C. Thematische Abgrenzung 27
D. Aufbau der Untersuchung 28

§ 2 Die gesetzliche Pflicht zur Vorteilsabschöpfung 30
A. Die Rechtslage vor der 7. GWB-Novelle 30
   I. Die Abschöpfung als Regelfall nach altem Kartellrecht 30
   II. Die Bestimmung des Bußgeldrahmens 31
      1. Die Bestimmung des Mehrerlöses 31
         a. Die Problematik der Mehrerlösfeststellung 31
            aa. Die Feststellung des Mehrerlöses dem Grunde nach 31
            bb. Die Feststellung der Mehrerlöshöhe 32
               (1) Anwendung der Vergleichsmarktbetrachtung 32
               (2) Schwächen der Vergleichsmarktbetrachtung 34
               (3) Stellungnahme 35
            cc. Die Doppelfunktion des Mehrerlöses und der Einfluss des wirtschaftlichen Vorteils 36
         b. Stellungnahme zu den Problemen der praktischen Umsetzung der Mehrerlösschätzung und Vorteilsabschöpfung nach alter Rechtslage 37
      2. Der wirtschaftliche Vorteil als ausschließlicher Parameter für die Vorteilsabschöpfung und die Bußgeldbemessung nach aktueller Rechtslage 37

B. Die aktuelle Rechtslage der Vorteilsabschöpfung 39
   I. Die Implementierung des Regelungssystems der §§ 34, 81d Abs. 3 GWB 39
      1. Die Notwendigkeit der Einführung des § 34 GWB 40
         a. Keine Notwendigkeit des § 34 GWB 41
         b. Entlastung des Bußgeldverfahrens durch die Anwendung des § 34 GWB 42
         c. Umfassende Abschöpfung rechtswidrig erlangter Vorteile 42
      2. Stellungnahme 43
      3. Die Bestimmung des wirtschaftlichen Vorteils 44
         a. Die Höhe des wirtschaftlichen Vorteils 46
         b. Kritik an der Einführung des wirtschaftlichen Vorteils als Abschöpfungsgegenstand 47
         c. Anwendung der Überlegungen zur Schadensschätzung 47
   II. Die gesetzliche Pflicht zur Vorteilsabschöpfung 49
      1. Das Ermessen des Bundeskartellamts 49
         a. Das Ermessen des Bundeskartellamts hinsichtlich der Frage des *Ob* der Abschöpfung 50
            aa. Ansichten der *Literatur* 50
               (1) Weites Aufgreifermessen 50
               (2) Keine Vorteilsabschöpfung nach dem Vorbild der europäischen Bußgeldhandhabung 52
               (3) Der wirtschaftliche Vorteil als Kriterium der Bußgeldbemessung 52
            bb. Verfassungskonforme Auslegung der §§ 34 Abs. 1, 81d Abs. 3 GWB 53
            cc. Stellungnahme 54
         b. Die Bestimmung des *Wie* der Vorteilsabschöpfung 58
            aa. Auslegungsansätze aus der *Literatur* und der *Rechtsprechung* 59
               (1) Freies Wahlrecht der Abschöpfungsmethode 59
               (2) Berücksichtigung der Entlastungsfunktion des § 34 GWB 59
               (3) Begründung der Abschöpfungsentscheidung 59
            bb. Stellungnahme 60
         c. Ergebnis 61

2. Die Subsidiarität der behördlichen Vorteilsabschöpfung ... 62
   a. Die Subsidiarität der behördlichen Vorteilsabschöpfung nach § 34 Abs. 2 Satz 1 GWB ... 62
      aa. Berücksichtigung der Funktion der Vorteilsabschöpfung ... 63
      bb. Das Verhältnis der Vorteilsabschöpfungsverfahren nach § 81d Abs. 3 und § 34 GWB zueinander ... 63
      cc. Das Verhältnis der Vorteilsabschöpfung zur Einziehung von Taterträgen ... 64
      dd. Das Verhältnis von Vorteilsabschöpfung zu Schadensersatz und Rückerstattung ... 65
      ee. Stellungnahme ... 66
   b. Das Verhältnis der Vorteilsabschöpfung nach § 81d Abs. 3 GWB zur Durchsetzung privater Rechte ... 68
      aa. Der Verzicht auf die Vorteilsabschöpfung im Bußgeldverfahren nach § 81d Abs. 3 GWB ... 69
      bb. Regress über die analoge Anwendung des § 99 Abs. 2 Satz 2 OWiG ... 69
      cc. Analoge Anwendung der §§ 34 Abs. 2, 34a Abs. 2 GWB ... 70
      dd. Kein Handeln des Staats zu Lasten des Geschädigten ... 70
   c. Das Problem der Prozesslänge ... 71
   d. Stellungnahme ... 73
   e. Das Verhältnis zur Vorteilsabschöpfung nach § 34a GWB ... 74
      aa. Sinn und Zweck der Norm ... 74
      bb. Anwendungsbereich und Systematik ... 76
         (1) Subsidiäre Anwendung des § 34a GWB ... 76
         (2) Keine subsidiäre Anwendung des § 34a GWB nach dem Leitbild der *Courage-Rechtsprechung* ... 78
      cc. Stellungnahme ... 79
3. Die Ausnahmen von der Abschöpfungspflicht nach § 34 Abs. 3 GWB ... 80
   a. § 34 Abs. 3 GWB als Vorschrift mit intendiertem Ermessen ... 81
   b. Vorliegen einer unbilligen Härte ... 83
   c. Zwischenergebnis ... 85

Inhaltsverzeichnis

	d. Die Definition des geringen wirtschaftlichen Vorteils	85
	aa. Gedanke der umsatzbezogenen Vorteilsschwellen	85
	bb. Verhältnis zwischen Aufwand und Ertrag	86
	e. Verzichtsgründe nach § 17 Abs. 4 OWiG	87
	4. Das Verhältnis der Vorteilsabschöpfung zur Kronzeugenregelung	88
	a. Keine Umgehung der Vorteilsabschöpfung durch das Kronzeugenprogramm	90
	aa. Gründe für eine Umgehung der Vorteilsabschöpfung	92
	bb. Vorrang gesetzlicher Vorgaben gegenüber Verwaltungsgrundsätzen	92
	b. Die Verhältnismäßigkeit der Vorteilsabschöpfung bei Kronzeugen	93
	c. Stellungnahme	94
III. Ergebnis		96

§ 3 Der Verstoß des Bundeskartellamts gegen die Abschöpfungspflicht 97

A. Rechtswidriges Handeln des Bundeskartellamts 100

B. Durchsetzung der Vorteilsabschöpfung durch Vorgaben weisungsbefugter Behörden 100
    I. Kein Weisungsrecht des Bundesrechnungshofs 100
    II. Weisungen des Bundeswirtschaftsministeriums 103
        1. Probleme der praktischen Durchsetzung 104
        2. Stellungnahme 105

§ 4 Der Anspruch auf Vorteilsabschöpfung 107

A. Die Herleitung eines subjektiv-öffentlichen Rechts aus § 34 GWB 107
    I. Vor- und Nachteile eines Anspruchs nach § 34 GWB 107
        1. Vorteile 108
            a. Die Sicherung privater Rechte 108
            b. Stärkung der privaten Rechtsdurchsetzung und der Prozessökonomie 108
            c. Vorteile für die Allgemeinheit 111
            d. Imageschutz 111
            e. Entlastung der Gerichte durch eine umfassende Rechtseinschätzung 113

    2. Nachteile 113
        a. Behördliches Einschreiten als Instrument zur
           Durchsetzung privater Interessen 113
        b. Imageschaden des Abschöpfungsschuldners 114
        c. Überlastung der Kartellbehörde 114
        d. Anspruch als Drohmittel gegenüber Konkurrenten ... 115
        e. Schwächung des gesetzlichen Kronzeugenprogramms ... 115
    3. Stellungnahme 115
II. Ansichten von *Literatur* und *Rechtsprechung* über
    den Bestand subjektiv-öffentlicher Rechte im
    Kartellverwaltungsrecht 117
    1. Ansicht des Bundeskartellamts 117
    2. Ansicht der *Rechtsprechung* 119
        a. Differenzierung zwischen Antragsrecht und
           Ermessensvorschrift 119
        b. Fehlendes Rechtschutzbedürfnis 120
        c. Wahrung öffentlicher Interessen 121
        d. Keine Übertragbarkeit der *Rechtsprechung* für die
           Feststellung eines subjektiv-öffentlichen Rechts aus
           § 34 GWB 121
            aa. Keine Ermessensvorschrift 121
            bb. Kein fehlendes Rechtsschutzbedürfnis 123
            cc. Keine ausschließliche Wahrung öffentlicher
                Interessen 124
    3. Ansichten der *Literatur* und *Lehre* 125
        a. Differenzierung zwischen Antrags- und
           Amtsverfahren 125
            aa. Bindung subjektiv-öffentlicher Rechte an
                Antragsverfahren 126
            bb. Ausdehnung des Antragsbegriffs; subjektiv-
                öffentliches Recht aus materiellem Recht 127
            cc. Differenzierung zwischen einem subjektiv-
                öffentlichen Recht und einem Antrag; keine
                Ausdehnung des Antragsbegriffs 127
            dd. Zwischenergebnis 128
        b. Der generelle Anspruch auf Einschreiten nach *Blanke* ... 128
        c. Keine Übertragung der Überlegungen *Blankes* auf ein
           subjektiv-öffentliches Recht aus § 34 GWB 129
    4. Stellungnahme 130

III. Die Herleitung des subjektiv-öffentlichen Rechts aus § 34
　　　　　GWB nach der Schutznormtheorie　　　　　　　　　　　131
　　　　　1. Objektiver Gesetzesinhalt　　　　　　　　　　　　　133
　　　　　2. Auslegung unter Berücksichtigung der
　　　　　　 Gesetzesmaterialien　　　　　　　　　　　　　　　134
　　　　　3. Konsequente Anwendung der gesetzlichen Vorgaben
　　　　　　 unter Berücksichtigung des gesetzgeberischen Willens　135
　　　　　4. Ergebnis　　　　　　　　　　　　　　　　　　　137
　　B. Anspruchsumfang　　　　　　　　　　　　　　　　　　　137
　　　　I. Anspruch auf Kenntnisnahme des Sachverhalts　　　　　139
　　　　　1. Anspruchsinhalt　　　　　　　　　　　　　　　　139
　　　　　2. Stellungnahme　　　　　　　　　　　　　　　　　140
　　　　II. Übernahme der Prinzipien des verwaltungsrechtlichen
　　　　　　Bescheidungsanspruchs　　　　　　　　　　　　　　140
　　　　　1. Anspruchsinhalt　　　　　　　　　　　　　　　　141
　　　　　2. Stellungnahme　　　　　　　　　　　　　　　　　142
　　　III. Prüfungspflicht in entsprechender Anwendung des
　　　　　　fusionskontrollrechtlichen Vorprüfverfahrens　　　　　142
　　　　　1. Übertragbarkeit auf die Vorteilsabschöpfung nach § 34
　　　　　　 GWB　　　　　　　　　　　　　　　　　　　　143
　　　　　2. Stellungnahme　　　　　　　　　　　　　　　　　144
　　　IV. Anspruch auf Anwendung des § 34 GWB　　　　　　　145
　　　　V. Umsatzbezogene Vermutung　　　　　　　　　　　　146
　　　　　1. Praktische Umsetzung　　　　　　　　　　　　　　147
　　　　　2. Rechtliche Bedenken　　　　　　　　　　　　　　148
　　　VI. Ergebnis　　　　　　　　　　　　　　　　　　　　149
　　C. Anspruchsberechtigung　　　　　　　　　　　　　　　　　149
　　　　I. Verknüpfung zwischen Schadensersatzanspruch und dem
　　　　　 Anspruch nach § 34 GWB　　　　　　　　　　　　　150
　　　　　1. Argumente für eine Verknüpfung　　　　　　　　　150
　　　　　　 a. Mögliche Deckungsgleichheit zwischen
　　　　　　　　Schadensersatzleistung und dem erlangten Vorteil　150
　　　　　　 b. Rechtsfolgen von Schadensersatz und
　　　　　　　　Vorteilsabschöpfung　　　　　　　　　　　　151
　　　　　2. Argumente gegen eine Verknüpfung　　　　　　　151
　　　　　　 a. Keine effektive Abschöpfung　　　　　　　　　151
　　　　　　 b. Kein Schaden　　　　　　　　　　　　　　　152
　　　　　3. Stellungnahme　　　　　　　　　　　　　　　　153
　　　　　4. Zwischenergebnis　　　　　　　　　　　　　　　154

II. Die Betroffenheit als Grundvoraussetzung eines kartellrechtlichen Anspruchs	154
1. Übertragbarkeit des Betroffenheitskriteriums auf § 34 GWB	155
2. Parallele zum Beseitigungsanspruch nach § 33 Abs. 1 Satz 1 GWB	155
3. Zwischenergebnis	156
III. Betroffenheit im Sinne des § 33 Abs. 1 und 3 GWB	157
1. Beeinträchtigung der wirtschaftlichen Interessen	157
a. Auslegung nach der *Schienenkartell-II*-Entscheidung	158
b. Auslegung nach der 10. GWB-Novelle	159
c. Beschränkung der Beeinträchtigung	160
d. Weite Auslegung	161
e. Kritik an der weiten Auslegung	162
f. Stellungnahme	162
2. Beeinträchtigung als „*Mitbewerber und sonstiger Marktbeteiligter*"	164
a. Marktbeteiligter als Oberbegriff	164
b. Die Betroffenheit im Lichte der *jedermann*-Rechtsprechung	165
aa. Horizontalverhältnis	166
bb. Vertikalverhältnis	166
c. Am Kartellverstoß beteiligte Marktteilnehmer	167
d. Stellungnahme	168
IV. Auslegung des Betroffenheitskriteriums unter Berücksichtigung der Schutzwirkung des § 34 GWB	169
1. Typische Kartellverstöße im Horizontalverhältnis	170
a. Submissionskartelle	170
b. Preis- und Quotenkartelle	172
aa. Fallbeispiel LKW-Kartell	172
bb. Fallbeispiel Silostellgebühren	173
cc. Fallbeispiel Wurstkartell	173
dd. Fallbeispiel Zementkartell	174
c. Zwischenergebnis	174
2. Die Betroffenheit nach § 34 GWB im Horizontalverhältnis	175
a. Direkter Wettbewerber als Kartellaußenseiter	175
b. Kartellaußenseiter, die Vorteile aus einer unterlassenen Vorteilsabschöpfung ziehen	175
c. Potenzielle Wettbewerber	176

Inhaltsverzeichnis

d. Kartellbeteiligte Unternehmen im Horizontalverhältnis	177
3. Die Betroffenheit nach § 34 GWB sonstiger Marktbeteiligter im Vertikalverhältnis	178
a. Direkte Abnehmer	179
b. Mittelbare Abnehmer	179
c. Verbraucher	180
d. Kunden von Kartellaußenseitern	180
e. Vorgelagerte Lieferanten	181
f. Marktteilnehmer, die Vorteile aus einer unterlassenen Vorteilsabschöpfung ziehen	181
4. Die Betroffenheit nach § 34 GWB bei vertikalen Wettbewerbsbeschränkungen	182
a. Fallbeispiel Melitta und Rossmann	182
b. Ausschließlichkeitsbindungen als wirtschaftlicher Vorteil	183
aa. Unmittelbare Betroffenheit des gebundenen Unternehmens	184
bb. Unmittelbare Betroffenheit der Wettbewerber der bindenden und gebundenen Vertragspartei	185
cc. Erhöhte Finanzkraft durch vertikale Bindungen	186
dd. Schätzungserleichterungen bei der Anwendung des § 34 Abs. 4 GWB	187
c. Zwischenergebnis	188
5. Nichtangriffspakte in der Praxis	188
a. Fallbeispiel Industrieversicherer	189
b. Fallbeispiel Flüssiggas-I	189
c. Zwischenergebnis	190
6. Atypische Kartellverstöße	190
a. Nichtangriffspakt zum Schutz vor ruinösem Preiswettbewerb	190
b. Kein Preiswettbewerb aufgrund eines Tiefstpreises	191
aa. Erlangter wirtschaftlicher Vorteil im Sinne des § 34 GWB	191
bb. Feststellung der Betroffenheit nach § 34 GWB	192
cc. Sicherung des Umsatzes durch einen Nichtangriffspakt	192
dd. Zwischenergebnis	193
7. Ergebnis	194

§ 5 Endergebnis und Zusammenfassung 195

Literaturverzeichnis 201

Abkürzungsverzeichnis

A.A.	Andere Ansicht
a.F.	Alte Fassung
Abs.	Absatz/Absätze
AG	Die Aktiengesellschaft (Zeitschrift)
Alt.	Alternative
Art.	Artikel
Aufl.	Auflage
BayObLG	Bayrisches Oberstes Landesgericht
BB	Betriebs Berater (Zeitschrift)
Bd.	Band
BeckOK	Beck´scher Online-Kommentar
BeckRS	Beck-Rechtsprechung
BFH	Bundesfinanzhof
BGB	Bürgerliches Gesetzbuch
BGH	Bundesgerichtshof
BGHZ	Entscheidungen des Bundesgerichtshofs es in Zivilsachen
BHO	Bundeshaushaltsordnung
BKartA	Bundeskartellamt
BR-Drucksache	Bundesrats-Drucksache
BT-Drucksache	Bundestagsdrucksache
BVerfGE	Entscheidungen des Bundesverfassungsgerichts
BVerwG	Bundesverwaltungsgericht
BVerwGE	Entscheidungen des Bundesverwaltungsgerichts
Bzw.	Beziehungsweise
DAR	Deutsches Autorecht (Zeitschrift)
DB	Der Betrieb (Zeitschrift)
DÖV	Die öffentliche Verwaltung (Zeitschrift)
DStR	Deutsches Steuerrecht (Zeitschrift)

Abkürzungsverzeichnis

EuGH	Europäischer Gerichtshof
f.	folgende
ff.	fortfolgende
FG	Finanzgericht
Fn.	Fußnote
GG	Grundgesetz
GRUR	Gewerblicher Rechtsschutz und Urheberrecht (Zeitschrift)
GRUR Int	Internationaler Teil
GRUR-RS	Rechtsprechungs- Report
GWB	Gesetz gegen Wettbewerbsbeschränkungen
HGrG	Gesetz über die Grundsätze des Haushaltsrechts des Bundes und der Länder
IFG	Gesetz zur Regelung des Zugangs zu Informationen des Bundes
I.S.d.	Im Sinne des
JuS	Juristische Schulung (Zeitschrift)
KDVG	Gesetz über die Verweigerung des Kriegsdienstes mit der Waffe aus Gewissensgründen
KG	Kammergericht
Lfg.	Lieferung
LG	Landgericht
lit.	littera (Buchstabe)
MüKo	Münchener Kommentar
M.w.N.	Mit weiteren Nachweisen
NJW	Neue juristische Wochenschrift
NJW-RR	Neue Juristische Wochenschrift – Rechtsprechungs-Report

Nr.	Nummer
NStZ	Neue Zeitschrift für Strafrecht
NVwZ	Neue Zeitschrift für Verwaltungsrecht
NVwZ-RR	Neue Zeitschrift für Verwaltungsrecht – Rechtsprechungs-Report
NZKart	Neue Zeitschrift für Kartellrecht
OLG	Oberlandesgericht
OWiG	Ordnungswidrigkeitengesetz
Rn.	Randnummer/n
Rs.	Rechtssache/n
S.	Seite
Sog.	Sogenannte/r/s
StPO	Strafprozessordnung
U.a.	Unter anderem
UWG	Gesetz gegen den unlauteren Wettbewerb
Vertikal-GVO	Gruppenfreistellungsverordnung für vertikale Vereinbarungen
Vgl.	Vergleiche
VuR	Verbraucher und Recht
wistra	Zeitschrift für Wirtschafts- und Steuerstrafrecht
WRP	Wettbewerb in Recht und Praxis
WuW	Wirtschaft und Wettbewerb (Zeitschrift)
WuW/E BGH	Bundesgerichtshof
WuW/E BKartA	Bundeskartellamt
WuW/E DE-R	Deutschland Rechtsprechung
WuW/E OLG	Oberlandesgerichte
z.B.	Zum Beispiel
Ziff.	Ziffer

Abkürzungsverzeichnis

ZIP   Zeitschrift für Wirtschaftsrecht
ZPO   Zivilprozessordnung
ZRP   Zeitschrift für Rechtspolitik
ZWeR   Zeitschrift für Wettbewerbsrecht

§ 1 Einleitung

A. Problemstellung

Das Bundeskartellamt[1] ist in Deutschland gemäß § 51 Abs. 1 Satz 1 GWB eine *„selbstständige Bundesoberbehörde"*, deren Aufgabe im Schutz des Wettbewerbs durch den Vollzug des Gesetzes gegen Wettbewerbsbeschränkungen sowie des europäischen Wettbewerbsrechts liegt.[2] Im Kern reguliert sich der Wettbewerb durch das Prinzip der freien Marktwirtschaft eigenständig in Form von Angebot und Nachfrage. Die rechtlichen Grenzen und der Gestaltungsraum für die Marktteilnehmer[3] innerhalb der freien Marktwirtschaft werden durch das Gesetz gegen Wettbewerbsbeschränkungen in Form der jeweiligen Eingriffsmöglichkeiten der Kartellbehörden definiert. Mit der Durchsetzung dieser rechtlichen Grenzen schützt das Bundeskartellamt den Wettbewerb als Institution, welcher wiederum die Handlungsfreiheit der Marktteilnehmer gewährleistet.[4]

Das materielle Recht des Gesetzes gegen Wettbewerbsbeschränkungen besteht aus zivilrechtlichen und verwaltungsrechtlichen Normen sowie solchen des Ordnungswidrigkeitenrechts. Die verwaltungsrechtlichen und ordnungswidrigkeitenrechtlichen Regeln normieren dabei die (Eingriffs-)Befugnisse der Kartellbehörde zur Durchsetzung des Gesetzes gegen Wettbewerbsbeschränkungen. Die Anwendungsbereiche der jeweiligen Normen sind in diesem Kontext eindeutig abgesteckt: Während die Normen zur Durchsetzung von Schadensersatzklagen überwiegend der Durchsetzung von Individualinteressen dienen[5], sind das Ordnungswidrigkeitenrecht des Gesetzes gegen Wettbewerbsbeschränkungen sowie die verwaltungsrechtlichen Regelungen für die Wahrung und Durchsetzung der öffentlichen Allgemeininteressen verantwortlich.

---

1 Die nachfolgenden Ausführungen und Erkenntnisse dieser Arbeit betreffen alle Kartellbehörden i.S.d. § 48 Abs. 1 GWB.
2 Vgl. *Könen*, S. 41.
3 Die Begriffe Marktteilnehmer und Marktbeteiligte werden im Folgenden synonym verwendet.
4 Vgl. *Könen*, S. 45 m.w.N.
5 Neben der privaten Rechtsdurchsetzung stellt die Durchsetzung von Schadensersatzklagen auch gleichzeitig die Durchsetzung des Kartellrechts im Ganzen dar.

§ 1 Einleitung

Seit der 7. GWB-Novelle findet sich im Gesetz gegen Wettbewerbsbeschränkungen sowohl im Kartellverwaltungsrecht als auch im Ordnungswidrigkeitenrecht mit den §§ 34, 81d Abs. 3 GWB[6] ein Regelungssystem wieder, welches das Bundeskartellamt dazu ermächtigt, den durch einen Kartellverstoß erlangten wirtschaftlichen Vorteil des Kartelltäters abzuschöpfen. Nach § 34 Abs. 1 GWB kann die Kartellbehörde den aufgrund eines dort benannten Kartellrechtsverstoßes erlangten wirtschaftlichen Vorteil des Kartellanten innerhalb eines selbstständigen Kartellverwaltungsverfahrens abschöpfen.

§ 81d Abs. 3 GWB bietet der Behörde die Möglichkeit, die Vorteilsabschöpfung in Rahmen eines Bußgeldverfahrens vorzunehmen. Demnach *kann* der kartellrechtswidrig erlangte wirtschaftliche Vorteil nach Maßgabe des § 17 Abs. 4 OWiG durch die Geldbuße gemäß § 81c GWB abgeschöpft werden. Sofern die Geldbuße ausschließlich der Ahndung dienen soll, ist dies nach § 81d Abs. 3 Satz 2 GWB bei der Bußgeldmessung entsprechend zu berücksichtigen.[7]

Während die Bußgeldahndung von Kartellverstößen zunimmt[8] und die Zahl der kartellrechtlichen Schadensersatzprozesse seit der *Courage*-Entscheidung des Europäischen Gerichtshofs[9] „floriert", scheint sich die behördliche Praxis mit der Abschöpfung des kartellbedingten wirtschaftlichen Vorteils von Unternehmen weder im Rahmen des Bußgeldverfahrens noch innerhalb eines Verwaltungsverfahrens nach § 34 GWB zu befassen.[10] Durch diesen Umstand verbleibt die als wirtschaftlicher Vorteil definierte Kartellrendite in der Regel[11] beim Kartellanten. Dies kann für den Kartellanten einen großen wirtschaftlichen und somit auch wettbewerblichen Vorteil darstellen, welcher unabhängig von anderen kartellrechtli-

---

6 § 81d Abs. 3 GWB entspricht inhaltlich § 81 Abs. 5 GWB a.F. Sofern auf § 81d Abs. 3 GWB Bezug genommen wird, beziehen sich die Kommentierungen, Aufsätze und sonstige Quellen, die vor Inkrafttreten der 10.GWB-Novelle am 19.01.2021 erschienen sind, auf § 81 Abs. 5 GWB a.F.
7 Vgl. § 81d Abs. 3 GWB.
8 Vgl. Tätigkeitsberichte des Bundeskartellamts in den Jahren 05/06, S. 231 f.; 07/08, S. 185 f.; 09/10, S. 164 f.; 11/12, S. 132 f.; 13/14, S. 138 f.; 15/16, S. 146 f.; 17/18, S. 135 f.; 19/20, S. 156 f.
9 Entwicklung seit *Courage*: EuGH, Urteil vom 20.09.2001, C-453/99, ECLI:EU:C:2001:465 = GRUR Int 2002, 54 = EuZW 2001, 715.
10 Tätigkeitsberichte des Bundeskartellamts in den Jahren 05/06, S. 231 f.; 07/08, S. 185 f.; 09/10, S. 164 f.; 11/12, S. 132 f.; 13/14, S. 138 f.; 15/16, S. 146 f.; 17/18, S. 135 f.; 19/20, S. 156 f.; BT-Drucksache 18/10207, S. 68.
11 Die Abschöpfung kann auch auf anderem Wege erfolgen, vgl. § 34 Abs. 2 Satz 1 GWB.

A. Problemstellung

chen Konsequenzen, wie der Zahlung eines Bußgelds oder der Zahlung einer Schadensersatzsumme, bestehen bleiben kann.[12] Es stellt sich daher die Frage, ob der rechtliche Rahmen des Gesetzes gegen Wettbewerbsbeschränkungen es überhaupt zulässt, dass der kartellbedingte wirtschaftliche Vorteil beim Kartellanten verbleibt und somit die rechtswidrig entstandenen Wettbewerbsverfälschungen aufrechterhält oder ob das Bundeskartellamt mit seiner *Nichtabschöpfungspraxis* Rechtsverstöße begeht. Unter Berücksichtigung der rechtlichen Rahmenbedingung ist bereits aus wettbewerblichen Gründen, aber auch aus Gerechtigkeitsgesichtspunkten, die Frage nach den rechtlichen Möglichkeiten von Marktteilnehmern zu klären, das Bundeskartellamt zur Vornahme der Vorteilsabschöpfung bewegen zu können.

Anders als in zivilrechtlichen Streitigkeiten lässt sich ein Anspruch von privatrechtlichen Subjekten gegenüber Behörden nicht ohne Weiteres begründen. So hat bereits die Einführung der 7. GWB-Novelle einen Anlass gegeben, die Durchsetzung von Individualinteressen im Kartellrecht nicht isoliert vom Kartellverwaltungsrecht zu betrachten[13] und das Verhältnis zwischen Kartellzivilrecht und Kartellverwaltungsrecht hinsichtlich der strikten Trennung zwischen den Verfahrensarten zu überdenken.[14] Im Kern stellt sich die Frage, ob Normen des Kartellverwaltungsrechts auch subjektiv-öffentliche Rechte begründen können und somit zumindest auch der privaten Rechtsdurchsetzung dienen, dem Rechtsinhaber also einen Anspruch auf ein bestimmtes behördliches Handeln gewähren.

Die praktische Bedeutung dieser Frage ergibt sich aus dem bereits angesprochenen Umstand, dass dem Kartelltäter durch die Nichtabschöpfung des wirtschaftlichen Vorteils ein Wettbewerbsvorteil verbleibt, welcher ihm rechtlich nicht zusteht. Dieser Vorteil spiegelt sich nicht lediglich im Verbleib eines Geldbetrags beim Kartellanten wider. Vielmehr wird dem

---

12 Vgl. BT-Drucksache 15/3640, S. 71, dort hat der Gesetzgeber klar gemacht, dass die §§ 34, 34a GWB gerade dafür geschaffen wurden, die Kartellrendite bei Kartellanten abzuschöpfen.
13 Vgl. *Hänsch*, S. 1 f.
14 Vgl. *Hänsch*, S. 2. Die Verquickung zwischen Kartellzivilrecht und Kartellverwaltungsrecht zeigt sich unter anderem in § 33 Abs. 1 GWB. Dieser besagt, dass der Verstoß gegen eine Verfügung der Kartellbehörde einen Unterlassungsanspruch begründen kann. Der mit der 7. GWB-Novelle eingeführte § 33 Abs. 5 GWB a.F., wonach die Eröffnung eines Verfahrens durch die Kartellbehörde zur Verjährungshemmung zivilrechtlicher Ansprüche führte, unterstützte diesen gedanklichen Ansatz.

Kartellanten ein Preissetzungsspielraum eröffnet, welcher seine Marktposition zukünftig und nachhaltig zu seinen Gunsten beeinflussen kann.

Dies ist besonders kritisch zu betrachten, da sich der wirtschaftliche Vorteil aus diversen kartellrechtswidrigen Handlungsformen und Fallkonstellationen ergeben kann. Allein der Wortlaut des § 34 Abs. 1 GWB listet einige kartellrechtlich bedeutsame Verstöße auf, die einen Anlass für eine Vorteilsabschöpfung durch das Bundeskartellamt bieten können. Der Anwendungsbereich der Vorteilsabschöpfung ist gemäß § 34 Abs. 1 GWB eröffnet, sofern „(...) *ein Unternehmen vorsätzlich oder fahrlässig gegen eine Vorschrift dieses Teils, gegen Artikel 101 oder 102 des Vertrages über die Arbeitsweise der Europäischen Union oder eine Verfügung der Kartellbehörde verstoßen und dadurch einen wirtschaftlichen Vorteil erlangt (...)*" hat.

Wird beispielsweise durch eine Kartellabsprachen auf horizontaler Ebene der Preiswettbewerb zwischen Wettbewerbern ausgeschaltet, stellen die hierdurch höher erzielten Preise einen kartellbedingten wirtschaftlichen Vorteil im Sinne der §§ 34, 81d Abs. 3 GWB dar. Auf vertikaler Ebene kann eine Ausschließlichkeitsbindung zwischen Kartellanten unterschiedlicher Marktstufen rechtswidrige Wettbewerbsvorteile begründen. Auch sind Fälle des Missbrauchs einer marktbeherrschenden Stellung erfasst. So kann beispielsweise ein marktbeherrschendes Unternehmen von seinen Produktabnehmern aufgrund deren Abhängigkeit nicht durch den Wettbewerb regulierte, höhere Abnahmepreise verlangen. Ferner kann ein Marktteilnehmer, der aufgrund eines standardessenziellen Patents eine Monopolstellung hat, entgegen den FRAND-Bedingungen[15] eine unangemessen hohe Lizenzgebühr gegenüber anderen Marktteilnehmern für die Nutzung des Patents verlangen. Die hierdurch erzielte Rendite stellt ebenfalls einen wirtschaftlichen Vorteil im Sinne der §§ 34, 81d Abs. 3 GWB dar. Daneben sind auch die Normen zur Fusionskontrolle vom Anwendungsbereich des § 34 GWB erfasst. So umfasst die Vorteilsabschöpfung auch solche Fälle, in denen beispielsweise ein durch anmeldepflichtigen Zusammenschluss fusioniertes Unternehmen vor der notwendigen behördlichen Freigabe auf dem Markt agiert und somit gegen das fusionskontrollrechtliche Vollzugsverbot nach § 41 Abs. 1 GWB verstößt. Durch

---

15 Vgl. hierzu grundlegend EuGH, Urteil vom 16.07.2015, C-170/13, ECLI:EU:C:2015:477. Inhaber eines standardessenziellen Patents verpflichten sich gegenüber einer Standardisierungsorganisation, jedem Dritten eine Lizenz für dieses Patent nach den FRAND-Bedingungen (fair, reasonable and non-discriminatory) – das heißt zu fairen, zumutbaren und diskriminierungsfreien Bedingungen – zu erteilen.

den Zusammenschluss haben die Unternehmen zumeist ganz andere finanzielle Mittel und oftmals sogar eine bessere Marktposition erlangt, die ihnen Wettbewerbsvorteile gegenüber konkurrierenden Unternehmen verschaffen, wodurch sie letztlich auch erfolgreicher auf den betroffenen Märkten agieren können. Durch den Verstoß gegen das Vollzugsverbot nach § 41 Abs. 1 GWB sind jedoch diese wirtschaftlichen Vorteile rechtswidrig erlangt und somit vom Tatbestand der §§ 34 Abs. 1, 81d Abs. 3 GWB erfasst, unabhängig davon, ob die Freigabe später erfolgt wäre.

Auf der Rechtsfolgenseite kann die Behörde anschließend „(...) *die Abschöpfung des wirtschaftlichen Vorteils anordnen und dem Unternehmen die Zahlung eines entsprechenden Geldbetrags auferlegen.*"

B. Ziel der Arbeit

Anhand der Vielzahl von Fallkonstellationen, in denen die behördliche Vorteilsabschöpfung in Frage kommt, zeigt sich der weite Anwendungsbereich der §§ 34, 81d Abs. 3 GWB. Um einen fairen und unverfälschten Wettbewerb und somit auch den Wettbewerb als Institution zu gewährleisten und zu schützen, stellt sich deshalb für verschiedene kartellrechtlich bedeutsame Fallkonstellationen die Frage, ob und wie das Bundeskartellamt auf Grundlage der §§ 34, 81d Abs. 3 GWB gegenüber Kartellanten vorgehen muss und wie man die Behörde gegebenenfalls in Form eines Anspruchs zur Durchführung der Vorteilsabschöpfung *zwingen* kann. Ziel der Arbeit ist es daher, den aktuellen rechtlichen Zustand der Nichtanwendung der Vorteilsabschöpfung aufzudecken und zu bewerten sowie dieses Instrument für die kartellrechtliche Praxis *anwendbar* zu machen. Sie soll zeigen, welche rechtlichen Möglichkeiten bestehen, um das Bundeskartellamt zur Anwendung der Vorteilsabschöpfung zu bewegen und geht der Frage nach, ob einzelne Marktteilnehmer die Vorteilsabschöpfung mittels eines Anspruchs gegenüber dem Bundeskartellamt geltend machen können.

C. Thematische Abgrenzung

Aufgabe dieser Arbeit ist zunächst die Klärung der Frage, ob das Bundeskartellamt eine gesetzliche Pflicht hat, die Vorteilsabschöpfung nach den §§ 34, 81d Abs. 3 GWB durchzuführen. Anschließend wird diskutiert, ob sich aus § 34 GWB ein Anspruch auf Vorteilsabschöpfung gegenüber

§ 1 Einleitung

dem Bundeskartellamt herleiten lässt. Dabei beziehen sich die Fragen der Anspruchsherleitung ausschließlich auf die Abschöpfung des wirtschaftlichen Vorteils nach dem GWB. Nicht umfasst ist die Herleitung genereller Ansprüche auf Tätigwerden oder einen konkreten Verfügungserlass nach den §§ 32 ff. GWB gegen das Bundeskartellamt. Des Weiteren umfasst die Arbeit nicht die Thematik des konkreten Rechtsschutzes gegen unterlassene Vorteilsabschöpfung durch das Bundeskartellamt. Etwaige Rechtsmittel der Abschöpfungsschuldner werden nicht behandelt. Für die Praxistauglichkeit wird aber die effektive Umsetzung des Anspruchs durch das Bundeskartellamt im Rahmen der einschlägigen rechtlichen Grenzen in den Blick genommen.

D. *Aufbau der Untersuchung*

Die Arbeit widmet sich zunächst der Rechtslage hinsichtlich der Vorteilsabschöpfung vor der Einführung der §§ 34, 81d Abs. 3 GWB. Hierbei sollen zunächst die damaligen rechtlichen Rahmenbedingungen für die Vorteilsabschöpfung dargestellt werden. Anschließend wird die aktuelle Rechtslage zur Vorteilsabschöpfung nach den §§ 34, 81d Abs. 3 GWB erläutert. Der Fokus der Bearbeitung liegt dabei auf der Begründung der gesetzlichen Pflicht zur Vorteilsabschöpfung durch das Bundeskartellamt. Im zweiten Teil der Arbeit wird die Anwendung des Instruments der Vorteilsabschöpfung untersucht. Anhand der Tätigkeitsberichte des Bundeskartellamts wird festgestellt, ob und, wenn ja, in welchen Fällen der wirtschaftliche Vorteil durch die Behörde abgeschöpft wurde. Anschließend wird untersucht, ob ein Anspruch auf Vorteilsabschöpfung gegenüber dem Bundeskartellamt besteht. Im Fokus der Bearbeitung steht dabei die Untersuchung der einschlägigen Normen hinsichtlich eines subjektiv-öffentlichen Rechts. Anknüpfend daran wird geprüft, welchen Umfang ein solcher Anspruch hat. Es wird geklärt, zu welchen tatsächlichen oder rechtlichen Handlungen das Bundeskartellamt durch die Geltendmachung eines Anspruchs rechtlich *gezwungen* werden kann. Dabei werden unterschiedliche Ansätze vorgestellt und unter Berücksichtigung der rechtlichen Vorgaben, aber auch im Hinblick auf die praktische Umsetzung des Anspruchs, untersucht und bewertet. In diesem Kontext wird nachfolgend die Frage behandelt, wer einen solchen Anspruch – sofern er besteht – gegenüber dem Bundeskartellamt geltend machen kann. Dabei muss im Hinblick auf den Bestand etwaiger subjektiv-öffentlicher Rechte einzelner Marktteilnehmer ein rechtlich verträglicher Ausgleich mit dem Prinzip der Gesetzmäßigkeit der Verwaltung gefunden werden. Die Arbeit endet mit einer Zusammenfassung der Forschungsthesen. Diese halten kurz und prägnant die zugrundeliegenden Ergebnisse fest.

§ 2 Die gesetzliche Pflicht zur Vorteilsabschöpfung

A. Die Rechtslage vor der 7. GWB-Novelle

Die Abschöpfung des wirtschaftlichen Vorteils hatte vor Inkrafttreten der 7. GWB-Novelle im Jahr 2005 im Rahmen der Bußgeldverhängung zu erfolgen. Das Gesetz gegen Wettbewerbsbeschränkungen enthielt bis zu diesem Zeitpunkt keine Regelung zur Abschöpfung des wirtschaftlichen Vorteils. Die Rechtslage hinsichtlich der Vorteilsabschöpfung war hingegen eindeutig im Ordnungswidrigkeitenrecht geregelt.

I. Die Abschöpfung als Regelfall nach altem Kartellrecht

Der nach dem alten Recht maßgebliche § 17 Abs. 4 OWiG ist als „*Soll*"-Vorschrift formuliert. Die Vorteilsabschöpfung innerhalb des Bußgeldverfahrens hatte daher im Regelfall zu erfolgen. Ausnahmen waren lediglich in den Fällen einer bereits erfolgten oder einer unmittelbar eingeleiteten Vorteilsabschöpfung zu machen.[16] Sofern keine Ausnahme vorlag, war die Vorteilsabschöpfung dadurch vorzunehmen, dass das verhängte Bußgeld einen Abschöpfungsteil und Ahndungsteil enthielt.[17]

Die Kriterien für die Bußgeldbemessung sowie die Höhe der Vorteilsabschöpfung waren vor der 7. GWB-Novelle ausschließlich in § 17 Abs. 3 und 4 OWiG normiert. Während § 17 Abs. 3 OWiG festlegt, dass die Grundlagen für die Bußgeldhöhe sowohl im Tätervorwurf als auch in den konkreten wirtschaftlichen Verhältnissen des Täters lagen, ergänzt § 17 Abs. 4 OWiG, dass die Höhe des Bußgelds auch den aus der Ordnungswidrigkeit erlangten konkreten wirtschaftlichen Vorteil übersteigen soll. Der Bußgeldbescheid war daher in einen Ahndungsteil und in einen Abschöpfungsteil betragsmäßig aufzuschlüsseln und dies war im Bescheid selbst kenntlich zu machen.[18]

---

16 Vgl. BGH, NJW 2007, 3792, 3795, Rn. 25 f; BGH, NStZ 2006, 231, 232, Rn. 5 f.
17 Vgl. BGH, NStZ 2006, 231, 232 Rn. 5.
18 Vgl. BGH, NJW 2007, 3792, 3795, Rn. 25; BGH, NStZ 2006, 231, 232, Rn. 5 f., 8.

Durch die Ausgestaltung des § 17 Abs. 4 OWiG als „*Soll*"-Vorschrift wird klar, dass der wirtschaftliche Vorteil im Allgemeinen abzuschöpfen war und lediglich in Ausnahmefällen unberücksichtigt blieb.

II. Die Bestimmung des Bußgeldrahmens

1. Die Bestimmung des Mehrerlöses

Nach der Rechtslage vor der 7. GWB-Novelle stand bei der Bemessung des Bußgeldrahmens der Begriff des Mehrerlöses im Fokus. Gemäß § 81 Abs. 2 Satz 1 GWB a.F. konnte der Maximalbetrag der Geldbuße von 500.000 € bis auf das Dreifache des durch den Kartellverstoß erzielten Mehrerlöses erweitert werden. Inhaltlich stellte der Mehrerlös dabei den Differenzbetrag zwischen den durch den Kartellverstoß tatsächlich erzielten und den hypothetischen Einnahmen des Unternehmens ohne Begehung eines Kartellverstoßes dar.[19] Bei der Ermittlung des hypothetischen Differenzbetrags können etwaige Kosten, Steuern oder Verluste nicht als Abzugsposten einbezogen werden[20], sodass es bei dem Begriff des Mehrerlöses nicht auf einen erzielten Gewinn oder Vorteil ankommt.[21]

a. Die Problematik der Mehrerlösfeststellung

In der Praxis erwies sich die Feststellung des Mehrerlöses als problematisch, da die bedeutsamen Beträge nicht eindeutig quantifizierbar waren.

aa. Die Feststellung des Mehrerlöses dem Grunde nach

In der Regel konnte festgestellt werden, dass ein Unternehmen mit Kartellbeteiligung durch den Wettbewerbsverstoß irgendeinen Mehrerlös dem Grunde nach erlangt hatte. Die auf viele Kartellverstöße zutreffende Re-

---

19 Vgl. BGH, NJW 2007, 3792, 3792, Rn. 10.
20 Vgl. BGH, WuW/E BGH 2718, 2720 = BeckRS 1991, 31175176.
21 *Roth* in Frankfurter Kommentar, GWB, § 34, Rn. 18, Lfg. 94 (Loseblatt).

gel[22], dass eine Kartellbeteiligung einen Mehrerlös mit sich bringt, beruht auf einem wirtschaftlichen Grundgedanken: Durch die kartellbedingten höheren Preise erlangen die beteiligten Unternehmen eine Kartellrendite. Bei Preis- und Quotenkartellen wird angenommen, dass die Rendite tendenziell höher ausfällt, je länger und großflächiger das Kartell betrieben wurde oder wird.[23] Sofern stichhaltige entgegenstehende Anhaltspunkte fehlten, konnte die Entstehung eines Mehrerlöses anschließend im konkreten Fall tatrichterlich festgestellt werden.[24]

bb. Die Feststellung der Mehrerlöshöhe

Die Höhe des konkreten Mehrerlöses konnte lediglich im Rahmen einer Schätzung tatrichterlich festgestellt werden. Anders, als bei der Feststellung des Mehrerlöses dem Grunde nach, ist die Feststellung der Mehrerlöshöhe schwieriger und aufwändiger, je großflächiger und länger ein Kartell praktiziert wurde. Darüber hinaus können diese Probleme bei besonders schwerwiegenden und volkswirtschaftlich schädlichen Kartellrechtsverstößen bestehen.[25]

(1) Anwendung der Vergleichsmarktbetrachtung

Die Ermittlung des Mehrerlöses hatte nach der Schätzungsmethode zu erfolgen, die der Wirklichkeit am ehesten entsprach.[26] Mit der Regelung des § 81 Abs. 2 GWB a.F. wurde dem Tatrichter bei der Schätzung der Mehrerlöshöhe ein weiter Ermessensspielraum eingeräumt. Der Tatrichter

---

22 Freilich gibt es Kartellrechtsverstöße, die nicht regelmäßig und erfahrungsgemäß zu einem künstlich überhöhten Preisniveau führen wie beispielsweise der Informationsaustausch über nicht preisrelevante Parameter.
23 Vgl. grundlegend für Preis- und Quotenkartelle BGH, WuW/E DE-R 1567, 1569 = NJW 2006, 163, 165; so auch *Kühnen*, WuW 2010, 16, 17; vgl. zudem *Raum*, Festschrift Hirsch, 301, 303, der diesen für das Quotenkartell entwickelten Erfahrungsgrundsatz auch auf andere Formen von Kartellverstößen für übertragbar hält, jedoch aus einem anderen Blickwinkel beleuchtet. Demnach müsse der Tatrichter die Entscheidung, dass kein kartellbedingt erlangter wirtschaftlicher Vorteil vorliege, umso eingehender begründen, je flächendeckender, länger und nachhaltiger das Kartell praktiziert worden sei.
24 Vgl. *Kühnen*, WuW 2010, 16, 18.
25 Vgl. *Kühnen*, WuW 2010, 16, 18.
26 Vgl. *Kühnen*, WuW 2010, 16, 18.

hatte demnach selbst zu entscheiden, welche Schätzungsmethode im konkreten Fall möglichst realistisch die Wirklichkeit abbildet. Anforderungen an die Schätzung waren in der Hinsicht zu stellen, dass sie schlüssig, wirtschaftlich vernünftig und möglich sein musste.[27] Nach Ansicht der *Rechtsprechung* erfüllte die Vergleichsmarktbetrachtung diese Kriterien.[28] Nach dieser Methode wird die Bestimmung hypothetischer Wettbewerbspreise anhand der Preisentwicklung von zum kartellbefangenen Markt vergleichbaren Märkten festgestellt. Sie findet in der Regelung des § 19 Abs. 2 Nr. 2 und 3 GWB einen gesetzlichen Anknüpfungspunkt, da sich die dort kodifizierte Entgeltkontrolle bei marktbeherrschenden Unternehmen an den auf Vergleichsmärkten erzielten Preisen orientiert.[29]

Der anhand der Vergleichsmarktbetrachtung festzustellende fiktive Marktpreis orientiert sich an zeitlich, räumlich und sachlich vergleichbaren und kartellfreien Märkten und nimmt den auf diesen Märkten kartellrechtskonform entstandenen Markpreis als Anhaltspunkt.[30] Die Vergleichbarkeit der Märkte ist nur gegeben, wenn sie strukturell keine großen Unterschiede aufweisen.[31] Das heißt, dass die Preisbildungsmechanismen in den Vergleichsmärkten sich decken oder zumindest nahekommen.[32] Je übereinstimmender die Bedingungen auf den Vergleichsmärkten sind, desto besser lässt sich der fiktive Markpreis bestimmen.[33] Für die Ermittlung eines geeigneten Vergleichsmarkts kann nach Ansicht des Bundesgerichtshofs auch ein Markt aus dem benachbarten Ausland hinzugezogen werden.[34] Den Anforderungen an einen geeigneten Vergleichsmarkt kann darüber hinaus auch der kartellbefangene Markt genügen, sofern er vor oder nach dem Kartellverstoß funktioniert hat.[35] Nach der Bestimmung des Vergleichsmarktpreises müssen – sofern erforderlich und identifizierbar – die jeweiligen örtlichen Besonderheiten in die Preisberechnung miteinbezogen und durch entsprechende Zu- und Abschläge kompensiert werden.[36]

---

27 Vgl. *Kühnen*, WuW 2010, 16, 18 f.
28 So z.B. nach BGH, NZKart 2019, 146 zur Bestimmung des kartellbedingten Mehrerlöses.
29 Vgl. *Raum*, Festschrift Hirsch, 301, 304.
30 Vgl. *Raum*, Festschrift Hirsch, 301, 303 f.
31 Vgl. BGH, NJW 2007, 3792, 3793, Rn. 13.
32 Vgl. KG Berlin, GRUR 1991, 704, 706.
33 Vgl. *Barth/Bongard*, WuW 2009, 30, 32.
34 Vgl. BGH, NJW 2007, 3792, 3794, Rn. 19.
35 Vgl. *Raum*, Festschrift Hirsch, 301, 304.
36 Vgl. *Raum*, Festschrift Hirsch, 301, 304; *Barth/Bongard*, WuW 2009, 30, 33.

(2) Schwächen der Vergleichsmarktbetrachtung

Die Vergleichsmarktbetrachtung weist jedoch einige praktische Schwächen auf. Dies wird bereits an der Festlegung des zu vergleichenden Parameters innerhalb der Vergleichsmarktbetrachtung deutlich. Anknüpfungspunkt für die Festlegung des Parameters für die Mehrerlösschätzung ist die Abbildung der Wirklichkeit. Ob eine zeitliche, räumliche oder sachliche Vergleichsmarktbetrachtung zur Anwendung kommt, entschiedet sich danach, welche Schätzungsmethode die geringsten Unwägbarkeiten aufweist und somit der Wirklichkeit im konkreten Fall am nächsten kommt. Dies lässt sich im Zweifel nur unter Hinzuziehung ökonomischer Expertise beantworten.[37] Dieses Vorgehen war bereits in der *Rechtsprechung* zu beobachten. In einer Entscheidung des Oberlandesgerichts Düsseldorf holte das Gericht ökonomische Gutachten zur Beantwortung der Frage ein, welche Schätzungsmethode im konkreten Fall anzuwenden sei.[38] Im vorliegenden Fall sprachen sich die Sachverständigen für eine zeitliche Vergleichsmarktbetrachtung aus. Diese sei anhand von Marktdaten ausländischer Vergleichsmärkte auf ihre Plausibilität zu überprüfen und bei Bedarf anzupassen. Anhand dieser Ausführungen wird deutlich, dass selbst nach der Festlegung einer geeigneten Schätzungsmethode auch die anschließende Schätzung als solche einer umfassenden ökonomischen Analyse mittels Sachverständigengutachten bedarf.[39] Dies unterstreicht, welcher (unverhältnismäßige) Aufwand für die Schätzung der Mehrerlöshöhe oftmals zu betreiben ist.[40]

Darüber hinaus kann bei schwerwiegenden, langanhaltenden und flächendeckenden Kartellen nur schwerlich ein realistischer Vergleich zwischen den zu vergleichenden Märkten gezogen werden, da sich die hypothetischen Marktentwicklungen immer schwieriger nachvollziehen lassen.[41] Eine zeitliche Vergleichsmarktbetrachtung bietet zwar den Vorteil, dass die zu vergleichenden Märkte sowohl in räumlicher als auch in sachlicher Hinsicht exakt übereinstimmen.[42] Zu berücksichtigen ist jedoch, dass aufgrund der langanhaltenden Dauer mancher Kartelle keine Rückschlüsse auf die im Tatzeitraum unabhängig vom Kartell eingetretenen dy-

---

37 Vgl. *Kühnen*, WuW 2010, 16, 19.
38 Vgl. OLG Düsseldorf, BeckRS 2010, 4805.
39 Vgl. *Kühnen*, WuW 2010, 16. 19.
40 Kritisch auch *Kühnen*, WuW 2010, 16, 19 f.
41 So auch *Kühnen*, WuW 2010, 16, 19; umfassend *Barth/Bongart*, WuW 2009, 30 ff.
42 Vgl. *Kühnen*, WuW 2010, 16, 19.

namischen Marktentwicklungen möglich sind. Diese Entwicklungen müssen daher prognostiziert werden.[43] Bei räumlicher und sachlicher Übereinstimmung der Vergleichsmärkte lässt die Vergleichsmarktbetrachtung als Schätzungsmethode wirklichkeitsnahe Feststellungen zu. Allerdings sind auch hier die spezifischen Marktverhältnisse zu beachten. Sofern Märkte – seien sie noch so vergleichbar – Unterschiede in ihren faktischen Marktgegebenheiten und der konkreten Marktstruktur aufweisen, haben diese Unterschiede im Rahmen der Schätzung des Preises auf dem kartellbetroffenen Markt Berücksichtigung zu finden. Auch diese Probleme verstärken sich, je flächendeckender und länger ein Kartell betrieben wurde.[44] Im Einzelfall kann es sinnvoll sein, die einzelnen Schätzungsmethoden miteinander zu kombinieren und Schwächen auszugleichen. Kann durch eine zeitliche Vergleichsmarktbetrachtung beispielsweise nicht festgestellt werden, ab wann die Wirkung einer Kartellabsprache eingetreten ist, kann unter Hinzunahme eines räumlichen oder sachlichen Marktvergleichs gegebenenfalls bestimmt werden, ab welchem Zeitpunkt die Preisentwicklung zwischen den Vergleichsmärkten divergiert.[45] Dies führt im Ergebnis jedoch nicht zu einer effizienteren Feststellung der Mehrerlöshöhe. Vielmehr müssen zusätzliche Arbeitsschritte integriert werde, um die Schwächen der anzuwendenden Schätzungsmethode auszugleichen. Die Vergleichsmarktmethode findet zudem dort ihre Grenzen, wo es keine Vergleichsmärkte gibt. Für diese Fälle ist eine überaus zeitaufwändigere gesamtwirtschaftliche Analyse zur Bestimmung eines fiktiven Marktpreises vorzunehmen.[46]

(3) Stellungnahme

Letztendlich kann die Vergleichsmarktbetrachtung keine zuverlässigen und zeitsparenden Ergebnisse garantieren. Es zeigt sich, dass diese Methode selbst bei sachlicher, räumlicher oder zeitlicher Übereinstimmung der Märkte nicht ohne ökonomische Prognosen und Bewertungen auskommt und daher einer Hinzuziehung von Sachverständigen bedarf. Bereits auf nationaler Ebene, also auf den ausschließlich bundesdeutschen Märkten,

---

43 Vgl. *Kühnen*, WuW 2010, 16, 19.
44 Vgl. *Kühnen*, WuW 2010, 16, 18.
45 Vgl. *Barth/Bongard*, WuW 2009, 30, 39.
46 Einzelheiten zur gesamtwirtschaftlichen Analyse in BGH, NJW 2007, 3792, 3794, Rn. 19 ff.

§ 2 Die gesetzliche Pflicht zur Vorteilsabschöpfung

sind die oben genannten Bedenken zutreffend. Umso mehr ergeben sich die Probleme dieser Methode, wenn für die Definition des Vergleichsmarkts Märkte des benachbarten Auslands maßgeblich sind.[47] Ob die Vergleichsmarktbetrachtung in einem solchen Falle noch die Schätzungsmethode ist, die der Wirklichkeit am nächsten kommt, kann ohne umfassende ökonomische Gutachten nicht rechtssicher festgestellt werden.[48] So ergeben sich in der Summe zwei Probleme bei der Feststellung des Mehrerlöses: In einem ersten Schritt muss zunächst der innerhalb der Vergleichsmarktbetrachtung zu vergleichende Parameter im Zweifel durch umfassende ökonomische Gutachten bewertet werden.[49] Im Anschluss daran erfolgt erneut eine gutachterliche Schätzung der Mehrerlöshöhe.

cc. Die Doppelfunktion des Mehrerlöses und der Einfluss des wirtschaftlichen Vorteils

Wie bereits angedeutet, haben die Feststellung sowohl des Mehrerlöses als auch des erlangten wirtschaftlichen Vorteils neben der Festsetzung des Bußgeldhöchstrahmens Einfluss auf die konkrete Höhe der Bußgeldbemessung im Sinne des § 17 Abs. 3 OWiG. Dem Mehrerlös sowie dem erlangten wirtschaftlichen Vorteil kommen insofern eine Doppelfunktion zu: Sie definieren nicht lediglich die Höhe des Bußgeldrahmens und einen gegebenenfalls überschießenden Abschöpfungsteil nach § 17 Abs. 4 OWiG, sondern waren auch bei der Bestimmung des Ahndungsteils einer Geldbuße heranzuziehende Parameter.[50] So war bereits nach der alten Rechtslage der Begriff des wirtschaftlichen Vorteils innerhalb des Bußgeldverfahrens geläufig. Um eine tatangemessene Geldbuße nach alter Rechtslage zu verhängen, ist die Bestimmung des Mehrerlöses und des erlangten wirtschaftlichen Vorteils zur Feststellung des angerichteten Schadens essenziell. Das gilt sowohl für die Unternehmensgeldbuße nach § 30 OWiG als auch für die Geldbuße gegen einen am Kartell beteiligten Unternehmensvertreter.[51]

---

47 Vgl. BGH, NJW 2007, 3792, 3794, Rn. 19.
48 Vgl. *Kühnen*, WuW 2010, 16, 19.
49 Dieses Vorgehen fand unter anderem Anwendung in der *Rechtsprechung* des OLG Düsseldorf, BeckRS 2010, 4805.
50 Vgl. BGH, WuW/E BGH, 2718, 2720 = BeckRS 1991, 31175176.
51 Vgl. BGH, WuW/E BGH, 2718, 2720 = BeckRS 1991, 31175176.

b. Stellungnahme zu den Problemen der praktischen Umsetzung der Mehrerlösschätzung und Vorteilsabschöpfung nach alter Rechtslage

In der Praxis hat sich derweil herausgestellt, dass die Feststellung des Mehrerlöses Schwierigkeiten bereitet. Durch den notwendigerweise erhöhten Aufwand zur Feststellung des Mehrerlöses wirft *Kühnen* die Frage auf, ob der zu erbringende Aufwand – sei es durch Zeit- oder auch Kosteneinsatz in Form von ökonomischen Gutachten – in einem angemessenen Verhältnis zu den Ermittlungszielen steht.[52] Die Höhe des konkreten Mehrerlöses lässt Rückschlüsse auf das Ausmaß und das Gewicht der kartellrechtswidrigen Handlung zu und nimmt somit direkten Einfluss auf die Festsetzung des Bußgeldrahmens und die konkrete Höhe des zu erlassenen Bußgeldbescheids.[53] Im Ergebnis ist das Prozedere zur Feststellung der Mehrerlöshöhe sehr aufwändig und mit zu vielen Unwägbarkeiten verbunden. Daneben gestaltet sich eine zusätzlich innerhalb des Bußgeldverfahrens durchzuführende Feststellung des abzuschöpfenden Vorteils als komplex und zeitintensiv.[54] Dieser Problematik hat sich der Gesetzgeber mit der 7. GWB Novelle angenommen und das Bußgeldrecht sowie die kartellrechtliche Vorteilsabschöpfung modifiziert.

2. Der wirtschaftliche Vorteil als ausschließlicher Parameter für die Vorteilsabschöpfung und die Bußgeldbemessung nach aktueller Rechtslage

Mit Einführung der 7. GWB-Novelle gingen auch grundlegende Veränderungen für die Vorteilsabschöpfung und die Bußgeldbemessung einher. Durch diese Veränderungen sollten neben der Anpassung der deutschen Gesetzeslage an das europäische Recht auch die Probleme der Mehrerlösschätzung beseitigt und die Abschöpfung des kartellrechtswidrig erlangten wirtschaftlichen Vorteils von Unternehmen verbessert werden.[55] Der wirtschaftliche Vorteil ist hinsichtlich seines Begriffsinhalts vom Mehrerlös zu unterscheiden. Der Mehrerlös stellte insbesondere nach früherer

---

52 Vgl. *Kühnen*, WuW 2010, 16, 19 f.
53 Vgl. BGH, WuW/E BGH, 2718, 2719 = BeckRS 1991, 31175176.
54 Vgl. hierzu *Kühnen*, WuW 2010, 16, 27; *Raum*, Festschrift Hirsch 301, 302, die die grundsätzlichen Schwierigkeiten bei der Feststellung des wirtschaftlichen Vorteils hervorheben.
55 Vgl. BT-Drucksache 15/5049, S. 41, 49.

§ 2 Die gesetzliche Pflicht zur Vorteilsabschöpfung

Rechtslage, also vor Einführung der 7. GWB-Novelle, einen Schlüsselbegriff dar.[56] Der Gesetzgeber nahm jedoch bewusst vom Begriff des Mehrerlöses Abstand und rückte den Begriff des wirtschaftlichen Vorteils in den Mittelpunkt.[57] Er bemängelte, dass sich aus der Orientierung am Mehrerlös für die Bußgeldbemessung, insbesondere aufgrund der komplexen Berechnung sowie wegen der geringen möglichen Bußgeldhöhe, eine unzureichende Sanktionsmöglichkeit ergebe. In der Bundestagsdrucksache 15/5049 heißt es auf Seite 50: *„Diese Anforderungen erschweren erheblich die Verhängung abschreckend hoher Bußgelder durch die deutschen Kartellbehörden bzw. Gerichte. In Zweifelsfällen ist daher nach geltendem Recht auch bei schweren Verstößen gegen das Wettbewerbsrecht lediglich ein Bußgeld in Höhe von zurzeit maximal 500 000 Euro, in Zukunft von 1 Mio. Euro möglich. Derartige Bußgelder sind aber für eine effektive und ausreichend abschreckende Sanktionierung von schweren Kartellrechtsverstößen völlig unzureichend."*[58]

Dem wirkte der Gesetzgeber vor allem durch die 10 %-Umsatzschwelle bei der Bußgeldbemessung entgegen. Das Bußgeld ist seit Einführung der 7. GWB-Novelle in seiner Höhe nunmehr auf 10 % des weltweiten Gesamtumsatzes begrenzt, den der Kartellant in dem Geschäftsjahr vor der Bußgeldentscheidung erzielt hat.[59] Hiermit können empfindliche Bußgelder mit größerer Abschreckungswirkung erzielt werden. Ergänzend dazu hat der Gesetzgeber den wirtschaftlichen Vorteil als ausschließlichen Parameter für die Bußgeldbemessung in das Gesetz gegen Wettbewerbsbeschränkungen implementiert, um den praktischen Schwierigkeiten einer Mehrerlösschätzung entgegenzuwirken.[60]

Zugleich wurde durch die Neufassung des § 34 GWB[61] die bis zur Einführung der 7. GWB-Novelle maßgebliche Mehrerlösabschöpfung erweitert. Um eine effektive und vollumfängliche Abschöpfung der Kartellrendite zu gewährleisten, ist der gesamte durch den Kartellrechtsverstoß erlangte wirtschaftliche Vorteil abzuschöpfen.[62]

---

56 Vgl. die Ausführungen zur Rechtslage vor der 7. GWB-Novelle unter § 2 A. II., S. 31 ff. Insbesondere diente der Mehrerlös als Bußgeldbemessungskriterium.
57 Vgl. BT-Drucksache 15/5049, S. 50.
58 Vgl. BT-Drucksache 15/5049, S. 50.
59 Vgl. *Kühnen*, WuW 2010, 16, 20. Seit Inkrafttreten der 10. GWB-Novelle ist die Bußgeldbegrenzung in § 81c Abs. 2 GWB verankert.
60 Vgl. *Kühnen*, WuW 2010, 16, 21; zu den praktischen Problemen der Mehrerlösschätzung vgl. die Ausführungen unter § 2 A. II. 1. a., S. 31 ff.
61 Im Folgenden ist mit § 34 GWB nur die aktuelle gesetzliche Regelung gemeint.
62 Vgl. BT-Drucksache 15/3460, S. 36, 55.

B. Die aktuelle Rechtslage der Vorteilsabschöpfung

I. Die Implementierung des Regelungssystems der §§ 34, 81d Abs. 3 GWB

Mit der 7. GWB-Novelle hat der Begriff des wirtschaftlichen Vorteils im Sinne des § 17 Abs. 4 GWB Eingang in das Kartellbußgeldrecht gefunden. So enthält das Gesetz gegen Wettbewerbsbeschränkungen neben einer Bußgeldzumessungsregelung auch eine eigene, modifizierte Regelung zur Vorteilsabschöpfung in § 81 Abs. 5 GWB a.F. beziehungsweise dem seit Einführung der 10. GWB-Novelle geltenden § 81d Abs. 3 GWB. Diese besagt, dass der wirtschaftliche Vorteil durch die Geldbuße abgeschöpft werden *kann*. Parallel zur Abschöpfungsregelung im Rahmen der Bußgeldverfahrens hat der Gesetzgeber mit der Neufassung des § 34 GWB der Kartellbehörde die Möglichkeit eröffnet, die Vorteilsabschöpfung auch im Verwaltungsverfahren vorzunehmen. Die Regelung zur Vorteilsabschöpfung innerhalb des kartellrechtlichen Bußgeldverfahrens nach § 30 Abs. 3 in Verbindung mit § 17 Abs. 4 OWiG wird durch die Vorschrift des § 81d Abs. 3 GWB überlagert. Nach der gesetzgeberischen Intention wurde der § 34 GWB darüber hinaus eingeführt, um das deutsche Bußgeldrecht an die Bußgeldahndung auf europäischer Ebene anzupassen. Das Kartellamt hat nämlich mit Einführung des § 34 GWB die Möglichkeit, innerhalb des Bußgeldverfahrens reine Ahndungsbußen zu erlassen.[63] Dient die Geldbuße ausschließlich der Ahndung, hat dies nach § 81d Abs. 3 Satz 2 GWB bei der Bußgeldbemessung Berücksichtigung zu finden.

Achenbach sieht für die „*entsprechende Berücksichtigung*" zwei Auslegungsmöglichkeiten: Zum einen könne die entsprechende Berücksichtigung bedeuten, dass der wirtschaftliche Vorteil – ähnlich wie nach alter Rechtslage – im Rahmen der Bußgeldzumessung nach § 17 Abs. 3 GWB zu berücksichtigen sei. Dies stützt er auf einen Satz des Regierungsentwurfes zur 7. GWB-Novelle. Demnach ist der erzielte Vorteil „*(...) in diesen Fällen nur einer der möglichen Bemessungsfaktoren für Geldbußen, wird aber durch die Geldbuße nicht mehr abgeschöpft*".[64]

Allerdings überzeugt dieser Auszug des Regierungsentwurfs nicht als Argument dafür, dass die Vorteilsabschöpfung in diesen Fällen schon ausreichend Berücksichtigung innerhalb des Bußgeldbescheids gefunden habe. Denn auch wenn der wirtschaftliche Vorteil bei der Bußgeldbemessung eine Rolle spielt, stellt er in diesem Falle lediglich einen Faktor zur

---

63 Vgl. BT-Drucksache 15/3640, S. 42.
64 Vgl. BT-Drucksache 15/3640, S. 42.

Bemessung der Schwere des Kartellverstoßes in Form des konkreten Maßes der Bereicherung des Kartellanten und der Höhe des angerichteten Schadens dar. Auf dieser Bemessungsgrundlage soll das kartellrechtswidrige Verhalten nun ausreichend geahndet werden, ohne dass zugleich dessen Kartellrendite abgeschöpft wird.

Zum anderen könne § 81d Abs. 3 Satz 2 GWB auch dahingehend verstanden werden, dass der im Wege des § 17 Abs. 4 OWiG unberücksichtigte Vorteil auch nicht mittelbar über die Bußgeldzumessung Eingang in den Bußgeldbescheid finde.[65] Er stützt sich für diese Auslegung auf einen Satz des Regierungsentwurfes zur 7. GWB-Novelle, nach dem es heißt: *„(...) [D]ie Höhe der reinen Ahndungsgeldbuße wird sich also in Zukunft in der Regel um den Betrag mindern, der nach bisherigem Recht der Abschöpfung des wirtschaftlichen Vorteils diente".*[66]

Im Hinblick auf die Einführung des § 34 GWB und der Möglichkeit der Vorteilsabschöpfung innerhalb eines vom Bußgeldverfahren losgelösten Verwaltungsverfahrens ist § 81d Abs. 3 Satz 2 GWB weit auszulegen. Wie nach dem alten Recht kann der wirtschaftliche Vorteil als Grundlage für die Bemessung einer angemessenen Ahndungsgeldbuße dienen, ohne dass er dabei abgeschöpft wird. Der für die zweite Auslegungsvariante *Achenbachs* angeführte Auszug des Regierungsentwurfs zur 7. GWB-Novelle ist dahingehend zu verstehen, dass § 81d Abs. 3 Satz 2 GWB eine Sperrwirkung für die Berücksichtigung des wirtschaftlichen Vorteils im Bußgeldverfahren entfaltet, sofern der wirtschaftliche Vorteil nach § 34 GWB abgeschöpft werden soll. Nachfolgend soll daher geklärt werden, wann eine Anwendung des § 34 GWB in Betracht kommt. Voraussetzung für die Anwendung der Vorteilsabschöpfung nach § 34 GWB ist ein schuldhafter Verstoß gegen die in diesen Normen benannten kartellrechtlichen Regelungen. § 34 Abs. 1 GWB normiert die Abschöpfung des kausal aus dem Kartellrechtsverstoß entstandenen wirtschaftlichen Vorteils.

1. Die Notwendigkeit der Einführung des § 34 GWB

Hintergrund der Aufteilung der Abschöpfungsmöglichkeiten war unter anderem die Angleichung an das europäische Recht. Die europäische

---

65 Vgl. *Achenbach* in Frankfurter Kommentar, GWB, § 81, Rn. 586, Lfg. 91 (Loseblatt).
66 Vgl. *Achenbach* in Frankfurter Kommentar, GWB, § 81, Rn. 586, Lfg. 91 (Loseblatt); BT-Drucksache 15/3640, S. 42, 67.

Bußgeldpraxis hat ausschließlich Sanktionscharakter und sieht keine Vorteilsabschöpfung im Bußgeldverfahren vor. Demnach sollte auch nach deutschem Recht wieder die Möglichkeit bestehen, ein Bußgeldverfahren ohne Vorteilsabschöpfung durchzuführen.[67] Ferner sollte mit der Einführung des § 34 GWB eine Überlagerung der Bußgeldverfahren mit Abschöpfungsfragen unterbunden und so eine schnellere Abwicklung der Bußgeldverfahren ohne Ermittlungsarbeit zur der Feststellung des wirtschaftlichen Vorteils durch die Behörde gewährleistet werden.[68] In der *Literatur* wurde die Einführung des § 34 GWB unterschiedlich bewertet.

a. Keine Notwendigkeit des § 34 GWB

Raum sieht in § 34 GWB eine letztlich sinnlose Regelung. Da die Regelung nicht verschuldensabhängig und die wesentlichen Kartellrechtsverstöße bußgeldbewehrt seien, gebe es keinen Anwendungsbereich für § 34 GWB.[69] Weiterhin kritisiert er, dass für ein Verfahren nach § 34 GWB dieselben Nachweisprobleme bei der Bestimmung des wirtschaftlichen Vorteils bestehen wie im Bußgeldverfahren nach § 81d Abs. 3 GWB. In den Fällen, in denen kein Bußgeld verhängt werden solle, reiche das bereits gegenüber § 34 GWB vorrangige Verfallsverfahren – heute Einziehungsverfahren – nach § 29a OWiG aus.[70] Auch die Nachweisprobleme seien in einem solchen Falle nicht gegeben, da im Verfallsverfahren das Bruttoprinzip gelte.[71] Demnach sind etwaige Kosten, die mit dem gesetzeswidrigen Verhalten einhergehen, nicht mit den zugeflossenen Vorteilen zu saldieren. Dies erleichtert die Benennung des abzuschöpfenden Betrags, da nicht jeder Abzugsposten, wie zum Beispiel Steuern oder Aufwendungen, berücksichtig werden muss.[72]

Darüber hinaus sieht *Raum* die „*Zerstückelung von Verfahren*" als kontraproduktiv für die gesetzgeberisch verfolgten Ziele an. Er plädiert für

---

67 Vgl. BT-Drucksache 17/3640, S. 42, 67, unter Bezugnahme auf die Entscheidung des FG Rheinland-Pfalz, WuW/DE-R, 1280.
68 Vgl. *Kühnen*, WuW 2010, 16, 27.
69 Vgl. *Raum*, Festschrift Hirsch, 301, 306; *Raum* in Langen/Bunte, GWB, § 81, Rn. 203; der § 34 GWB als „*völlig unökonomischen Weg*" bezeichnet, welcher wohl kaum vom Bundeskartellamt gewählt werden würde.
70 Am 01.07.2017 ist der neu gefasste § 29a OWiG in Kraft getreten. Aus dem Verfall wurde die Einziehung.
71 Vgl. *Raum*, Festschrift Hirsch, 301, 306.
72 Vgl. *Rebler*, DAR 2018, 411, 412 m.w.N.; BGH, BeckRS 2007, 4557, Rn. 6.

§ 2 Die gesetzliche Pflicht zur Vorteilsabschöpfung

eine Verzahnung der Verfahren zur Vorteilsabschöpfung. Seiner Ansicht nach hat das Bußgeldverfahren das höchste Aufklärungspotenzial, da der Kartellbehörde umfassende hoheitliche Befugnisse wie zum Beispiel die Durchsuchung, die Beschlagnahme oder auch die Zeugenbefragung eingeräumt werden.[73] Ein solches Verfahren biete im Ergebnis sogar den Vorteil, dass der durch das Bußgeldverfahren festgestellte Kartellrechtsverstoß durch die Bindungswirkung des § 33b GWB auch für an das Bußgeldverfahren anknüpfende Schadensersatzklagen gilt.

b. Entlastung des Bußgeldverfahrens durch die Anwendung des § 34 GWB

Kühnen hingegen sieht in der Einführung des § 34 GWB vielmehr eine zwingend notwendige Gesetzesänderung. Nur so könne das gesetzgeberische Ziel, den innerhalb des Bußgeldverfahrens anfallenden übermäßigen und verfahrensstörenden Ermittlungsaufwand zu beseitigen und in ein Verwaltungsverfahren nach § 34 GWB zu verlagern, gewährleistet werden. Diesen Zweck erfülle § 34 GWB uneingeschränkt.[74] Ein Verfallsverfahren – heute Einziehungsverfahren – nach § 29a OWiG sei in solchen Fällen hingegen nicht geeignet.[75]

c. Umfassende Abschöpfung rechtswidrig erlangter Vorteile

Auch *Roth* sieht hinsichtlich der Durchsetzungsdefizite von Massen- und Streuschäden sowohl einen Anwendungsbereich als auch ein Bedürfnis für die Anwendung des § 34 GWB. Dieses ergebe sich aus dem nach geltendem Recht bestehenden Durchsetzungsdefizit kollektiver Schadensersatzansprüche. Da die Geschädigten ein rationales Desinteresse an der Kompensation ihres Schadens haben[76], sei es durch erhöhten Aufwand der Durchsetzung oder aufgrund der marginalen Schadenshöhe[77], bedürfe

---

73 Vgl. *Raum*, Festschrift Hirsch, 301, 309.
74 Vgl. *Kühnen*, WuW 2010, 16, 27 f.
75 Vgl. *Kühnen*, WuW 2010, 16, 28 unter Fn. 39; mit Verweis auf Einzelheiten in *Raum*, Festschrift Hirsch, 301, 307.
76 Vgl. *Roth* in Frankfurter Kommentar, GWB, § 34, Rn. 1, Lfg. 94 (Loseblatt).
77 Vgl. *Roth* in Frankfurter Kommentar, GWB, § 34, Rn. 5, Lfg. 94 (Loseblatt).

es wirksamer Mittel, um die rechtswidrigen Vorteile der Kartellanten zu beseitigen.[78]

2. Stellungnahme

Ein Bedürfnis an der Anwendung des § 34 GWB besteht. Die Möglichkeit einer losgelöst vom Bußgeldverfahren durchzuführenden Vorteilsabschöpfung trägt letztlich dazu bei, dass die effektive und schnellstmögliche Abwicklung von Bußgeldverfahren sichergestellt werden kann. Sie ist daher unter der Berücksichtigung der gesetzgeberischen Ziele geboten.

Die Ansicht *Raums* überzeugt hingegen nicht. Sie berücksichtigt nicht hinreichend, dass die Einführung der 7. GWB-Novelle nicht darauf gerichtet war, die Abwicklung der Vorteilsabschöpfung in dem einen oder anderen Verfahren zu erleichtern und etwaige Nachweisprobleme zu beseitigen.[79] Der Gesetzgeber verfolgte vielmehr das Ziel, einer Überfrachtung der Bußgeldverfahren durch die Bereitstellung eines alternativen behördlichen Verwaltungsverfahrens zur Vorteilsabschöpfung entgegenzusteuern.[80] Insofern ist es geradezu zwingend, dass die Verfahrensmöglichkeiten denselben materiell-rechtlichen Voraussetzungen unterliegen, da der Behörde lediglich eine rechtliche Möglichkeit zur Verfügung gestellt wird, die Vorteilsabschöpfung vom Bußgeldverfahren zu separieren. Auch der von *Raum* vertretene Ansatz, man müsse die Vorteilsabschöpfung in einem einheitlichen Verfahren abwickeln, ist abzulehnen. Ein solches Verfahren verfehlt die gesetzgeberischen Ziele hinter der Einführung der §§ 34, 81d Abs. 3 GWB, denn die für die Feststellung des wirtschaftlichen Vorteils notwendige intensive Ermittlungsarbeit innerhalb des Bußgeldverfahrens führt gerade zur Überfrachtung des Verfahrens.

---

78 Vgl. *Roth* in Frankfurter Kommentar, GWB, § 34, Rn. 1, Lfg. 94 (Loseblatt); *Sieme* sieht darüber hinaus zwei Vorteile einer Abschöpfung nach § 34 GWB im Vergleich zur Abschöpfung innerhalb des Bußgeldverfahrens. Zum einen stehe der Abschöpfung nach § 34 GWB gegenüber der Bußgeldvorschrift des § 30 Abs. 1 OWiG ein erweiterter Anwendungsbereich zur Verfügung, weil sich auch ein Normverstoß eines Erfüllungsgehilfen in analoger Anwendung des § 278 BGB zurechnen lasse. Zum anderen ergebe sich für die Abschöpfung nach § 34 GWB der Vorteil, dass die Beweislast für die Freistellungsvoraussetzungen des Art. 81 Abs. 3 EGV a.F. und des § 2 GWB beim Kartellanten lägen. Bei der Abschöpfung im Bußgeldverfahren gelte hingegen die Unschuldsvermutung, vgl. *Sieme*, S. 204, 214, 240.
79 So auch *Kühnen*, WuW 2010, 16, 27 f.
80 Vgl. *Kühnen*, WuW 2010, 16, 27 f.

3. Die Bestimmung des wirtschaftlichen Vorteils

Die Grundidee und das gesetzgeberische Ziel der Einführung des § 34 GWB verdeutlichen die Notwendigkeit der Vorschrift. Diese Feststellung ist jedoch losgelöst von der Frage zu beurteilen, ob die Norm in ihrer konkreten Ausgestaltung Probleme in der praktischen Anwendung aufzeigt.

Anders als die quantifizierbare Größe des Mehrerlöses ist der Begriff des wirtschaftlichen Vorteils weiter zu verstehen.[81] Der Begriff umfasst jede *durch* einen Wettbewerbsverstoß bedingte Verbesserung der wirtschaftlichen Gesamtsituation. Das Kausalitätserfordernis steckt den Rahmen für die abzuschöpfenden Vorteile ab. So können auch mittelbare Vorteile Gegenstand der Abschöpfung sein, sofern sie im Zusammenhang mit dem Kartellverstoß stehen. Nicht umfasst sind lediglich Vorteile, die durch eine vom Kartellrechtsverstoß losgelöste wirtschaftliche Tätigkeit erlangt wurden.[82] Diesem weiten Verständnis ist insbesondere vor dem Hintergrund, dass durch die Vorteilsabschöpfung der Zustand wiederhergestellt werden soll, der ohne Kartellrechtsverstoß bestanden hätte, zuzustimmen. Demnach sind auch nicht bezifferbare Vorteile, wie zum Beispiel die Verbesserung der Marktposition oder von Geschäftsverbindungen, von der Vorteilsabschöpfung umfasst.[83] Im Rahmen der Feststellung des abzuschöpfenden Vorteils ist es daher notwendig, solche nicht quantifizierbaren Vorteile soweit wie möglich in Geld zu beziffern.[84] Der festzustellende Vorteil beinhaltet jedoch nur den Nettoumsatz. Die auf der Einnahmenseite eines Unternehmens angefallenen Steuern und die entstandenen Kosten sind daher vom Vorteil abzuziehen.[85] Insofern sind neben den durch den Wettbewerbsverstoß kausal zugeflossenen Vorteilen – beispielsweise eine Vermögensmehrung – auch alle vorteilsmindernden Positionen, wie zum Beispiel kartellbedingte Mindererlöse, bei der Feststellung des konkreten wirtschaftlichen Vorteils zu berücksichtigen.[86] Der Begriff ist daher im Vergleich zum Mehrerlös insofern enger, als dass mehr Faktoren für dessen Feststellung berücksichtigt werden müssen und somit auch erhöhter Aufwand der Behörden von Nöten ist.[87]

---

81 Differenzierend *Alexander*, S. 592 f.
82 Vgl. *Roth* in Frankfurter Kommentar, GWB, § 34, Rn. 24, Lfg. 94 (Loseblatt).
83 Vgl. *Raum*, Festschrift Hirsch, 301, 302; *Achenbach* in Frankfurter Kommentar, GWB, § 81 Rn. 565 ff., Lfg. 91 (Loseblatt); BayObLG, NJW 1998, 2461, 2462.
84 Vgl. *Roth* in Frankfurter Kommentar, GWB, § 34, Rn. 20, Lfg. 94 (Loseblatt).
85 Vgl. *Raum*, Festschrift Hirsch, 301, 302.
86 Vgl. *Roth* in Frankfurter Kommentar, GWB, § 34, Rn. 20 f., Lfg. 94 (Loseblatt).
87 Vgl. *Roth* in Frankfurter Kommentar, GWB, § 34, Rn. 19 ff., Lfg. 94 (Loseblatt).

Hinsichtlich mittelbarer Vorteile ist der wirtschaftliche Vorteil hypothetisch zu bestimmen. Dabei gelten die für die Mehrerlösfeststellung entwickelten Grundsätze auch für die Bestimmung des wirtschaftlichen Vorteils.[88] Probleme bei der Feststellung des hypothetischen Vorteils ergeben sich dort, wo der durch den Kartellrechtsverstoß erlangte Vorteil mit einem *legalen* Anteil einhergeht. Das heißt, dass grundsätzlich ein solcher Anteil nicht von der Vorteilsabschöpfung umfasst ist, der auch unter ordnungsgemäßen Wettbewerbsbedingungen entstanden wäre. Demnach wäre bei der Bestimmung des wirtschaftlichen Vorteils zu berücksichtigen, dass beispielsweise ordnungsgemäß entstandene Preisentwicklungen einen Abzugsposten darstellen.[89] Allerdings beruht der gesamte wirtschaftliche Vorteil gerade auf einer rechtswidrigen Handlung, weswegen eine Privilegierung aufgrund hypothetischer Marktentwicklungen unter kartellrechtskonformen Umständen nicht sachdienlich ist. Zum einen bedarf eine solche Betrachtung einer noch komplexeren Berechnung des wirtschaftlichen Vorteils als bereits erforderlich. Zum anderen kann bei dieser hypothetischen Betrachtung nicht bestimmt werden, wie der Kartellant an einer ordnungsgemäßen Marktentwicklung partizipiert hätte. Vielmehr wird ihm bei diesem Abzugsposten eine positive Teilhabe am ordnungsgemäßen Wettbewerb unterstellt.[90] Unter Berücksichtigung der effektiven Vorteilsabschöpfung kann daher eine hypothetische Marktentwicklung unter kartellrechtskonformen Umständen keine Berücksichtigung bei der Vorteilsbestimmung finden.[91]

Erleichterungen bei der Bestimmung des Vorteils bieten Erfahrungsgrundsätze. Regelmäßig ist nämlich davon auszugehen, dass jedenfalls Preis- und Quotenkartelle rentabel sind.[92] Dem liegt der Gedanke zugrunde, dass diese Kartelle lediglich den Zweck der Gewinnerzielung durch höhere Marktpreise verfolgen. Allerdings kann der Vorteil nicht allein aufgrund dieser Erfahrungssätze richterlich festgestellt werden.[93] Im gerichtli-

---

88 So *Raum*, Festschrift Hirsch, 301, 303. Gründe für eine Andersbehandlung des wirtschaftlichen Vorteils sind nicht ersichtlich.
89 Roth in Frankfurter Kommentar, GWB, § 34, Rn. 26, Lfg. 94 (Loseblatt).
90 Ähnlich *Achenbach* in Frankfurter Kommentar, GWB, § 81, Rn. 572, Lfg. 91 (Loseblatt).
91 Ähnlich und im Ergebnis übereinstimmend *Sieme*, S. 218, der auf den Zweck der Vorteilsabschöpfung und die Missbilligung der Zuwiderhandlung für die Nichtberücksichtigung eines „legalen" Anteils abstellt.
92 Vgl. grundlegend für Preis- und Quotenkartelle BGH, WuW/E DE-R 1567, 1569 = NJW 2006, 163, 165; so auch *Kühnen*, WuW 2010, 16, 18.
93 *Raum*, Festschrift Hirsch, 301, 303.

chen Verfahren stellen diese Grundsätze einerseits Beweiserleichterungen dar und definieren andererseits die Darlegungsanforderungen für die Parteien. So wird durch die heranzuziehenden Erfahrungsgrundsätze bei Kartellen eine Wahrscheinlichkeitshypothese aufgestellt, welche mit weiteren Beweismitteln dahingehend überprüft wird, ob sie letztlich zur Gewissheit wird.[94] Die Gewichtung von Erfahrungssätzen und weiteren Beweismitteln bemisst sich dabei am Wahrscheinlichkeitsgrad der aufgestellten Hypothese. Das heißt, je wahrscheinlicher die Möglichkeit der Vorteilserlangung in den Augen des Tatrichters ist, desto weniger beweiskräftige Indizien bedarf es für dessen Feststellung.[95] Nach der wirtschaftlichen Lebenserfahrung ist zumindest die Feststellung der Existenz eines wirtschaftlichen Vorteils bei flächendeckenden und andauernden Kartellrechtsverstößen kaum zu verneinen.[96] Der Schwerpunkt der Vorteilsfeststellung wird daher in der betragsmäßigen Quantifizierung des wirtschaftlichen Vorteils liegen.[97] Der entscheidende Zeitpunkt für die Feststellung der Höhe des abzuschöpfenden Vorteils ist der Zeitpunkt der Abschöpfungsentscheidung. Bis dahin sind auch noch etwaige Vermögensminderungen zu berücksichtigen.[98]

a. Die Höhe des wirtschaftlichen Vorteils

Wie auch bei der Schätzung des Mehrerlöses muss zwischen dem tatsächlichen Vorliegen eines Vorteils und dessen Höhe differenziert werden. Dass ein wirtschaftlicher Vorteil vorliegt, bedarf der positiven Feststellung. Die Höhe des wirtschaftlichen Vorteils kann im Anschluss allerdings im Rahmen eines Schätzungsverfahrens im Sinne des § 34 Abs. 4 GWB festgestellt werden. Die Ausführungen zur Mehrerlösschätzung sind auf die Schätzung des wirtschaftlichen Vorteils übertragbar.[99]

---

94 Vgl. BGH, BeckRS 2001, 104 = wistra 2001, 103, 104.
95 Vgl. *Raum*, Festschrift Hirsch, 301, 303.
96 Vgl. *Raum*, Festschrift Hirsch, 301, 303; grundlegend für Preis- und Quotenkartelle BGH, WuW/E DE-R 1567, 1569 = NJW 2006, 163, 165; so auch Kühnen, WuW 2010, 16, 18.
97 So auch *Raum*, Festschrift Hirsch, 301, 303.
98 Vgl. *Roth* in Frankfurter Kommentar, GWB, § 34, Rn. 28, Lfg. 94 (Loseblatt).
99 So auch *Raum*, Festschrift Hirsch, 301, 303 f., der die Vergleichsmarktmethode auch für die Bestimmung der Höhe des wirtschaftlichen Vorteils geeignet hält. Vgl. die Ausführungen zur Feststellung der Mehrerlöshöhe unter § 2 A. II. 1. a. bb., S. 32 ff.

b. Kritik an der Einführung des wirtschaftlichen Vorteils als Abschöpfungsgegenstand

Raum sieht das vom Gesetzgeber beabsichtige Ziel des Abrückens vom Mehrerlös hin zum wirtschaftlichen Vorteil verfehlt. Die Probleme der Schätzung des Mehrerlöses würden sich auch bei der Bestimmung des Vorteils zeigen. Demnach bereite die hypothetische Feststellung der Verbesserung der wirtschaftlichen Gesamtsituation erhebliche Probleme bei der praktischen Handhabung der Vorteilsabschöpfung und führe nicht zu einer Vereinfachung der Rechtsanwendung.[100] Dem ist aus rechtspraktischer Perspektive zuzustimmen. Zwar unterscheiden sich die Begriffe Mehrerlös und wirtschaftlicher Vorteil inhaltlich, was jedoch nicht heißt, dass die Feststellung des wirtschaftlichen Vorteils durch Schätzung unter geringeren Schwierigkeiten zu bewerkstelligen wäre. Die Verwendung des wirtschaftlichen Vorteils als entscheidenden Parameter für die Abschöpfung der Kartellrendite hat jedoch den rechtstheoretischen Vorteil, dass sie umfassender erfolgen kann. Das hierdurch erzeugte größere Abschreckungspotenzial für Kartellrechtverstöße deckt sich auch mit der gesetzgeberischen Intention hinter § 34 GWB.[101]

c. Anwendung der Überlegungen zur Schadensschätzung

Die Schätzung von rechtlich bedeutsamen Summen, sei es die Schadenshöhe, der Mehrerlös oder auch der wirtschaftliche Vorteil, stellt eine gewisse Unwägbarkeit für die Verfahrensbeteiligten dar. Der gesetzliche Ausgangspunkt für die Schätzung des wirtschaftlichen Vorteils bietet § 34 Abs. 4 GWB. Der Schätzungsbetrag ergibt sich aus der Saldierung aller relevanten Elemente, sodass neben der Höhe einer möglichen Kartellrendite auch etwaige Abzugsposten berücksichtigt werden müssen.[102] Für die Feststellung eines abschöpfungsfähigen Schätzungsergebnisses ist es daher notwendig, dass ein wirtschaftlicher Vorteil auf Seiten des Kartellanten existiert.[103] Die Schätzung des Vorteils muss dabei – wie auch bei der Schadensschätzung im Rahmen des § 287 Abs. 2 ZPO – an objektiv nachweisbare Tatsachen

---

100 Vgl. *Raum*, Festschrift Hirsch, 301, 302.
101 Vgl. BT-Drucksache 15/5049, S. 50.
102 Vgl. *Bechtold/Bosch*, GWB, § 34, Rn. 5.
103 Vgl. *Raum*, Festschrift Hirsch, 301, 303.

geknüpft sein.[104] Dies ergibt sich aus dem in Art. 103 Abs. 2 GG verankerten Bestimmtheitsgrundsatz, welcher auch für die Rechtsfolgen des kartellrechtlichen Verstoßes gilt.[105] Reichen die vorliegenden Anknüpfungspunkte für eine umfassende Schätzung nicht aus, kann das Bundeskartellamt auch einen Mindestvorteil schätzen.[106] So lassen sich auch im Rahmen der Vorteilsschätzung nach § 34 Abs. 4 GWB die üblichen Anknüpfungspunkte der Schadensschätzung, wie der hypothetische Marktpreis oder Umsatz hinzuziehen, deren Ermittlung gegebenenfalls auf der sachlichen, örtlichen oder zeitlichen Vergleichsmarktmethode basieren.

Kühnen ist hinsichtlich der Schadensschätzung zu dem Ergebnis gekommen, dass sowohl die Umsetzung der Kartellabsprache als auch die konkreten Umstände des Kartellverstoßes bei der Bestimmung der Schadenssumme helfen können.[107] Auch wenn ein etwaiger Schaden nicht äquivalent zum erlangten wirtschaftlichen Vorteil ist, lässt sich der Einfluss dieser Umstände hinsichtlich kartellbedingter Veränderungen der Marktverhältnisse nicht verneinen. Hierzu zählt auch der wirtschaftliche Vorteil nach §§ 34, 81d Abs. 3 GWB. Beispielsweise lassen sich aus der Dauer und dem Umfang einer Kartellabsprache Rückschlüsse darauf ziehen, ob das Kartell für die beteiligten Unternehmen wirtschaftlich rentabel ist[108] und es zu einer damit verbundenen Verbesserung der Marktposition führt.

Insofern lassen sich die Überlegungen zur Schätzung der Schadenshöhe für die Bestimmung des wirtschaftlichen Vorteils fruchtbar machen.

Zu Entlastungen der Behörde bezüglich der Prüfung, ob ein wirtschaftlicher Vorteil an sich existiert, führt die Vorteilsschätzung nicht. Jedoch kann sich das Bundeskartellamt unter Berücksichtigung der Überlegungen zur Schadensschätzung einer Vielzahl an Anknüpfungspunkten bedienen,

---

104 Vgl. *Lübbig* in MüKo/Kartellrecht, GWB, § 34, Rn. 27; *Bornkamm/Tolkmitt* in Langen/Bunte, GWB, § 34, Rn. 13.
105 Vgl. grundlegend. BVerfGE 14, 174, 185 f.; BVerfGE 32, 362 f.; BVerfGE 25, 269, 285; BVerfGE 38, 348, 371.
106 Vgl. *Bornkamm/Tolkmitt* in Langen/Bunte, GWB, § 34, Rn. 13.
107 Vgl. *Kühnen*, NZKart 2019, 515, 518 ff.; diese Überlegungen fanden nachfolgend Anwendung in der *Rechtsprechung* des LG Dortmund, NZKart 2020, 612, das eine richterliche Schätzung nach § 287 ZPO jedenfalls dann für erforderlich hält, wenn die Methoden der Vergleichsmarktbetrachtung, einer Kostenprüfung oder einer Vergleichsanalyse mit den Preisen von Kartellaußenseitern nicht sinnvoll sind.
108 Zumindest bei Quoten- oder Preiskartellen ist davon auszugehen, dass diese an Rentabilität gewinnen, je länger sie praktiziert werden, vgl. hierzu BGH, WuW/E DE-R 1567, 1569 = NJW 2006, 163, 165; so auch *Kühnen*, WuW 2010, 16, 17; *Raum*, Festschrift Hirsch, 301, 303.

um zum einen eine realistische *Vorteilsgröße* schätzen zu können[109], und zum anderen den generellen Schwierigkeiten der Vorteilsfeststellung entgegenzuwirken. Die Anwendung dieser erweiterten Möglichkeiten für die Schadensschätzung sind auch unter Zweckmäßigkeitsgesichtspunkten im Rahmen der Vorteilsschätzung zu berücksichtigen. Denn je mehr Anknüpfungspunkte für die Schätzung der (realistischen) Vorteilssumme herangezogen werden können, desto umfassender und effektiver kann die Vorteilsabschöpfung erfolgen.

II. Die gesetzliche Pflicht zur Vorteilsabschöpfung

1. Das Ermessen des Bundeskartellamts

Ausgangspunkt eines behördlichen Eingriffs ist eine gesetzliche Ermächtigungsgrundlage. Diese ist für die Vorteilsabschöpfung in den §§ 34 Abs. 1, 81d Abs. 3 GWB normiert. Anhand der konkreten Ermächtigungsnormen ist festzustellen, ob der Behörde ein Ermessen hinsichtlich ihres Handelns eingeräumt wird oder ob sie durch die Vorgabe einer gebundenen Entscheidung gesetzlich zur Vorteilabschöpfung verpflichtet ist. Sofern die Ermächtigungsgrundlage der Behörde Ermessen einräumt, kann sich dieses auch auf unterschiedliche Punkte beziehen. Darunter fallen die Fragen, *ob*[110] die Behörde handeln will, *wie*[111], das heißt, mit welchen Mitteln sie handelt und gegen *wen* sie vorgeht.[112] Das Ermessen wird dabei durch den konkreten Gesetzestext der Ermächtigungsgrundlage eingeräumt. Im Kartellrecht hat sich insbesondere für die Frage, *ob* das Bundeskartellamt in bestimmten Fällen tätig wird, der Begriff des Aufgreifermessens etabliert.[113] Hinsichtlich der Überlegung, ob das Bundeskartellamt zur Abschöpfung des wirtschaftlichen Vorteils verpflichtet ist, muss daher geklärt

---

109 Vgl. *Bechtold/Bosch*, GWB, § 34, Rn. 5, die davon ausgehen, dass die Vorteilsabschöpfung zu unterbleiben habe, sofern der Vorteil nicht in realistischer Weise geschätzt werden könne. Dieses Risiko wird jedoch unter Bezugnahme auf die von *Kühnen*, NZKart 2019, 515 ff. angestellten Überlegungen zur Schadensschätzung minimiert.
110 Sog. Entschließungsermessen.
111 Sog. Auswahlermessen.
112 Auch hier Auswahlermessen.
113 Vgl. zum Aufgreif- oder auch Entschließungsermessen: BGH, ZIP 2001, 807 f.; BGH, NVwZ 1984, 265, 266; BGHZ 51, 61, 67 = NJW 1969, 748, 749; KG Berlin, Beschluss vom 10.11.1976, Kart 171/75, juris, Rn. 20 f.

§ 2 Die gesetzliche Pflicht zur Vorteilsabschöpfung

werden, ob das Gesetz der Behörde bezüglich dieser Entscheidung ein Ermessen einräumt und wenn ja, wie weit dieses ausgestaltet ist. Denn sofern der Behörde ein weites Ermessen bei der Durchführung der Vorteilsabschöpfung eingeräumt wird, muss eine gesetzliche Verpflichtung verneint werden. Von der Ermessensentscheidung abzugrenzen ist die gebundene Entscheidung. Diese kann jedoch nur bestehen, wenn das Gesetz vorschreibt, wann und wie genau die Behörde bei Vorliegen der einschlägigen Tatbestandsmarkmale zu handeln hat. Der Gesetzeswortlaut der §§ 34 Abs. 1, 81d Abs. 3 GWB ist auf den ersten Blick nicht eindeutig. Das in den Regelungen verwendete Wort „*kann*" ließe sich zunächst auch so verstehen, dass es generell im Ermessen der Kartellbehörde stehe, ob diese den wirtschaftlichen Vorteil abschöpft oder nicht. Daneben lässt der Wortlaut ein Verständnis zu, nach dem das Bundeskartellamt auch die Art und Weise der Vorteilsabschöpfung, sprich die Verfahrensart, frei wählen kann.

Nachfolgend sollen die §§ 34, 81 Abs 5 GWB unter Berücksichtigung des einfachen Gesetzesrechts und verfassungsrechtlicher Grundsätze dahingehend untersucht werden, ob der Behörde überhaupt ein Ermessen eingeräumt wird und wenn ja, in welchem Umfang dieses gegeben ist.

a. Das Ermessen des Bundeskartellamts hinsichtlich der Frage des *Ob* der Abschöpfung

Zunächst ist zu klären, ob die §§ 34 Abs. 1, 81d Abs. 3 GWB der Behörde ein Ermessen hinsichtlich der Frage einräumen, *ob* eine Vorteilsabschöpfung in konkreten Fall durchzuführen ist.

aa. Ansichten der *Literatur*

(1) Weites Aufgreifermessen

Es wird die Ansicht vertreten, dass der Kartellbehörde ein Ermessen eingeräumt wird, ob überhaupt, und wenn ja, nach welchem Verfahren eine Vorteilsabschöpfung zu erfolgen habe.[114] Dies wird von den Autoren nicht

---

114 Vgl. *Wagener/Oest* in Kamann/Ohlhoff/Völcker, Kartellverfahren und Kartellprozess, § 18, Rn. 135, die ein weites Ermessen hinsichtlich beider Abschöpfungsmöglichkeiten nach §§ 34 Abs. 1, 81 Abs. 5 GWB a.F. anerkennen; *Emmerich* in Immenga/Mestmäcker, GWB, § 34, Rn. 27; *Bechtold/Bosch*, GWB, § 34,

weiter begründet. Es ist jedoch naheliegend, dass dies auf den Wortlaut der §§ 34 Abs. 1, 81d Abs. 3 GWB und die Formulierung „*kann*" gestützt wird, die der Behörde einen umfassenden Ermessensspielraum einräumt. Anknüpfungspunkt dieser Ansicht könnte das Verständnis des Aufgreif- und Entscheidungsermessens des Bundeskartellamts sein.[115] Das weite Aufgreifermessen des Bundeskartellamts hinsichtlich der Kartellverfolgung und Bebußung ist durch die *Rechtsprechung* anerkannt.[116] Würde man diesen Grundsatz konsequent auf alle Handlungsformen der Behörde im Rahmen der Kartellbekämpfung anwenden, so ließe sich auch von der Vorteilsabschöpfung in rechtmäßiger Weise unter Ausübung des allgemeinen Aufgreifermessens absehen. Allerdings ist das Aufgreifermessen nicht grenzenlos und nach den behördeninternen Zielen zu definieren. Anhaltspunkte, unter welchen Gesichtspunkten das Aufgreifermessen konkret eingeräumt ist, gibt der Gesetzesentwurf zur 9. GWB-Novelle.[117] Demnach muss sich die Kartellbehörde hinsichtlich der Anwendung des § 34 GWB *„(...) bei der pflichtgemäßen Ausübung ihres Aufgreif- und Entscheidungsermessens in jedem Einzelfall nach ihrem gesetzlichen Auftrag von einer möglichst*

Rn. 7, in Bezug auf das Ermessen nach § 34 Abs. 1 GWB; *Lübbig* in MüKo/Kartellrecht, GWB, § 34, Rn. 19, welche lediglich in Bezug auf § 81 Abs. 5 GWB a.F. erwähnen, dass der Behörde möglicherweise aufgrund von Art. 3 Abs. 1 GG kein Ermessen einzuräumen sei; *Funke* in LMRKM, GWB, § 34, Rn. 7 m.w.N., der eine Begrenzung des Ermessens sieht und die Abschöpfung als Regelfall annimmt; *Roth* in Frankfurter Kommentar, GWB, § 34a, Rn. 34, Lfg. 94 (Loseblatt), der davon ausgeht, dass das Bundeskartellamt aufgrund der auf § 34a Abs. 4 Satz 1 GWB gestützten Auskunft der aktivlegitimierten Verbände gemäß § 34a Abs. 1 GWB, innerhalb seines Ermessens entscheiden könne, ob die Behörde nun nach den §§ 34 GWB, 81 Abs. 5 GWB a.F. oder überhaupt tätig wird; *Achenbach* in Frankfurter Kommentar, GWB, § 81, Rn. 602, der das Ermessen der Behörde auch in den Bußgeldleitlinien manifestiert sieht. Demnach behält sich das Bundeskartellamt vor, im Rahmen des Bußgeldverfahrens oder gesondert nach § 34 GWB „*Vorteile zu entziehen*".

115 Von einem Aufgreif- und Verfolgungsermessen ausgehend auch *Sieme*, S. 201, unter Bezugnahme auf BT-Drucksache 15/3640, S. 36. Er sieht für die Kartellbehörde drei Handlungsoptionen. Neben der Möglichkeit einer Vorteilsabschöpfung innerhalb des Bußgeldverfahrens, könne die Behörde frei entscheiden, ob sie die Abschöpfung durch ein Verfahren nach § 34 GWB betreibe oder den wirtschaftlichen Vorteil bei der Bußgeldbemessung berücksichtige.
116 Vgl. zum Aufgreif- oder auch Entschließungsermessen: BGH, ZIP 2001, 807 f.; BGH, NVwZ 1984, 265, 266; BGHZ 51, 61, 67 = NJW 1969, 748, 749; KG Berlin, Beschluss vom 10.11.1976, Kart 171/75, juris, Rn. 20 f.
117 Vgl. BT-Drucksache 18/10207.

§ 2 Die gesetzliche Pflicht zur Vorteilsabschöpfung

effizienten Durchsetzung des Kartellrechts, dem Schutz des Wettbewerbs und der Offenhaltung der Märkte leiten lassen."[118]

Die Gesetzesmaterialien definieren hierbei die Grenze des Aufgreif- und Entscheidungsermessens hinsichtlich der Vorteilsabschöpfung nach § 34 GWB. Das Bundeskartellamt hat bei seiner Ermessensentscheidung stets nach seinem gesetzlichen Auftrag die effiziente Durchsetzung des Kartellrechts zu berücksichtigen. Dieser Aspekt bildet den Kernpunkt einer möglichen gesetzlich verankerten Abschöpfungspflicht, denn die effiziente Durchsetzung des Kartellrechts kann nicht bedeuten, dass die gesetzlichen Pflichten aufgrund einer weiten Ausübung des Aufgreifermessens ausgehöhlt werden. Vielmehr muss aus dem gesetzlichen Auftrag einer effizienten Kartellrechtsdurchsetzung geschlossen werden, dass die Behörde ihren gesetzlichen Verpflichtungen umfassend und wirksam nachkommt.

(2) Keine Vorteilsabschöpfung nach dem Vorbild der europäischen Bußgeldhandhabung

Auch nach der Ansicht *Krügers* hat das Bundeskartellamt ein weites Aufgreifermessen hinsichtlich der Vorteilsabschöpfung. Er stützt seine Argumentation auf die europäische Handhabung von Kartellbußen. Da es im europäischen Recht keine Vorteilsabschöpfung gebe, könne das Kartellamt ganz auf sie verzichten und nach dem europarechtlichen Vorbild ausschließlich eine reine Ahndungsgeldbuße verhängen.[119]

(3) Der wirtschaftliche Vorteil als Kriterium der Bußgeldbemessung

Darüber hinaus wird in der *Literatur* vertreten, dass der wirtschaftliche Vorteil bereits aus Gründen der angemessenen Bußgeldbemessung festzustellen sei. Zum einen gebe die kartellbedingte Verbesserung der wirtschaftlichen Lage des Kartellanten in aller Regel Aufschluss über die Schwere der Kartellverstoßes. Dies müsse in die Bußgeldbemessung[120] ein-

---

118 BT-Drucksache 18/10207, S. 69.
119 Vgl. *Krüger*, DStR, 2016, 895, 899 f.
120 Ob man die Bußgeldbemessung nach § 17 Abs. 3 OWiG vornimmt oder § 81d Abs. 1 Satz 2 GWB als eine den § 17 Abs. 3 OWiG verdrängende Spezialnorm begreift, ist eine rein dogmatische Frage und für die rechtliche Beurteilung ohne Belang; so auch *Kühnen*, WuW 2010, 16, 23, Fn. 24.

fließen und habe demnach unmittelbaren Einfluss auf die Höhe der Ahndungsgeldbuße.[121] Nach der Ansicht *Raums* ist der wirtschaftliche Vorteil schon deswegen festzustellen, da dieser für den konkreten Schuldumfang und somit für die Bemessung der Bußgeldhöhe essenziell sei.[122] Ferner sei es nicht mit der Aufgabe der Kartellbehörde zu vereinbaren, wenn dem Kartellanten die rechtswidrig erlangten Vorteile auch nur im Ansatz verblieben. Von der Vorteilsabschöpfung sei daher lediglich dann abzusehen, wenn sie bereits anderweitig erfolgt sei, der abzuschöpfende Vorteil keinen nennenswerten Umfang aufweise oder wegen der wirtschaftlichen Situation des betroffenen Unternehmens von einer Vollstreckung abzusehen sei.[123]

bb. Verfassungskonforme Auslegung der §§ 34 Abs. 1, 81d Abs. 3 GWB

Der in Art. 3 Abs. 1 GG verankerte Gleichbehandlungsgrundsatz sieht nach der *Rechtsprechung* des Bundesverfassungsgerichts vor, dass eine Gruppe von Normadressaten im Vergleich zu anderen Normadressaten nicht unterschiedlich behandelt werden darf, sofern zwischen den Gruppen keine schwerwiegenden Unterschiede bestehen, die eine unterschiedliche Behandlung rechtfertigen können.[124] Anknüpfungspunkt für die verfassungskonforme Auslegung sind die §§ 17 Abs. 4, 30 Abs. 3 OWiG. Wie bereits beschrieben, soll im Ordnungswidrigkeitenrecht schon nach dem Wortlaut der wirtschaftliche Vorteil abgeschöpft werden. Jedoch kann eine Ungleichbehandlung von Unternehmen, deren wirtschaftlicher Vorteil nach §§ 17 Abs. 4, 30 Abs. 3 OWiG abgeschöpft werden soll, zu solchen Unternehmen, welche dem Kartellbußgeldrecht unterliegen, nicht gerechtfertigt werden.[125] Der Gleichbehandlungsgrundsatz nach Art. 3 Abs. 1 GG gebietet es somit der Kartellbehörde, die Vorteilsabschöpfung bei Kartellverstößen nach Maßgabe der §§ 17 Abs. 4, 30 Abs. 3 OWiG vorzunehmen.[126] Ein völliger Verzicht auf den kartellrechtswidrig erlangten wirtschaftlichen Vorteil könnte im Rahmen des Gleichbehandlungsgrundsatzes aus Art. 3 Abs. 1 GG nur gerechtfertigt werden, sofern besondere

---

121 Vgl. *Kühnen*, WuW 2010, 16, 28.
122 Vgl. *Raum*, Festschrift Hirsch, 301, 308; so auch *Kühnen*, WuW 2010, 26, 28.
123 *Raum*, Festschrift Hirsch, 301, 308.
124 Nach der „*neuen Formel*", vgl. z.B. BVerfGE 55, 72, 88.
125 So auch *Kühnen*, WuW 2010, 16, 25.
126 So auch *Kühnen*, WuW 2010, 16, 25.

§ 2 Die gesetzliche Pflicht zur Vorteilsabschöpfung

Gründe für eine Abweichung der allgemeinen Abschöpfungsnorm des § 17 Abs. 4 OWiG vorlägen.[127]

Krüger sieht diesen Verfassungsverstoß nicht. Nach ihm genügt die Möglichkeit des Bundeskartellamts, auf die Abschöpfung nach § 17 Abs. 4 OWiG aufgrund sachlicher Gründe zu verzichten, um einen Verfassungsverstoß zu verneinen.[128] Diese sachlichen Gründe ergeben sich aus der Beachtung des Verhältnismäßigkeitsgrundsatzes.[129] So kann zum Beispiel bei geringer Bedeutung der Tat[130] oder bei Vorliegen eines geringen Tatvorwurfs[131] von einer Abschöpfung nach § 17 Abs. 4 OWiG abgesehen werden. Ferner liegt ein solcher Grund in tatsächlicher Hinsicht beispielsweise auch dann vor, wenn die Vorteilsabschöpfung nach § 17 Abs. 4 GWB einen unverhältnismäßigen Ermittlungsaufwand nach sich zieht.[132] In rechtlicher Hinsicht kann ein Verzicht auf die Anwendung des § 17 Abs. 4 GWB in Betracht kommen, wenn der wirtschaftliche Vorteil des Kartellanten bereits über einen kartellzivilrechtlichen Schadensersatzanspruch abgeschöpft worden ist.[133]

cc. Stellungnahme

Der Blick auf die aktuelle Rechtslage zeigt, dass das Bundeskartellamt zur Vornahme der Vorteilsabschöpfung bei Kartellanten verpflichtet ist. Auch wenn der Gesetzeswortlaut der §§ 34 Abs. 1, 81d Abs. 3 GWB auf den ersten Blick dem Kartellamt ein weites Ermessen einräumt, zeigt die Auslegung der Normen, dass sich das Ermessen nicht auf die Frage bezieht, ob das Bundeskartellamt die Abschöpfung des wirtschaftlichen Vorteils durchführt oder nicht. Aus der Systematik der Normen ergibt sich, dass die Vorteilsabschöpfung im Grundsatz innerhalb des Bußgeldverfahrens zu erfolgen hat. Lediglich aus Zweckmäßigkeitsgesichtspunkten kann ein

---

127 Vgl. *Biermann* in Immenga/Mestmäcker, GWB, § 81, Rn. 622 f.; *Kühnen*, WuW 2010, 16, 26.
128 Vgl. *Krüger*, DStR, 2016, 895, 900.
129 Vgl. *Sackreuther* in BeckOK/OWiG, § 17, Rn. 129.
130 Das betrifft den Grad und das Ausmaß der Gefährdung, die Art und Intensität der Ausführung sowie das Maß der objektiven Pflichtwidrigkeit, vgl. *Sackreuther* in BeckOK/OWiG, § 17, Rn. 41 f.
131 Vgl. OLG Karlsruhe, NJW 1974, 1883; *Sackreuther* in BeckOK/OWiG, § 17 Abs. 4, Rn. 130.
132 So auch *Kühnen*, WuW 2010, 16, 26, Fn. 33.
133 So auch *Kühnen*, WuW 2010, 16, 26, Fn. 34.

Abschöpfungsverfahren nach § 34 GWB betrieben werden. Dies wird unter Berücksichtigung des Regelungszwecks des § 34 GWB deutlich. Der Gesetzgeber bezweckt mit der Regelung des § 34 GWB die Entlastung des Bußgeldverfahrens und somit eine effektive Kartellrechtsdurchsetzung.

Auch die Ansicht *Krügers* überzeugt nicht. Er verkennt, dass die Vorteilsabschöpfung isoliert zum Ahndungsteil einer Geldbuße zu betrachten ist. Die Möglichkeit, den wirtschaftlichen Vorteil in einem separaten Verwaltungsverfahren durchzuführen, zeigt, dass auch nach deutschem Recht reine Ahndungsgeldbußen verhängt werden können. Daraus wird bereits deutlich, dass der § 34 GWB unter anderem mit der Intention eingeführt worden ist, das deutsche Bußgeldrecht an die Bußgeldahndung an das europäische Vorbild anzupassen.[134] Die Vorteilsabschöpfung stellt somit ein eigenständiges, nationales Instrument zur effektiven Kartellrechtsdurchsetzung dar. Durch die Regelung des § 81d Abs. 3 GWB *kann* die Behörde dieses Instrument im Rahmen eines Bußgeldverfahrens umzusetzen. Dies kann sinnvoll sein, da der wirtschaftliche Vorteil bereits für die Bußgeldbemessung zu ermitteln ist und so im selben Zug in einem verfahrensökonomischen Weg im Bußgeldverfahren abgeschöpft werden kann. Insofern steht das europäische Recht der nach den §§ 34 Abs. 1, 81d Abs. 3 GWB vorgegebenen Abschöpfungspflicht nicht entgegen.

Der Auffassung, dass der wirtschaftliche Vorteil schon deswegen zu berücksichtigen sei, da dieser Aufschluss über den konkreten Schuldumfang des Kartellanten sowie die Schwere des Kartellverstoßes gebe und somit für die Bemessung der Bußgeldhöhe essenziell sei, ist hingegen zuzustimmen.[135] Dem steht auch nicht § 81d Abs. 1 Satz 2 GWB entgegen. Dieser enthält lediglich eine nicht abschließende Aufzählung an Kriterien, die für die Bußgeldbemessung heranzuziehen sind.[136] So kann der durch den Kartellverstoß entstandene wirtschaftliche Vorteil Aufschluss über das nach § 81d Abs. 1 Satz 2 Nr. 1 GWB für die Bußgeldbemessung zu berücksichtigende Ausmaß der Zuwiderhandlung geben.[137] Allein die Berücksichtigung des Kartellschadens reicht hierfür nicht aus.[138] Freilich ist die Größenordnung des herbeigeführten Schadens bei der Bußgeldbemessung ein

---

134 Vgl. BT-Drucksache 15/3640, S. 42.
135 Vgl. *Kühnen*, WuW 2010, 16, 28; *Raum*, Festschrift Hirsch, 301, 308.
136 Vgl. *Kahlenberg/Rahlmeyer/Giese*, BB 2020, 2691, 2698.
137 Vgl. *Kühnen*, WuW 2010, 16, 28; ob man § 81d Abs. 1 Satz 2 GWB als eine den § 17 Abs. 3 OWiG verdrängende Spezialnorm begreift, ist eine rein dogmatische Frage und ist für die rechtliche Beurteilung ohne Belang.
138 Vgl. *Vollmer* in MüKo/Kartellrecht, GWB, § 81 Rn. 129; *Biermann* in Immenga/Mestmäcker, GWB, § 81, Rn. 519.

zu berücksichtigender Faktor. Im Rahmen der gerichtlichen Feststellung des kartellbedingten Schadens im Rahmen eines Schadensersatzanspruchs, kann das erkennende Gericht nach Maßgabe des § 287 Abs. 2 ZPO den Kartellschaden nach freier Überzeugung schätzen und Aufschluss über das Ausmaß der Zuwiderhandlung geben. An diese Schätzung sind keine überhöhten Anforderungen zu stellen. Zum einen ist durch die Beweiserleichterung nach § 287 Abs. 1 ZPO für die richterliche Überzeugung hinsichtlich der Höhe des Kartellschadenshöhe bereits eine erhebliche, auf gesicherter Grundlage beruhende Wahrscheinlichkeit ausreichend.[139] Zum anderen sind auch an die vom Kartellgeschädigten vorzutragenden Anknüpfungstatsachen keine hohen Anforderungen zu stellen. Sofern der Vortrag Lücken oder Unklarheiten aufweist, hat das Gericht zumindest einen ein Mindestschaden zu schätzen.[140] Eine Schätzung scheidet lediglich dann aus, wenn sie aufgrund mangelnder Anhaltspunkte als willkürlich zu qualifizieren wäre.[141] Im Hinblick auf die Bußgeldbemessung sind die Anforderungen an die Feststellung des kartellbedingten Schadens geringer. Diese erfolgt lediglich in Form einer auf Grundlage der erzielten tatbezogenen Umsätze geschätzten Größenordnung des kartellbedingten Schadens.[142] Insofern eignet sie sich nur bedingt als Bußgeldbemessungsgrundlage. Die zusätzliche – wenn auch aufwändigere und mit Problemen behaftete[143] – Berücksichtigung des wirtschaftlichen Vorteils bietet somit eine fundiertere Bußgeldbemessungsgrundlage. So sind bei der Schätzung des wirtschaftlichen Vorteils nach § 34 Abs. 4 GWB alle Elemente zu berücksichtigen, die in die Saldierung einzubeziehen sind. Dies umfasst somit nicht nur die Höhe kartellbedingter Gewinne, sondern auch alle maßgeblichen Abzugsposten.[144]

---

139 Vgl. *Kühnen*, NZKart 2019, 515, 516, 518; LG Dortmund, NZKart 2020, 612, 613.
140 Vgl. *Kühnen*, NZKart 2019, 515, 518; LG Dortmund, NZKart 2020, 612, 615.
141 Vgl. *Kühnen*, NZKart 2019, 515, 518; LG Dortmund, NZKart 2020, 612, 613.
142 Sog. „Schadenspotential" nach den Leitlinien für die Bußgeldzumessung in Kartellordnungswidrigkeitenverfahren vom 25.06.2013. Die Leitlinien für die Bußgeldzumessung in Kartellordnungswidrigkeitenverfahren (Bußgeldleitlinien) gelten bis auf Weiteres fort. In den Bußgeldleitlinien ist festgelegt, wie das Bundeskartellamt schwerwiegende Kartellrechtsverstöße ahndet und welche Kriterien für die Bußgeldzumessung herangezogen werden.
143 Vgl. Ausführungen zu den Schwächen der anzuwendenden Vergleichsmarktmethode unter § 2 II. 1. a. bb. (2), S. 34 f.
144 Vgl. *Bechtold/Bosch*, GWB, § 34, Rn. 5.

Auch wenn es keiner Bezifferung des wirtschaftlichen Vorteils als Bußgeldbemessungsgrundlage bedarf[145], so kann lediglich eine möglichst genaue Ermittlung des Vorteils das Ausmaß der Zuwiderhandlung abbilden. Durch die entsprechende Anwendung der Grundsätze der Schadensschätzung können weitere Anknüpfungspunkte für die Schätzung der (realistischen) Vorteilssumme herangezogen werden, um eine genauere Vorteilsschätzung zu gewährleisten. Das Ausmaß der Zuwiderhandlung kann daher nur hinreichend festgestellt werden, wenn neben den dem kartellbedingten Schaden auch der kartellbedingte Zuwachs wirtschaftlicher Vorteile Eingang in die Bewertung findet. Das diese Bezugsgrößen voneinander abweichen können, zeigt bereits § 34 Abs. 2 Satz 1 Nr. 1 GWB. Demnach ist von der behördlichen Vorteilsabschöpfung abzusehen, *soweit* der Vorteil durch Schadensersatzleistung abgeschöpft worden ist. Das Ausmaß eines Kartellverstoßes kann somit nur umfassend abgebildet werden, wenn auch der wirtschaftliche Vorteil einbezogen wird. Demzufolge ist es für die Bemessung eines angemessenen Bußgelds essenziell, den wirtschaftlichen Vorteil als Teil der Bemessungsgrundlage zu berücksichtigen.[146]

Nach der hier vertretenen Ansicht hat die Behörde weder ein Aufgreifermessen hinsichtlich der Frage, ob der wirtschaftliche Vorteil zu ermitteln ist, noch, ob der zwingend zu ermittelnde Vorteil abzuschöpfen ist. Es wäre widersinnig, eine Pflicht zur Ermittlung des wirtschaftlichen Vorteils aus Gründen der angemessenen Bußgeldbemessung anzunehmen und zugleich der Behörde ein Ermessen hinsichtlich der Frage einzuräumen, ob sie den wirtschaftlichen Vorteil beim Kartellanten abschöpft. Zum einen darf dem Kartellanten kein Vorteil aus dem Kartellverstoß verbleiben und somit ein Anreiz geschaffen werden, rechtswidrige Praktiken im Wettbewerb anzuwenden. Zum anderen hat die Behörde den wirtschaftlichen Vorteil bereits ermittelt. Sie kann sich daher Verzicht auf die Vorteilsabschöpfung nicht auf den hohen behördlichen Aufwand der Ermittlung des wirtschaftlichen Vorteils stützen.

---

145 Vgl. *Kühnen*, WuW 2010, 16, 29.
146 Das Bußgeldzumessungskriterium des Ausmaßes der Zuwiderhandlung fand in diesem Wortlaut mit Einführung der 10. GWB-Novelle Eingang in das Gesetz. Vgl. Kühnen, WuW 2010, 16, 24 f.; *Raum*, Festschrift Hirsch, 301, 308; *Bechtold/Bosch*, GWB, § 81, Rn. 39; nach denen der wirtschaftliche Vorteil in Bezug auf die Schwere und Dauer der Zuwiderhandlung nach § 81 Abs. 4 Satz 6 GWB a.F. zu berücksichtigen ist; a.A. *Biermann* in Immenga/Mestmäcker, GWB, § 81, Rn. 519; *Vollmer* in MüKo/Kartellrecht, GWB, § 81, Rn. 129; *Raum*, Festschrift Hirsch, 301, 308; *Bechtold/Bosch*, GWB, § 81 Rn. 39.

Überdies ergibt sich aus dem Verfassungsrecht, dass die Behörde kein Aufgreifermessen hinsichtlich der Vorteilsabschöpfung nach den §§ 34, 81d Abs. 3 GWB hat. Der Gleichbehandlungsgrundsatz nach Art. 3 Abs. 1 GG gebietet es, die Vorteilsabschöpfung bei Kartellverstößen nach den Maßgaben der §§ 17 Abs. 4, 30 Abs. 3 OWiG vorzunehmen.[147] Das in den §§ 34, 81d Abs. 3 GWB eingeräumte behördliche Ermessen kann demnach keine Andersbehandlung im Vergleich zu Ordnungswidrigkeitenverfahren nach §§ 17 Abs. 4, 30 Abs. 3 OWiG begründen.

Ob ein Verzicht auf die Vorteilsabschöpfung nach den in § 17 Abs. 4 OWiG anzuwendenden Grundsätzen zu rechtfertigen ist, ist unter Berücksichtigung der speziellen Verzichtsnorm des § 34 Abs. 3 GWB zumindest fraglich.[148] Zwar findet § 17 Abs. 4 OWiG im Rahmen kartellrechtlicher Ordnungswidrigkeitenverfahren Berücksichtigung. Das heißt allerdings nicht, dass auch die im Rahmen dieser Norm von der *Rechtsprechung* anerkannten Verzichtsgründe ohne Weiteres auf das Regelungssystem der kartellrechtlichen Vorteilsabschöpfung übertragbar sind. Das Kartellrecht hat mit § 34 Abs. 3 GWB eine eigene gesetzliche Regelung zum Verzicht auf die Vorteilsabschöpfung. Darüber hinaus schließt allein die gesetzlich bestehende Möglichkeit eines Verzichts auf die Vorteilsabschöpfung nicht gleichzeitig einen Verstoß gegen den Gleichbehandlungsgrundsatz aus. Das Vorliegen etwaiger sachlicher Gründe für eine Andersbehandlung bedarf vielmehr intensiver Prüfung durch die Behörde. Ein genereller, verfassungsrechtlich nicht zu beanstandender Verzicht auf die Vorteilsabschöpfung muss daher abgelehnt werden.

b. Die Bestimmung des *Wie* der Vorteilsabschöpfung

Nachfolgend ist zu prüfen, ob die §§ 34 Abs. 1, 81d Abs. 3 GWB der Behörde ein Ermessen hinsichtlich der Auswahl des konkreten Abschöpfungsverfahrens einräumen.

---

147 So auch *Kühnen*, WuW 2010, 16, 25.
148 Vgl. hierzu Ausführungen unter § 2 B. II. 3. e., S. 87 f.

aa. Auslegungsansätze aus der *Literatur* und der *Rechtsprechung*

(1) Freies Wahlrecht der Abschöpfungsmethode

Bechtold/Bosch gehen davon aus, dass der Behörde ein freies Wahlrecht zustehe, in welchem Verfahren die Vorteilsabschöpfung zu erfolgen habe.[149] Dieses Verständnis wird ohne weitere Begründung auf § 81d Abs. 3 GWB gestützt und ist wahrscheinlich auf den nicht eindeutigen Wortlaut der §§ 34, 81d Abs. 3 GWB zurückzuführen.

Auch *Krüger* geht davon aus, dass das Bundeskartellamt nach pflichtgemäßem Ermessen zwischen drei Möglichkeiten der Vorteilsabschöpfung wählen könne. Zunächst könne der wirtschaftliche Vorteil durch entsprechende Bemessung der Geldbuße nach § 81d Abs. 3 Satz 1 GWB in Verbindung mit § 17 Abs. 4 OWiG abgeschöpft werden. Des Weiteren könne nach § 81d Abs. 3 Satz 2 GWB eine reine Ahndungsgeldbuße verhängt werden, deren Höhe sich ausschließlich aus § 17 Abs. 3 OWiG ergebe, ohne dass der wirtschaftliche Vorteil Berücksichtigung finde. Dieser könne dann im gesonderten Verfahren nach § 34 GWB abgeschöpft werden.[150] Schließlich könne der wirtschaftliche Vorteil auch durch die Einziehung von Taterträgen nach § 29a OWiG abgeschöpft werden.[151]

(2) Berücksichtigung der Entlastungsfunktion des § 34 GWB

Nach *Kühnen* dient die vom Gesetzgeber angestrebte Entlastung des Bußgeldverfahrens hingegen als Richtlinie für die Ermessensentscheidung.[152] Sofern die Fragen der Vorteilsabschöpfung das Bußgeldverfahren überlagern und zu viele Ressourcen binden, soll eine Abschöpfung nach § 34 GWB im gesonderten Verwaltungsverfahren erfolgen.

(3) Begründung der Abschöpfungsentscheidung

In der *Rechtsprechung* sind hinsichtlich des Normenverständnisses der §§ 81d Abs. 3, 34 GWB bisher – soweit ersichtlich – keine Entscheidun-

---

149 Vgl. *Bechtold/Bosch*, GWB, § 34, Rn. 6; § 81, Rn. 52.
150 Vgl. *Krüger*, DStR 2016, 895, 899 f.
151 Vgl. *Krüger*, DStR 2016, 895, 899.
152 Vgl. *Kühnen*, WuW 2010, 16, 27.

§ 2 Die gesetzliche Pflicht zur Vorteilsabschöpfung

gen ergangen. Der Bundesgerichtshof hat sich jedoch in seiner *Papiergroßhandel*-Entscheidung[153] dahingehend geäußert, dass das Gericht seine Entscheidung zur Vorteilsabschöpfung zu begründen habe.

bb. Stellungnahme

Hinsichtlich der Frage, *wie* die Abschöpfung zu erfolgen hat, das heißt, ob der Behörde ein Ermessen hinsichtlich der Verfahrensauswahl zusteht, ist sich die *Literatur* weitestgehend einig. Nicht eindeutig ist hingegen, ob der Behörde ein freies Wahlrecht zusteht, oder ob sie hinsichtlich der Verfahrensauswahl unter der Berücksichtigung der effizienten Kartellrechtsdurchsetzung gewisse Aspekte zu berücksichtigen hat. Einer Auswahl des Abschöpfungsverfahrens unter Zweckmäßigkeitsgesichtspunkten ist mit Blick auf das Ziel einer schnellen Abwicklung der Bußgeldverfahren und der daraus folgenden effektiven und effizienten Kartellrechtsdurchsetzung zuzustimmen. Der Ausgangspunkt der Ermessensbetätigung ist die Frage, ob und inwieweit die effektive Vorteilsabschöpfung bereits innerhalb des Bußgeldfahrens gewährleistet werden kann. Ist dies zum Beispiel aufgrund einer Überfrachtung des Verfahrens nicht der Fall, so hat das Kartellamt unter Berücksichtigung der Zweckmäßigkeit der Vorteilsabschöpfung ein gesondertes Verwaltungsverfahren nach § 34 GWB einzuleiten. Dadurch, dass bei der Wahl des Verfahrens auf Praktikabilitätserwägungen abzustellen ist, wird der Ermessensspielraum sinnvoll hinsichtlich einer effizienten Durchsetzung des Kartellrechts eingeschränkt.[154] In verfassungsrechtlicher Hinsicht bestehen bezüglich des oben skizzierten Ermessensspielraums der Kartellbehörde im Rahmen des Gleichheitsgrundsatzes keine Bedenken. Die Sachwidrigkeit der Ungleichbehandlung liegt nämlich gerade nicht vor, sofern die Vorteilsabschöpfung aufgrund der Gewährleistung einer zeitnahen und abschreckenden Bußgeldahndung im Rahmen eines Verwaltungsverfahrens nach § 34 GWB vollzogen wird.[155] Darüber hinaus ist in der *Rechtsprechung* des Bundesgerichtshofs zur Begründungspflicht der Abschöpfungsentscheidung[156] die Tendenz zu erkennen, dass das an-

---

153 Vgl. BGH, NJW 2007, 3792, 3795, Rn. 26.
154 Vgl. *Kühnen* WuW 2010, 16, 27, der das Verfahren nach § 34 GWB als geboten ansieht, um die Überlastung von Bußgeldverfahren zu verhindern.
155 Vgl. *Kühnen*, WuW 2010, 16, 27.
156 Vgl. zur Begründungspflicht der Abschöpfungsentscheidung BGH, NJW 2007, 3792, 3795, Rn. 25 f.

zuwendende Verfahren zur Vorteilsabschöpfung nicht nach Gutdünken gewählt werden kann, sondern die Entscheidung rechtlicher und tatsächlicher Erwägungen bedarf.

c. Ergebnis

Das nach den §§ 34 Abs. 1, 81d Abs. 3 GWB eingeräumte Ermessen der Kartellbehörde bezieht sich nicht auf die Frage, *ob* die Vorteilsabschöpfung stattzufinden hat oder nicht. Das Bundeskartellamt hat lediglich nach pflichtgemäßem Ermessen zu entscheiden, ob die Vorteilsabschöpfung innerhalb des Bußgeldverfahren vollzogen wird.[157] Insofern ist von einer gesetzlichen Pflicht zur Vorteilsabschöpfung durch die Kartellbehörde auszugehen, welche nur im Einzelfall entfallen kann.[158] Der Gesetzgeber hat zwar mit der Einführung des § 81d Abs. 3 GWB die gesetzliche Vorgabe zur Vorteilsabschöpfung im Bußgeldverfahren durchlässiger gestaltet, jedoch im gleichen Zuge das Instrumentarium zur Vorteilsabschöpfung mit Einführung des § 34 GWB erweitert, sodass es nicht im Ermessen der Behörde liegt, *ob* abgeschöpft wird, sondern lediglich das *Wie* der Abschöpfung von ihrer Entscheidungskompetenz gedeckt ist. Welche Abschöpfungsvariante im konkreten Fall zu wählen ist, ist nach *pflichtgemäßer* Ermessensbetätigung – das heißt unter Berücksichtigung der Zweckmäßigkeit und Sachdienlichkeit des gewählten Verfahrens – der Behörde zu entscheiden. Dabei hat die Auswahl des Verfahrens unter Berücksichtigung der Ziele des Bußgeldverfahrens zu erfolgen. Der Gesetzgeber hat den § 34 GWB nicht eingeführt, um der Behörde ein freies Wahlrecht zu ermöglichen. Denn dies würde die beabsichtigte *Entschlackung* des Bußgeldverfahrens nicht zwingend herbeiführen, beispielsweise wenn die Behörde trotz des hohen Ermittlungsaufwands die Vorteilsabschöpfung im Bußgeldverfahren wählt. Vielmehr muss gewährleistet werden, dass für eine effektive Kartellrechtsdurchsetzung auch eine zeitnahe und abschreckende Ahndung eines Kartellverstoßes erfolgt. Gerade ein zu hoher Ermittlungs-

---

157 So auch *Kühnen*, WuW 2010, 16, 25.
158 Beispielsweise durch eine bereits erfolgte Vorteilsabschöpfung in Form von Schadensersatzleistungen an den Gläubiger gem. § 34 Abs. 2 Satz 1 Nr. 1 GWB oder durch unverhältnismäßige Ressourcenbindung und Ermittlungsaufwand nach Maßgabe des § 34 Abs. 3 GWB; ähnlich *Kühnen*, WuW 2010, 16, 26, Fn. 33, 34; ausführlich zu den Verzichtgründen der Vorteilsabschöpfung vgl. Ausführungen unter § 2 B. II. 3., S. 80 ff.

§ 2 Die gesetzliche Pflicht zur Vorteilsabschöpfung

aufwand unter Hinzuziehung von Sachverständigen kann eine zeitnahe Bußgeldahndung vereiteln.[159]

2. Die Subsidiarität der behördlichen Vorteilsabschöpfung

a. Die Subsidiarität der behördlichen Vorteilsabschöpfung nach § 34 Abs. 2 Satz 1 GWB

Neben einer behördlichen Vorteilsabschöpfung kann der wirtschaftliche Vorteil auch durch Schadensersatzzahlungen abgeschöpft werden. In der *Rechtsprechung* des Bundesgerichtshofs[160] und in der *Literatur*[161] wurde hervorgehoben, dass die Inanspruchnahme einer Behörde verwehrt bleibe, sofern der Betroffene in zumutbarer Weise seine Rechte selbst durchsetzen könne. Dieser Subsidiaritätsgrundsatz hat für die Vorteilsabschöpfung Eingang in das Gesetz gefunden.[162] Die in § 34 Abs. 2 Satz 1 GWB normierte Subsidiarität der behördlichen Vorteilsabschöpfung vermittelt den Eindruck, dass aufgrund der Vielzahl vorrangiger Abschöpfungsmethoden und der Stärkung der privaten Rechtsdurchsetzung im Kartellrecht praktisch kein Anwendungsbereich für diese Abschöpfungsmethode verbleibt. So muss der vorrangige Ausgang von Schadensersatzprozessen abgewartet werden, um gegebenenfalls den noch verbleibenden wirtschaftlichen Vorteil abzuschöpfen. Durch die parallel fortlaufende Vereinfachung[163] der Geltendmachung von Schadensersatzansprüchen wäre die Konsequenz, dass die Behörde am Ende eines Verfahrens kaum eine Vorteilsabschöpfung durchzuführen hätte und die gesetzliche Pflicht letztlich obsolet würde.

---

159 So auch *Kühnen*, WuW 2010, 16, 27.
160 Vgl. z.B. BGHZ 51, 61, 67 = NJW 1969, 748, 749; OLG Düsseldorf; BeckRS 2000, 16693, Rn. 56; vgl. auch *Hänsch*, S. 58.
161 Vgl. *Klose* in Wiedemann, Handbuch des Kartellrechts, § 51, Rn. 9 m.w.N.
162 Vgl. BT-Drucksache 15/3640, S. 55; anders *Alexander*, S. 463, der § 34 Abs. 2 GWB nicht als Subsidiaritätsregelung ansieht. Die Norm habe vielmehr die Funktion eine Mehrfachabschöpfung zu verhindern.
163 Dem steht auch nicht die Abkehr des Bundesgerichtshofs vom Anscheinsbeweis hinsichtlich der Kartellbetroffenheit von Schadensersatzgläubigern nach BGH, NJW 2020, 1430, 1435, Rn. 52. entgegen. Die praktischen Folgen der Entscheidung zu Lasten von Schadensersatzgläubigern sind zu bezweifeln, vgl. *Steinberg/Wirtz*, WuW 2020, 8, 11.

B. Die aktuelle Rechtslage der Vorteilsabschöpfung

Nachfolgend soll die Systematik der einschlägigen Normen zur Vorteilsabschöpfung daher genau beleuchtet werden. Ausgehend von der Funktion und Notwendigkeit der Ermittlung des wirtschaftlichen Vorteils für die Bußgeldbemessung wird der Fokus der Bearbeitung auf das Verhältnis der behördlichen Vorteilsabschöpfung nach den §§ 34, 81d Abs. 3 GWB zu anderen Abschöpfungsmethoden gelegt und etwaige Problemfelder untersucht.

aa. Berücksichtigung der Funktion der Vorteilsabschöpfung

Wie bereits oben erläutert, ist der erlangte wirtschaftliche Vorteil bereits aus Gründen der angemessenen Bußgeldbemessung festzustellen.[164] Der Vorrang etwaiger anderer Abschöpfungsmethoden kann schon aus diesem Grund nicht dazu führen, dass sich das Bundeskartellamt nicht mit der Vorteilsabschöpfung beschäftigt. Überdies ist zu berücksichtigen, dass die Vorteilsabschöpfung bezweckt, dass der Kartellant keinen Vorteil aus dem Kartellrechtsverstoß ziehen soll. Die kartellrechtswidrig entstandenen Wirkungen sollen durch die Vorteilsabschöpfung schnellstmöglich und umfassend beseitigt werden. Dies kann nur gewährleistet werden, wenn die Vorteilsabschöpfung unmittelbar und zwingend zur Anwendung kommt. Der Verweis auf den Zivilrechtsweg und die Abschöpfung mittels Schadensersatzklage können dies nicht gewährleisten.

bb. Das Verhältnis der Vorteilsabschöpfungsverfahren nach § 81d Abs. 3 und § 34 GWB zueinander

Dass die Vorteilsabschöpfung in jedem Fall zu erfolgen hat, zeigt auch die Regelung des § 34 Abs. 2 GWB. Ihrem Wortlaut nach entfällt die Vorteilsabschöpfung nach § 34 GWB, soweit der wirtschaftliche Vorteil bereits durch Schadensersatzleistungen, die Festsetzung einer Geldbuße, die Anordnung zur Einziehung von Taterträgen oder durch Rückerstattung abgeschöpft ist. Dabei differenziert das Gesetz nicht zwischen den verschiedenen Abschöpfungsmöglichkeiten. Das heißt, dass die Subsidiaritätsregel des § 34 Abs. 2 Satz 1 GWB erst greift, wenn der Vorteil bereits konkret abgeschöpft wurde. Der Gesetzgeber geht also davon aus, dass

---

164 Vgl. Ausführungen unter § 2 B. II. 1. a. cc., S. 54 ff.; *Kühnen*, WuW 2010, 16, 28; *Raum*, Festschrift Hirsch, 301, 308.

§ 2 Die gesetzliche Pflicht zur Vorteilsabschöpfung

die Abschöpfung in jedem Falle zu erfolgen hat. Nach § 81d Abs. 3 Satz 2 GWB ist der Bußgeldentscheidung zu entnehmen, ob bereits innerhalb des Bußgeldverfahrens der wirtschaftliche Vorteil abgeschöpft wurde. Ferner ist die Vorteilsabschöpfung gemäß §§ 34 Abs. 2, 34a Abs. 2 GWB nachrangig anzuwenden. Nach den §§ 34 Abs. 2, Satz 2, 34a Abs. 2 Satz 2 GWB ist der Betrag einer Vorteilsabschöpfung aus dem Bundeshaushalt an den Rechtsverletzer zurückzuführen, wenn im Anschluss an die bereits erfolgte Vorteilsabschöpfung ein Bußgeld mit Abschöpfungsanteil verhängt wird.[165] Gesetzessystematisch zeigt sich, dass die Vorteilsabschöpfung – ähnlich zur Rechtslage der 6. GWB-Novelle – vorrangig im Bußgeldverfahren zu erfolgen hat. Lediglich aus Gründen der Zweckmäßigkeit kann das Verfahren nach § 34 GWB gewählt werden.[166]

cc. Das Verhältnis der Vorteilsabschöpfung zur Einziehung von Taterträgen

Die Einziehung von Taterträgen umfasst – anders als der wirtschaftliche Vorteil – ausschließlich die Höhe des Erlangten nach dem Bruttoprinzip.[167] Entgegen der in der *Literatur* vertretenen Ansicht[168] kann die bloße Anordnung der Einziehung von Taterträgen daher nicht zum Ausschluss der Vorteilsabschöpfung nach § 34 Abs. 2 Satz 1 GWB führen. Da den einzuziehenden Beträgen unterschiedliche Berechnungsmethoden und Anknüpfungspunkte zugrunde liegen, ist vielmehr von einer Ergänzung der jeweiligen Einzugsmethoden untereinander auszugehen. Die Sperrwirkung gegenüber der Vorteilsabschöpfung macht sich daher nur in dem Maße bemerkbar, in dem durch die Einziehungsanordnung bereits ein für den abzuschöpfenden Vorteil bedeutsamer Geldbetrag eingezogen wurde. Der Vorteil ist demnach lediglich in Höhe des eingezogenen Geldbetrags zu mindern.[169]

---

165 Vgl. hierzu auch *Poelzig/Bauermeister*, NZKart 2017, 568, 570; *Sieme*, S. 205, mit dem Hinweis, dass § 34 GWB keine explizite Regelung zur Abführung des Vorteils in den Bundeshaushalt enthalte.
166 Vgl. Ausführungen unter § 2 B. II. 1. b. bb., S. 60 f.
167 Vgl. Vgl. *Roth* in Frankfurter Kommentar, GWB, § 34, Rn. 36, Lfg. 94 (Loseblatt) m.w.N.; für die Bestimmung des wirtschaftlichen Vorteils gilt hingegen das Nettoprinzip, vgl. auch Ausführungen unter § 2 B. I. 3. S. 44; *Raum*, Festschrift Hirsch, 301, 306.
168 Vgl. *Roth* in Frankfurter Kommentar, GWB, § 34, Rn. 36, Lfg. 94 (Loseblatt).
169 Vgl. *Roth* in Frankfurter Kommentar, GWB, § 34, Rn. 36, Lfg. 94 (Loseblatt).

dd. Das Verhältnis von Vorteilsabschöpfung zu Schadensersatz und Rückerstattung

Das Verhältnis von Schadensersatz und der Rückerstattung der kartellrechtswidrig erwirtschafteten Vorteile nach § 32 Abs. 2a GWB zur Vorteilsabschöpfung wird in § 34 Abs. 2 GWB geregelt. Der Gesetzestext trifft hierbei drei wesentliche Aussagen zum Verhältnis zwischen der behördlichen Vorteilsabschöpfung und dem Schadensersatzanspruch. Auf die Vorteilsabschöpfung ist zu verzichten, *soweit* der Vorteil bereits durch eine Schadensersatzleistung abgeschöpft worden ist. Danach *kann* die Vorteilsabschöpfung bereits im Rahmen der Schadensersatzleistung erfolgen. An der Formulierung des § 34 Abs. 2 GWB wird deutlich, dass eine bereits erfolgte Abschöpfung durch eine Schadensersatzleistung eine Sperrwirkung gegenüber der behördlichen Vorteilsabschöpfung entfalten kann. Eine bereits erfolgte Vorteilsabschöpfung nach § 34 GWB entfaltet hingegen keine Sperrwirkung gegenüber Schadensersatzansprüchen. Dies ergibt sich aus § 34 Abs. 2 Satz 2 GWB, wonach einem Kartellanten, der Schadensersatzleistungen an das geschädigte Unternehmen erst nach der Vorteilsabschöpfung erbringt, der abgeführte Geldbetrag in Höhe der nachgewiesenen Zahlungen zurückzuerstatten ist. Daraus kann geschlossen werden, dass die Abschöpfung durch Schadensersatzleistungen grundsätzlich *vorrangig* zu behandeln ist.[170]

Ferner muss der zu ersetzende Schaden nicht zwingend *äquivalent* zum wirtschaftlichen Vorteil auf Seiten des Kartellanten sein. So können beispielsweise Belieferungssperren für Außenseiter deren wirtschaftliche Entscheidungsmacht und Vielfalt einschränken und somit als Konsequenz die zu erwartenden Gewinne mindern. Dies führt jedoch auf Seiten des Kartellanten nicht zwangsläufig zu einem gleichwertigen Verletzergewinn.[171]

Raum spricht in diesem Zusammenhang von einer mittelbar bewirkten Vorteilsabschöpfung[172], wobei der Anknüpfungspunkt des zivilrechtlichen Anspruchs immer der eingetretene Schaden bleibt. Dies ist insofern problematisch, als das die Vorteilsabschöpfung in Form zivilrechtlicher Schadensersatzansprüche in den Fällen, in denen der kartellbedingt zu ersetzende Schaden nicht festgestellt werden kann, nicht zur Anwendung

---

170 Im Ergebnis ähnlich auch *Alexander*, S. 463, der § 34 Abs. 2 GWB allerdings nicht als Subsidiaritätsregelung ansieht. Die Norm habe vielmehr die Funktion eine Mehrfachabschöpfung zu verhindern; vgl. auch *Janssen*, S. 63.
171 Vgl. *Raum*, Festschrift Hirsch, 301, 304 f.
172 Vgl. *Raum*, Festschrift Hirsch, 301, 304.

kommt. Beispielsweise ist in Fällen von Marktzutrittsbehinderungen oder unbilliger Beeinträchtigung von Marktpositionen von Wettbewerbern und Konkurrenten nach § 19 Abs. 2 GWB der entstandene Schaden wirtschaftlich kaum nachvollziehbar.[173] Abhilfe kann hier die Schadensschätzung nach den allgemeinen Grundsätzen leisten. Allerdings werden auch für die Schadensschätzung Anknüpfungspunkte benötigt. Dies kann beispielsweise der Verletzergewinn sein[174], jedoch muss sich der hierbei ermittelte Schadensbetrag auch realistisch und nachvollziehbar abbilden lassen. So kann die Art und Intensität einer Kartellrechtsverletzung schon Aufschluss darüber geben, ob die Vermögenseinbuße auf Seiten des Geschädigten in der konkreten Höhe durch das vorgeworfene kartellrechtswidrige Verhalten überhaupt möglich ist.[175]

Daneben bieten für die Schadensschätzung solche Fallkonstellationen Probleme, in denen der Schaden auf nachgelagerte Marktstufen *abgewälzt* wird. Rechtstechnisch wird das Problem mit dem § 33c Abs. 1 Satz 1 GWB gelöst, der davon ausgeht, dass der auf der Marktgegenseite zugefügte Schaden eben nicht durch die *Abwälzung* auf eine nachgelagerte Marktstufe – wie beispielsweise durch Weiterverkauf der kartellbelasteten Ware – entfällt. Das bedeutet, dass der Erstabnehmer hinsichtlich eines Schadensersatzanspruchs durch eine Schadensfiktion entgegen den allgemeinen Grundsätzen der Vorteilsausgleichung aktivlegitimiert bleibt. Dies verstärkt eine effektive und umfassende Vorteilsabschöpfung, da der Marktgegenseite flächendeckend – das heißt auf mehreren Marktstufen, unabhängig von der *Abwälzung* des Schadens – ein Anspruch zugebilligt wird, dessen Durchsetzung durch den Bestand des fiktiven Schadens für die betroffenen Unternehmen wirtschaftlich attraktiv ist.[176]

ee. Stellungnahme

Im Ergebnis wird versucht, dem Vorrang der privaten Rechtsdurchsetzung Rechnung zu tragen und die umfassende Vorteilsabschöpfung bereits ohne behördliches Einschreiten zu gewährleisten. Dieser Ansatz ist dem

---

173 Vgl. *Raum*, Festschrift Hirsch, 301, 305.
174 Vgl. *Raum*, Festschrift Hirsch, 301, 305; *Bornkamm/Tolkmitt* in Langen/Bunte, GWB, § 33a, Rn. 37.
175 *Raum*, Festschrift Hirsch, 301, 305; *Kühnen*, NZKart 2019, 515 ff. zu den Anknüpfungspunkten der Schadensschätzung.
176 Vgl. *Raum*, Festschrift Hirsch, 301, 305.

Grunde nach richtig, kann allerdings die Vorteilsabschöpfung durch das Bundeskartellamt nicht ersetzen, sondern lediglich ergänzen. Dies wird zum Beispiel an der fehlenden Äquivalenz zwischen Schaden und wirtschaftlichem Vorteil deutlich. Auch wenn es Überschneidungen zwischen den Begriffen gibt, so hat der Gesetzgeber mit der Regelung des § 34 Abs. 2 Satz 1 GWB festgehalten, dass die Abschöpfung durch das Bundeskartellamt zu erfolgen hat, *soweit* dies nicht schon im Wege der privaten Rechtsdurchsetzung geschehen ist. Ist die private Rechtsdurchsetzung zum Beispiel aufgrund von Informationsdefiziten und Nachweisschwierigkeiten nicht möglich oder in bestimmten Fallkonstellationen nur schwer umsetzbar, so lässt sich auch über eine vorrangige und unmittelbare Abschöpfung durch das Bundeskartellamt nachdenken.[177] Diese Defizite lassen sich letztlich nur mit behördlicher Hilfe, zum Beispiel in Form von Durchsuchungen oder Akteneinsichtsrechten, beseitigen. Mit Einführung der 9. GWB-Novelle hat der Gesetzgeber anhand der Regelungen der §§ 33g, 89b, 89c GWB versucht, die Informationssymmetrien im kartellrechtlichen Schadensersatzprozess zwischen Schädigern und Geschädigten auszugleichen. Die hier verankerten Offenlegungs- und Herausgabeansprüche sollen Abhilfe bei der Darlegung möglicher Schadensersatzansprüche schaffen.[178] Es besteht jedoch auch im Rahmen des zivilrechtlichen Offenlegungssystems nach den §§ 33g, 89b, 89c GWB ein Spannungsverhältnis zwischen den Geheimhaltungsinteressen des Schädigers und den Offenlegungsinteressen des Geschädigten. So sind bestimmte Informationen des Schädigers – insbesondere Betriebs- und Geschäftsgeheimnisse, soweit die Offenlegung unverhältnismäßig wäre – nicht offenzulegen oder herauszugeben, obwohl diese für die Darlegung eines Schadensersatzanspruchs elementar wären. Ob ein Kartellrechtsverstoß vorliegt und wie sich ein möglicher Schaden in dessen konkreter Höhe zusammensetzt, kann im umfangreichen Maße nur durch behördliche Ermittlungsmaßnahmen geklärt werden.[179] Dem Schadensersatzanspruch als Instrument zur Rückabwicklung rechtswidriger Vermögensverschiebungen kommt daher lediglich eine präventive und abschreckende Funktion zu.[180] Eine effektive und flächendeckende und vor allem vollumfängliche Vorteilsabschöpfung auf Seiten der Kartellanten kann jedenfalls nicht immer erzielt werden. Letzt-

---

177 So auch *Raum*, Festschrift Hirsch, 301, 306.
178 Zum Ausgleich der Informationssymmetrien vgl. BT-Drucksache 18/10207, S. 62 f.
179 Vgl. *Raum*, Festschrift Hirsch, 301, 306.
180 Vgl. *Raum*, Festschrift Hirsch, 301, 306.

§ 2 Die gesetzliche Pflicht zur Vorteilsabschöpfung

lich ist daher die Subsidiarität der Vorteilsabschöpfung durch das Bundeskartellamt nach den §§ 34 Abs. 1, 81d Abs. 3 GWB nicht tragbar. § 34 Abs. 2 Satz 1 Nr. 1 GWB normiert keinen Anwendungsvorrang, sondern entfaltet lediglich eine Sperrwirkung gegenüber der behördlichen Vorteilsabschöpfung, sofern der Vorteil bereits durch Schadensersatzleistungen abgeschöpft wurde.

Die Systematik der Vorteilsabschöpfung und ihr Verhältnis zu den anderen Abschöpfungsmethoden zeigt, dass die Vorteilsabschöpfung in jedem Falle zu erfolgen hat. Vorrang wird jedoch in erster Linie den Methoden eingeräumt, welche ausschließlich der privaten Rechtsdurchsetzung der Geschädigten dienen. Der Vorrang der Abschöpfung durch das Bußgeldrecht im Verhältnis zu dem § 34 GWB lässt sich mit dem Gedanken der Verfahrensökonomie erklären. Sofern es möglich ist, Bußgeldahndung und Vorteilsabschöpfung in einem Verfahren sinnvoll abzuwickeln, soll dies auch erfolgen. Ermessen steht der Behörde bei der Wahl des Verfahrens nur zu, sofern die Vorteilsabschöpfung nach § 34 GWB aus Zweckmäßigkeitsgründen sinnvoller ist.

b. Das Verhältnis der Vorteilsabschöpfung nach § 81d Abs. 3 GWB zur Durchsetzung privater Rechte

Im Gegensatz zu den §§ 34 Abs. 2, 34a Abs. 2 GWB ist in § 81d Abs. 3 GWB keine Regelung zum Verhältnis der Vorteilsabschöpfung im Rahmen des Bußgeldverfahrens zu Schadensersatzleistungen und Rückerstattungen zu finden. Wie bereits festgestellt, ist eine Vorteilsabschöpfung nach § 81d Abs. 3 GWB der vom Gesetzgeber gewollte Weg.[181] Allerdings müssen auch hier nach dem Vorbild der §§ 34, 34a GWB Subsidiaritätsregeln im Verhältnis zur privaten Rechtsdurchsetzung gelten, um diese nicht einzuschränken.

---

181 Ausführlich unter § 2 B. II. 1. b. bb., S. 60 f. Lediglich aus Zweckmäßigkeitsgründen kann die Behörde auf die Vorteilsabschöpfung im Rahmen des Bußgeldverfahrens verzichten und ein Verfahren nach § 34 GWB einleiten.

aa. Der Verzicht auf die Vorteilsabschöpfung im Bußgeldverfahren nach
§ 81d Abs. 3 GWB

Eine in der *Literatur* vertretene Ansicht versucht das Problem dadurch zu lösen, dass sie die Abschöpfung rechtswidrig erlangter Vorteile ausschließlich im Wege der privaten Rechtsdurchsetzung zulassen will. Die Frage nach der Anrechnung und der Rückerstattung bereits abgeschöpfter Beträge stelle sich in einem solchen Falle nicht mehr.[182]

bb. Regress über die analoge Anwendung des § 99 Abs. 2 Satz 2 OWiG

Ein anderer Ansatz besagt, dass lediglich bereits erfüllte oder rechtskräftig festgestellte Schadensersatzansprüche als Alternative zur Vorteilsabschöpfung im Rahmen des Bußgeldverfahrens zu berücksichtigen seien und somit Auswirkungen auf die Bußgeldhöhe, konkret die Höhe des Abschöpfungsteils, haben. Die nachträglich festgestellten Schadensersatzansprüche – also solche, die erst nach einer Abschöpfung gemäß § 81d Abs. 3 GWB festgestellt wurden – werden dann analog zu § 99 Abs. 2 Satz 2 OWiG berücksichtigt und geben dem Geschädigten mit Einverständnis des Rechtsverletzers einen eigenen Erstattungsanspruch in Höhe der Schadensersatzsumme gegen die Vollstreckungsbehörde.[183] Die Norm regelt das Verhältnis der Einziehungsanordnung nach § 29a OWiG zu einem nachträglich festgestellten Schadensersatzanspruch. Somit räumt die Norm der privaten Rechtsdurchsetzung den Vorrang gegenüber der ordnungswidrigkeitenrechtlichen Einziehungsanordnung ein.[184] Dieser Grundgedanke ist auch im Verhältnis von Vorteilsabschöpfung und privater Rechtsdurchsetzung – explizit in § 34 Abs. 2 GWB – verankert.

---

182 So *Rehbinder* in LMRKM, GWB, § 34a, Rn. 1.
183 Vgl. *Achenbach* in Frankfurter Kommentar, GWB, § 81 GWB, Rn. 575, Lfg. 91 (Loseblatt); *Raum*, Festschrift Hirsch, 301, 308; im Hinblick auf einen solchen Anspruch des Geschädigten in entsprechender Anwendung des § 34 Abs. 2 Satz 2 GWB vgl. *Roth* in Frankfurter Kommentar, GWB, § 34, Rn. 32, Lfg. 94 (Loseblatt); *Emmerich* in Immenga/Mestmäcker, GWB, § 34, Rn. 42.
184 Vgl. *Poelzig/Bauermeister*, NZKart 2017, 568, 572.

cc. Analoge Anwendung der §§ 34 Abs. 2, 34a Abs. 2 GWB

Poelzig/Bauermeister sehen den rechtlichen Ansatzpunkt für einen Regressanspruch bei bereits durchgeführter Vorteilsabschöpfung in der analogen Anwendung der §§ 34 Abs. 2 Satz 2, 34a Abs. 2 Satz 2 GWB. Diese seien im Gegensatz zu § 99 Abs. 2 OWiG speziell kartellrechtliche Regelungen, welche den kartellrechtlichen Problemen des Schadensersatzanspruchs besser Rechnung tragen und auch die Rückerstattung nach § 32 Abs. 2a GWB erfassen würden.[185] Aufgrund einer fehlenden Regelung für das Zusammentreffen von Bußgeld nach § 81d Abs. 3 GWB einerseits und dem Schadensersatz und der Rückerstattung andererseits liege hier die Voraussetzung einer Regelungslücke für die analoge Anwendung der §§ 34 Abs. 2 Satz 2, 34a Abs. 2 Satz 2 GWB vor. Weiterhin sei in den §§ 34 Abs. 2 Satz 2, 34a Abs. 2 Satz 2 GWB der gesetzgeberische Grundgedanke verankert, dass neben der Vermeidung einer Doppelbelastung der betroffenen Unternehmen der Durchsetzung privater Rechte Vorrang gegenüber der Vorteilsabschöpfung eingeräumt werden soll.[186] Diese Interessen träfen bei der Kollision zwischen der Vorteilsabschöpfung durch ein Bußgeld und Schadensersatz ebenso wie bei der Kollision zwischen der kartellbehördlichen Vorteilsabschöpfung nach § 34 GWB und Schadensersatz aufeinander.[187]

dd. Kein Handeln des Staats zu Lasten des Geschädigten

Zum gleichen Ergebnis kommt *Raum*. Dieser begründet seine Ansicht nicht mit der analogen Anwendung von naheliegender Rechtsdogmatik, sondern mit dem Grundgedanken, dass der Staat nie zu Lasten des Geschädigten dem Täter die Vorteilssumme entziehen dürfe.[188] Rein wirtschaftlich stehe demjenigen der Abschöpfungsbetrag zu, dem aus dem beim Schädiger entstandenen wirtschaftlichen Vorteil ein spiegelbildlicher

---

185 Vgl. *Poelzig/Bauermeister*, NZKart 2017, 568, 572.
186 Vgl. BT-Drucksache 15/3640, S. 36, 55; vgl. auch *Janssen* S. 63, mit dem Hinweis, dass eine im Kartellrecht bestehende Gefahr der mehrfachen Inanspruchnahme durch die Abstimmungsregeln der §§ 34 Abs. 2, 34a Abs. 2 GWB gebannt werden könne. Im Ergebnis ähnlich *Alexander*, S. 463, der § 34 Abs. 2 GWB nicht als Subsidiaritätsregelung ansieht. Die Norm habe vielmehr die Funktion, eine Mehrfachabschöpfung zu verhindern.
187 Vgl. *Poelzig/Bauermeister*, NZKart 2017, 568, 572.
188 Vgl. *Raum*, Festschrift Hirsch, 301, 308.

Nachteil entstanden sei. Gerade diesen Vermögenswert dürfe der Staat nicht für sich vereinnahmen.[189]

c. Das Problem der Prozesslänge

Seit der *Courage-Rechtsprechung*[190] erlangt die Durchsetzung privater Rechte im Kartellrecht einen immer größeren Stellenwert. Komplexe und umfangreiche Kartellschadensersatzprozesse werden immer mehr zum Alltag an den zuständigen Gerichten. Gerade aufgrund der Komplexität und des Umfangs der Verfahren besteht daher die Gefahr, dass sich diese über Jahre hinweg ziehen. Die Abschöpfung des durch einen Kartellverstoß rechtswidrig erlangten Vermögens würde bis zur endgültigen gerichtlichen Feststellung eines Schadensersatzanspruchs auf Seiten des Geschädigten nicht erfolgen. In der Folge würde das durch einen Kartellverstoß rechtswidrig erlangte Vermögen bis zum Ende der Prozesse auf Seiten der Schädiger verbleiben. In strenger Anwendung des Gesetzeswortlauts der §§ 34 Abs. 2, 34a Abs. 2 GWB ist die Abschöpfung des wirtschaftlichen Vorteils nachrangig, *soweit* der Vorteil durch eine der in Absatz 2 Satz 1 genannten Alternativen abgeschöpft worden *ist*. Der Wortlaut spricht hierbei von einer bereits erfolgten Abschöpfung durch beispielsweise Schadensersatzleistungen, welche eine Anwendung der Vorteilsabschöpfung letztendlich entbehrlich macht. Im Umkehrschluss lässt sich daraus ableiten, dass sofern der wirtschaftliche Vorteil nicht bereits durch Schadensersatzleistungen oder durch die in Absatz 2 genannten Alternativen abgeschöpft wurde, die Vorteilsabschöpfung nicht im Wege der Subsidiarität zurücktritt. Die Anhängigkeit einer Schadensersatzklage oder der Prozessbeginn als solcher sperren die Vorteilsabschöpfung nach dem Wortlaut des Absatzes 2 noch nicht.

Ein solches Verständnis der Subsidiaritätsregel ist auch unter Berücksichtigung der oben benannten Problematik der Prozesslänge zur Stärkung privater Rechte im Kartellrecht und zur Gewährleistung eines fairen und unverfälschten Wettbewerbs unter effektiver Durchsetzung des Kartellrechts notwendig. Die Argumentation, dass die Vorteilsabschöpfung ein in der Praxis nicht notwendiges Instrument sei, da ja gerade die Durch-

---

189 Vgl. *Raum*, Festschrift Hirsch, 301, 308.
190 Vgl. EuGH, Urteil vom 20.09.2001, C-453/99, ECLI:EU:C:2001:465 = GRUR Int 2002, 54 = EuZW 2001, 715.

§ 2 Die gesetzliche Pflicht zur Vorteilsabschöpfung

setzung privater Rechte in den letzten Jahren gestärkt wurde[191], überzeugt nicht. Denn wenn ein rechtswidrig erlangter Vorteil während der Dauer eines gesamten Schadensersatzprozesses auf Seiten des Schädigers mit dem Risiko verbleibt, dass der Anspruch aufgrund von Beweisfragen dem Geschädigten nicht zugesprochen wird, kann der Schädiger zumindest für die Dauer des Prozesses über diesen Vorteil frei verfügen. Dieser Vorteil kann beispielsweise eine stärkere Marktposition oder ein neues Investitionspotenzial des Schädigers begründen. Die Folge könnten somit Veränderungen der Markt- und Wettbewerbsverhältnisse sein, welche auf nicht rechtzeitiger und inkonsequenter Abschöpfung des wirtschaftlichen Vorteils beruhen. Eine solche Auslegung der Subsidiarität der Vorteilsabschöpfung nach §§ 34 Abs. 2, 34a Abs. 2 GWB kann weder im Sinne der Durchsetzung privater Rechte noch im Sinne der effektiven Kartellrechtsdurchsetzung gesetzgeberisch gewollt sein. Durch die Regressregeln der §§ 34 Abs. 2 Satz 2, 34a Abs. 2 Satz 2 GWB und der analogen Anwendung im Abschöpfungsverfahren nach § 81d Abs. 3 GWB[192] sind Geschädigte im Hinblick auf die Erstattung ihres Schadens bei vorhergegangener Vorteilsabschöpfung abgesichert. Mit der unmittelbaren Abschöpfung des Vorteils durch das Bundeskartellamt entfällt auch das Risiko der Insolvenz des Schädigers während des Schadensersatzprozesses. Sollte dem Geschädigten der Schadensersatzanspruch gerichtlich zugesprochen werden, steht ihm im Falle der Insolvenz des Kartellanten in entsprechender Anwendung des § 34 Abs. 2 Satz 2 GWB ein eigener Erstattungsanspruch gegen die Behörde zu.[193] Der Staat wäre durch die vorstehenden Regressregeln Schuldner für den zu ersetzenden Betrag.[194] Insofern dient das Instrument der Vorteilsabschöpfung auch dem Schutze und der Sicherung privater Rechtsdurchsetzung im Kartellrecht. Daneben dient die frühzeitige Vorteilsabschöpfung dem öffentlichen Interesse an einer effektiven Kartellrechtsdurchsetzung.

---

191 Insbesondere durch die 9. GWB-Novelle, vgl. BT-Drucksache 18/10207, S. 39 ff.
192 Vgl. Ausführungen unter § 2 B. II. 2. b. cc., S. 70; zu den Regressregeln umfassend *Poelzig/Bauermeister*, NZKart 2017, 568 ff.
193 Ein direkter Erstattungsanspruch ist in diesen Fällen aus Zweckmäßigkeitsgründen anzunehmen. Vgl. auch *Roth* in Frankfurter Kommentar, GWB, § 34, Rn. 32, Lfg. 94 (Loseblatt); *Emmerich* in Immenga/Mestmäcker, GWB, § 34, Rn. 42. Demnach ist die Norm entsprechend anwendbar, *„wenn der Geschädigte zwar einen Titel auf Schadensersatz erlangt hat, diesen aber nicht mehr durchsetzen kann, weil das beklagte Unternehmen mittlerweile insolvent ist."*; vgl. *Sieme*, S. 230, mit dem Hinweis, dass die Rückabwicklung des Betrags aus dem Bundeshaushalt in der Praxis durch das Bundeskartellamt veranlasst werde.
194 Vgl. auch Ausführungen unter § 2 II. 2. b. bb., S. 69.

Dies spiegelt sich zum einen in der oben beschriebenen Durchsetzung privater Rechte und zum anderen in der allgemeinen Wettbewerbsregulierung durch die Vorteilsabschöpfung wider. Denn bei konsequenter und frühzeitiger Abschöpfung der rechtswidrig erlangten Vorteile werden die wettbewerbsverzerrenden Ressourcen auf Seiten des Schädigers durch das Bundeskartellamt beseitigt.

d. Stellungnahme

Die gesetzliche Subsidiarität der behördlichen Vorteilsabschöpfung wird nicht durch die behördliche Pflicht zur Vorteilsabschöpfung ausgehöhlt. Vielmehr muss die oben herausgearbeitete Systematik konsequent angewendet werden, um den vorrangigen Schutz privater Rechte und die effektive Kartellrechtsdurchsetzung zu gewährleisten. Der Gesetzgeber hat dabei durch die Regressregeln der §§ 34 Abs. 2 Satz 2, 34a Abs. 2 Satz 2 GWB, die im Verfahren nach § 81d Abs. 3 GWB analog anwendbar sind, der behördlichen Vorteilsabschöpfung gegenüber anderen Abschöpfungsmethoden den Vorrang eingeräumt. Gleichzeitig hat der Gesetzgeber aber auch mit dieser Systematik unterstrichen, dass die Vorteilsabschöpfung durch das Bundeskartellamt nach §§ 34, 81d Abs. 3 GWB sofort und gegebenenfalls auch präventiv erfolgen kann. Dies muss unter den oben genannten Gesichtspunkten immer zwingend dann erfolgen, wenn die vorrangigen Abschöpfungsmethoden die effektive Kartellrechtsdurchsetzung nicht gewährleisten können. Bei einer zwingend zu erfolgenden Vorteilsabschöpfung durch das Bundeskartellamt ließe sich zwar kritisieren, dass der wirtschaftliche Vorteil im Falle des Regresses „Hin und Her"[195] geschoben wird. Allerdings muss dieser Umstand für eine effektive Kartellrechtsdurchsetzung in Kauf genommen werden.

---

195 Vgl. *Poelzig/Bauermeister* NZKart 2017, 568, 572; vgl. auch *Vollmer* in MüKo/Kartellrecht, GWB, § 81, Rn. 166, zur gleichen Problematik in Hinblick auf die analoge Anwendung des § 99 Abs. 2 OWiG. Im Rahmen der Vorteilsabschöpfung nach § 81 Abs. 5 GWB a.F. solle so das „Hin und Her" von Abschöpfung und Rückerstattung vermieden werden.

e. Das Verhältnis zur Vorteilsabschöpfung nach § 34a GWB

Ob der wirtschaftliche Vorteil vorrangig durch das Bundeskartellamt abzuschöpfen ist, ist mit Blick auf die Regelung des § 34a GWB zu bewerten.

§ 34a GWB ist im Zuge der 7. GWB-Novelle in das deutsche Kartellrecht eingeführt und mit der 8. GWB-Novelle um die Aktivlegitimation für Verbraucherverbände nach § 33 Abs. 4 Nr. 1 GWB ergänzt worden.

Die Regelung wurde dem im Jahr 2004 in das Gesetz gegen den unlauteren Wettbewerb eingeführten § 10 UWG nachgebildet und entspricht weitestgehend dessen Wortlaut.[196]

aa. Sinn und Zweck der Norm

Nach dem Gesetzesentwurf zur 7. GWB-Novelle verfolgt § 34a GWB mit § 34 GWB das gemeinsame Ziel, den wirtschaftlichen Vorteil des kartellrechtswidrig handelnden Unternehmens umfassend abzuschöpfen. Die Abschöpfung soll unabhängig davon erfolgen, auf welcher Marktstufe der durch den Kartellverstoß entsprechende Nachteil entstanden ist.[197] Daneben ergänzt § 34a GWB den Anwendungsbereich des § 34 GWB um die effektive Vorteilsabschöpfung bei Massen- und Streuschäden.[198] Dies umfasst die Fälle, in denen Geschädigte im Einzelfall aufgrund der Geringfügigkeit ihres durch den Kartellverstoß entstandenen Schadens nicht bereit sind, diesen gerichtlich einzuklagen.[199]

Nach *Rehbinder* bezweckt neben § 34 GWB auch der § 34a GWB, dass Unternehmen aus Kartellverstößen keinen wirtschaftlichen Vorteil ziehen sollen. Er versteht die Norm als präventives Instrument zur Abschreckung vor Kartellverstößen.[200] Dieses lasse sich jedoch mit den zivilrechtlichen Normen des Gesetzes gegen Wettbewerbsbeschränkungen vereinbaren, auch wenn präventive Zwecke nicht den Primärzweck zivilrechtlicher Normen bilden.[201]

---

196 Vgl. *Bornkamm/Tolkmitt* in Langen/Bunte, GWB, § 34a, Rn. 2; *Lübbig* in MüKo/Kartellrecht, GWB, § 34a, Rn. 6.
197 Vgl. BT-Drucksache 15/3640, S. 56.
198 Vgl. BT-Drucksache 15/3640, S. 36.
199 Vgl. *Emmerich* in Immenga/Mestmäcker, GWB, § 34a, Rn. 4 m.w.N.; *Lübbig* in MüKo/Kartellrecht, GWB, § 34 a, Rn. 2.
200 Vgl. auch BT-Drucksache 15/3640, S 55f.
201 So *Rehbinder* in LMRKM, GWB, § 34a, Rn. 1.

Weiterhin bezweckt die Vorschrift, dass bei einer Vielzahl von geringfügig Geschädigten der Einzelne nicht auf Schadensersatz klagen muss.[202] Dieser Zweck ist an sich rein privatrechtlicher Natur, da er einen Anreiz für die Durchsetzung privater Rechte von Geschädigten bietet. Allerdings ist der abgeschöpfte Vorteil in den Bundeshaushalt einzubringen, wodurch die privatrechtlichen Interessen des Einzelnen nicht im Vordergrund der Norm stehen können.[203] Führt man hierfür beispielhaft die Verbraucherschädigung durch erhöhte Kaffeepreise durch das Kaffeekartell oder Bierpreise durch das Bierkartell an, ist der § 34a GWB gerade für solche Verbraucher geschaffen worden, welche als Folgeabnehmer die Supermarktquittung als Schadensnachweis *nicht* aufbewahren. Um diese Abnehmer nicht schutzlos zu stellen, eröffnet die Vorteilsabschöpfung nach § 34a GWB zumindest die Möglichkeit, dem Kartellanten die rechtswidrig erzielte Rendite zu entziehen.[204]

Poelzig/Bauermeister sind hingegen der Ansicht, die §§ 34, 34a GWB bezwecken ausschließlich die Kartellrechtsdurchsetzung im öffentlichen Interesse. Dies sei damit zu begründen, dass nach § 34a GWB der abzuschöpfende Vorteil – trotz der zivilrechtlichen Ausgestaltung der Norm – in den Bundeshaushalt fließe. Um die privatrechtlichen Interessen der Geschädigten nicht zu torpedieren, habe die Durchsetzung der privaten Rechte gegenüber der Vorteilsabschöpfung Vorrang.[205]

Ferner gibt es die Überlegung, dass durch die Existenz des § 34a GWB ein gewisser Druck auf die Kartellbehörde bestehe, die Vorteilsabschöpfung nach den §§ 34, 81d Abs. 3 GWB von sich aus zu betreiben.[206]

Letztlich lassen sich die verschiedenen Positionen zum Zweck der Norm darauf reduzieren, dass durch die Existenz des § 34a GWB eine flächendeckende Abschöpfung der Kartellrendite erfolgen und diese generell von wettbewerbsschädigenden Handlungen abschrecken soll. Insofern stellt sich die Frage, in welchem Verhältnis der § 34a GWB zu den Abschöpfungsvarianten der §§ 34, 81d Abs. 3 GWB steht.

---

202 So *Staebe* in Schulte/Just, GWB, § 34a, Rn. 1.
203 Vgl. *Staebe* in Schulte/Just, GWB, § 34a, Rn. 1, der hierin lediglich eine Relativierung des Zwecks der privatrechtlichen Durchsetzung des Kartellrechts sieht.
204 Vgl. *Keßler*, VuR 2012, 391, 397 f.
205 Vgl. *Poelzig/Bauermeister*, NZKart 2017, 568, 570.
206 Vgl. *Bechtold/Bosch*, GWB, § 34a, Rn. 1.

bb. Anwendungsbereich und Systematik

(1) Subsidiäre Anwendung des § 34a GWB

In der *Literatur* wird vertreten, dass sich der Anwendungsbereich des § 34a GWB auf solche Fälle erstrecke, in denen das Bundeskartellamt durch Ausübung seines Aufgreif- und Verfolgungsermessens von der Vorteilsabschöpfung absieht.[207] Das Absehen von der Vorteilsabschöpfung wegen Geringfügigkeit des Vorteils ist in § 34 Abs. 3 GWB kodifiziert. Absatz 3 ist als *„Soll"*-Vorschrift konzipiert und besagt, dass die Behörde in der Regel von einer Vorteilsabschöpfung bei Bagatellfällen abzusehen hat. In einem solchen Fall greift nun der Anwendungsbereich des § 34a GWB.

Kurz gesagt: Nach der gesetzgeberischen Intention soll § 34a GWB immer dann anwendbar sein, wenn der wirtschaftliche Vorteil weder durch private Kläger noch durch die Kartellbehörde bereits eingezogen wurde. Durch den ergänzenden § 34a GWB wird so zum Ausdruck gebracht, dass der Kartelltäter eine etwaige Kartellrendite in keinem Fall behalten können soll.[208] Wenn das gesetzgeberische Ziel in einer umfassenden Vorteilsabschöpfung besteht, darf dessen praktische Umsetzung nicht davon abhängig sein, ob die Anspruchsberechtigten nach § 34a GWB von ihren Rechten Gebrauch machen oder nicht. Da eine umfassende Vorteilsabschöpfung jedoch gewährleistet werden soll, kann diese nicht davon abhängig gemacht werden, ob die Anspruchsberechtigten nach § 34a GWB von ihren Rechten Gebrauch machen oder nicht. Insofern kann § 34a GWB lediglich als Ergänzung zur Abschöpfung des § 34 GWB dienen, nicht jedoch dazu, das Bundeskartellamt von dessen Abschöpfungspflichten zu entbinden.

Der Anwendungsbereich des § 34a GWB ist ferner lediglich auf vorsätzlich begangene Verstöße im Sinne des § 34 Abs. 1 GWB beschränkt und soll daher hauptsächlich bei sogenannten *Hardcore*-Kartellen eingreifen.[209] Auch dies zeigt, dass der § 34a GWB als Ergänzung dienen soll und insbesondere im *Hardcore*-Bereich, also bei schwerwiegenden und vorsätzlichen Absprachen zwischen Wettbewerbern über Preise, Produktionsmengen,

---

207 Vgl. *Lübbig* in MüKo/Kartellrecht, GWB, § 34a, Rn. 2; *Sieme*, S. 187 m.w.N.
208 Vgl. *Raible* in Kamann/Ohlhoff/Völcker, Kartellverfahren und Kartellprozess, § 28, Rn. 2.
209 Vgl. BT-Drucksache 15/3640, S. 55.

B. Die aktuelle Rechtslage der Vorteilsabschöpfung

die Aufteilung von Absatzgebieten sowie Kundengruppen[210], eine Art Absicherung der Gewährleistung einer flächendeckenden Vorteilsabschöpfung darstellt. Systematisch ist § 34a GWB somit als Auffangtatbestand für die Vorteilsabschöpfungsverfahren nach §§ 34, 81d Abs. 3 GWB anzusehen. Die Regelung soll eine Vorteilsabschöpfung in solchen Fällen möglich machen, in denen das Bundeskartellamt von einer Vorteilsabschöpfung absieht.[211] Dies zeigt, dass der Gesetzgeber eine flächendeckende Vorteilsabschöpfung durch das Bundeskartellamt und in Ausnahmefällen durch Verbände gesetzlich implementieren wollte. Gleichwohl ist der Anreiz für Verbände, die Vorteilsabschöpfung anstelle der Kartellbehörde durchzuführen, gering. Zum einen haben die Verbände dieselben Probleme bei der Ermittlung des Vorteils wie nach § 34 GWB, ohne dass sie jedoch auf die Ermittlungsressourcen und -befugnisse der Behörde zurückgreifen können.[212] Zum anderen ist der wirtschaftliche Vorteil in den Bundeshaushalt abzuführen.[213] Nicht zuletzt verbleibt für die Verbände auch ein Restrisiko, bei erfolgloser Vorteilsabschöpfung keinen Anspruch auf Aufwendungsersatz zu haben. Sie tragen in diesem Fall das volle Prozess- und Vollstreckungskostenrisiko.[214] Nach § 34a Abs. 4 Satz 2 GWB ist der Aufwendungsersatzanspruch lediglich auf die Höhe des an den Bundeshaushalt abgeführten Vorteils beschränkt, wodurch nur eine erfolgreiche Abschöpfung und Abführung des Vorteils in den Bundeshaushalt einen solchen Anspruch begründet. So zeigt sich, dass die vom Gesetzgeber gewollte flächendeckende Vorteilsabschöpfung vorrangig durch die Kartellbehörde zu leisten ist. Denn § 34a GWB hat weder einen weiten Anwendungsbereich noch ist davon auszugehen, dass Verbände aufgrund der finanziellen Risiken und der Abführung des Vorteils in den Bundeshaushalt von der Möglichkeit des § 34a GWB Gebrauch machen werden. Für eine lediglich ergänzende Funktion der Vorteilsabschöpfung nach § 34a GWB zur behördlichen Vorteilsabschöpfung spricht auch die Subsidiaritätsregel des § 34a Abs. 1 GWB. Der Anwendungsbereich des § 34a GWB ist lediglich eröffnet, *soweit* die Kartellbehörde nicht schon den wirtschaftlichen Vorteil abgeschöpft hat. Die Abschöpfung hat vorrangig

---

210 Vgl. Broschüre des Bundeskartellamts: Erfolgreiche Kartellverfolgung – Nutzen für Wirtschaft und Verbraucher, S. 5.
211 Vgl. *Rehbinder* in LMRKM, GWB, § 34a, Rn. 1.
212 So auch *Sieme*, S. 203, 259, eine effektive und umfassende Vorteilsabschöpfung kann daher nur durch konsequentes Vorgehen der Kartellbehörde gewährleistet werden.
213 Vgl. *Rehbinder* in LMRKM, GWB, § 34a, Rn. 2, vgl. Verweise in Fn. 3.
214 Vgl. *Emmerich* in Immenga/Mestmäcker, GWB, § 34a, Rn. 33.

§ 2 Die gesetzliche Pflicht zur Vorteilsabschöpfung

durch das Bundeskartellamt zu erfolgen. Hat der Kartellant bereits einen Teil des abzuschöpfenden Vorteils an das Bundeskartellamt abgeführt, so ist dieser Betrag zur Vermeidung einer doppelten Abschöpfung auf den Abschöpfungsbetrag nach § 34a GWB in entsprechender Anwendung des § 34 Abs. 2 Satz 1 GWB anzurechnen.[215]

Das in § 34a Abs. 4 Satz 1 GWB normierte Auskunftsrecht über die Geltendmachung des Anspruchs nach § 34a Abs. 1 GWB von den prozessführungsbefugten Verbänden hat hingegen lediglich informativen Charakter und unterstreicht den Vorrang der behördlichen Abschöpfung.[216] In der *Literatur* wird vertreten, dass sich das Bundeskartellamt mit Hilfe des Auskunftsanspruchs nach § 34a Abs. 1 GWB Klarheit darüber verschaffen könne, ob es vorrangig selbst die Vorteilsabschöpfung gegenüber dem Kartellanten vornehme.[217] Dies überzeugt nicht. Da die Pflicht der Behörde zur Vorteilsabschöpfung nach den §§ 34, 81d Abs. 3 GWB besteht, hat die Auskunft nach § 34a Abs. 4 Satz 1 GWB keinen Einfluss darauf, ob es die Behörde für notwendig hält, selbst noch ein Verfahren einzuleiten. Dies wäre auch nicht sachdienlich, da der Behörde eigene Maßnahmen zur Sachverhaltsaufklärung zur Verfügung stehen und die Abschöpfung nach § 34a GWB lediglich als Ergänzung und Auffangtatbestand sowie als zusätzliche Abschreckungsmaßnahme dient. Indes kann die Behörde durch die Auskunft der Verbände auf abschöpfungsrelevante Sachverhalte hingewiesen werden, welche ihr vielleicht noch nicht bekannt waren. Insofern bedarf es der selbstständigen Auskunft gegenüber der Behörde bereits vor Geldendmachung des Anspruchs nach § 34a GWB.[218] Das unterstreicht, dass die Verbände lediglich den wirtschaftlichen Vorteil aus Massen- und Streuschäden abschöpfen können und sollen, sofern dies der Kartellbehörde weder rechtlich noch tatsächlich möglich ist.

(2) Keine subsidiäre Anwendung des § 34a GWB nach dem Leitbild der *Courage-Rechtsprechung*

Keßler sieht diese strikt subsidiäre Anwendung des § 34a GWB kritisch.[219]

---

215 Vgl. *Roth* in Frankfurter Kommentar, GWB, § 34a, Rn. 35, Lfg. 94 (Loseblatt).
216 Vgl. auch *Emmerich* in Immenga/Mestmäcker, GWB, § 34a, Rn. 28.
217 Vgl. zu dieser Ansicht *Roth* in Frankfurter Kommentar, GWB, § 34a, Rn. 34, Lfg. 94 (Loseblatt); *Lübbig* in MüKo/Kartellrecht, GWB, § 34a, Rn. 35.
218 Vgl. *Funke* in LMRKM, GWB, § 34a, Rn. 9; *Emmerich* in Immenga/Mestmäcker, GWB, § 34a, Rn. 28; *Bechtold/Bosch*, GWB, § 34a, Rn. 12.
219 Vgl. *Keßler*, VuR 2012, 391, 398.

B. Die aktuelle Rechtslage der Vorteilsabschöpfung

Der enge Anwendungsbereich des § 34a GWB sei nicht mit den Vorgaben der europäischen Rechtsordnung vereinbar. Insbesondere im Hinblick auf das Leitmotiv der *Courage*-Entscheidung, wonach „(...) *jedermann Ersatz des Schadens verlangen könnte, der ihm durch einen Vertrag, der den Wettbewerb beschränken oder verfälschen kann oder ein entsprechendes Verhalten entstanden ist*"[220], sei eine subsidiäre Anwendung des § 34a GWB nicht hinzunehmen.[221] Dies sei zum einen mit Blick auf eine effektive Abschreckung vor Kartellrechtsverstößen geboten.[222] Zum anderen dürfe die subsidiäre Anwendung des § 34a GWB keine Anreize schaffen, sich kartellrechtswidrig wirtschaftliche Vorteile zu verschaffen. Diese müssen gerade konsequent abgeschöpft werden, insbesondere auch dann, wenn die individuelle Kompensation eines Geschädigten ausscheide.[223]

Ferner sei auch die Abführung des wirtschaftlichen Vorteils an die Staatskasse nicht mit der europäischen Vorgabe der Stärkung privater Rechte im Kartellrecht vereinbar. Demnach sei die Vorteilsabschöpfung durch Verbraucherverbände im Lichte der *Rechtsprechung* des Europäischen Gerichtshofs derart auszugestalten, dass ihre Wirkungen „(...) *zugunsten der Geschädigten und zulasten der Kartellverletzer einer gleichgewichtigen Austarierung der Kompensations- und Lenkungsfunktion des Kartelldeliktsrechts soweit wie möglich Rechnung tragen.*"[224]

cc. Stellungnahme

Neben den zu berücksichtigenden europäischen Vorgaben unterstreicht der Gesetzgeber mit dieser Systematik, dass die Vorteilsabschöpfung flächendeckend und zwingend zu erfolgen hat. § 34a GWB dient insofern nur dazu, die Ressourcen des Bundeskartellamts für die Fälle im Anwendungsbereich des § 34 GWB zu priorisieren. Im Ergebnis hat § 34a GWB allein aufgrund seines sehr engen Anwendungsbereichs kaum praktische Bedeutung und ist – soweit ersichtlich – bis heute ohne praktischen Anwendungsfall geblieben.[225] Die Ansicht *Keßlers* zeigt jedoch, dass die subsidiäre Anwendung des § 34a GWB im Hinblick auf die europarechtli-

---

220 EuGH, Urteil vom 20.09.2001, C-453/99, ECLI:EU:C:2001:465, Rn. 26 = GRUR Int 2002, 54, 56 = EuZW 2001, 715, 716, Rn. 26.
221 Vgl. *Keßler*, VuR 2012, 391, 398 f.
222 Vgl. *Keßler*, VuR 2012, 391, 399.
223 Vgl. *Keßler*, VuR 2012, 391, 399.
224 Vgl. *Keßler*, VuR 2012, 391, 399.
225 Vgl. *Lübbig* in MüKo/Kartellrecht, GWB, § 34a, Rn. 3; *Eckel*, WuW 2015, 4, 9.

§ 2 Die gesetzliche Pflicht zur Vorteilsabschöpfung

chen Vorgaben und die effektive Durchsetzung privater Rechte kritisch zu bewerten ist. Ferner lässt sich die Argumentation *Keßlers* mit Blick auf die europäische Vorgabe der effektiven Durchsetzung privater Rechte auch für eine konsequente Durchsetzung der Vorteilsabschöpfung nach §§ 34, 81d Abs. 3 GWB fruchtbar machen. Denn nur so kann zumindest ein Teil der möglichen Schadensersatzleistung des Kartellanten für die Geschädigten gesichert werden.

3. Die Ausnahmen von der Abschöpfungspflicht nach § 34 Abs. 3 GWB

Die Pflicht zur Vorteilsabschöpfung gilt nicht grenzenlos. Es kann Fälle geben, in denen das Bundeskartellamt zulässigerweise reine Ahndungsgeldbußen erlässt, ohne dass ein Abschöpfungsverfahren nach § 34 GWB einzuleiten ist.

Ein naheliegender Fall ist, dass der wirtschaftliche Vorteil bereits in anderer Art und Weise – zum Beispiel durch bereits erfolgte Schadensersatzleistung – abgeschöpft wurde.[226] § 34 Abs. 2 Satz 1 GWB regelt dies explizit für das Abschöpfungsverfahren nach § 34 GWB. Dies hat nach den gesetzlichen Vorgaben sowie der Systematik der §§ 34, 81d Abs. 3 GWB die Entbehrlichkeit der Vorteilsabschöpfung innerhalb des Bußgeldverfahrens nach § 81d Abs. 3 GWB zur Folge, sofern der wirtschaftliche Vorteil durch eine bereits erfolgte Schadensersatzleistung vollumfänglich abgeschöpft wurde.[227]

Eine weitere Konstellation betrifft strenggenommen keinen Verzicht auf die Vorteilsabschöpfung. Es wird lediglich in deklaratorischer Art und Weise auf die explizite Ausweisung der Vorteilsabschöpfung innerhalb des Bußgeldverfahrens verzichtet. Wie oben bereits festgestellt, ist die Entscheidung für eine reine Ahndungsgeldbuße nur möglich, wenn sie von einem Verfahren nach § 34 GWB begleitet oder ein solches im Anschluss an das Bußgeldverfahren eingeleitet wird.[228] In der *Literatur* und *Rechtsprechung* ist die ausschließliche Ahndungsgeldbuße in Fällen anerkannt, in denen sich der Bußgeldbescheid eindeutig in einen Ahn-

---

226 Ähnlich *Biermann* in Immenga/Mestmäcker, GWB, § 81, Rn. 625, der jedoch davon ausgeht, dass eine bevorstehende anderweitige Abschöpfung ausreicht.
227 Vgl. zur Subsidiarität der behördlichen Vorteilsabschöpfung die Ausführungen unter § 2 B. II. 2. a. ee., S. 66 ff.
228 Vgl. Ausführungen unter § 2 B. II. 1. b. bb., S. 60 f. Eine reine Ahndungsgeldbuße in Anwendung des § 34 GWB ist möglich, wenn ein Verzichtsgrund des § 34 Abs. 3 GWB vorliegt.

dungs- und einen Abschöpfungsanteil aufschlüsseln lässt.[229] Nach dieser *Rechtsprechung* bleibt der Abschöpfungsteil – auch wenn er nicht explizit im Bußgeldbescheid ausgewiesen ist – Bestandteil des Bußgeldbescheids. Diese Gestaltungsmethode ändert im Ergebnis nichts an der Rechtslage. Ist hingegen ein Verfahren nach § 34 GWB einzuleiten, ist ein Verzicht auf die Vorteilsabschöpfung lediglich nach Maßgabe des § 34 Abs. 3 GWB möglich.

a. § 34 Abs. 3 GWB als Vorschrift mit intendiertem Ermessen

Der Verzicht auf eine behördliche Vorteilsabschöpfung ist nur innerhalb enger rechtlicher Grenzen möglich. § 34 Abs. 3 GWB gibt einen gesetzlichen Rahmen vor. Stellt die Vorteilsabschöpfung eine unbillige Härte gemäß § 34 Abs. 3 Satz 1 GWB dar, soll sie „*(…) auf einen angemessenen Geldbetrag beschränkt werden oder ganz unterbleiben.*" Überdies soll von der Vorteilsabschöpfung abgesehen werden, wenn der nach Maßgabe des § 34 Abs. 1 GWB erlangte Vorteil gering ist.

Die Norm ist als „*Soll*"-Vorschrift konzipiert und billigt der Behörde ein intendiertes Ermessen zu.[230] Das heißt, die Vorteilsabschöpfung hat nach § 34 Abs. 3 im Regelfall nicht zu erfolgen, sofern sie eine unbillige Härte darstellen würde oder der wirtschaftliche Vorteil gering ist.

Problematisch hinsichtlich der Vorteilsabschöpfung nach § 34 GWB ist daher die Konstellation, in welcher die Behörde einen wirtschaftlichen Vorteil abschöpft, obwohl die Abschöpfung im konkreten Fall eine unbillige Härte darstellen würde oder der abzuschöpfende Vorteil gering wäre. Konsequenz dieser Konstellation kann ein Ermessensfehler in der Abschöpfungsentscheidung sein, welcher die Entscheidung rechtswidrig werden lässt. Als Ermessensfehler kommt zum einen die Ermessensüberschreitung in Betracht. Zum anderen könnte die Entscheidung auch ein auf unzureichender Sachverhaltsaufklärung oder sachfremden Erwägungen beruhender Ermessensfehlgebrauch sein. Darüber hinaus hat die Behörde im Rahmen ihrer Ermessensausübung die verfassungsmäßigen Grenzen in Form der Verhältnismäßigkeit zu beachten. Die Verhältnismäßigkeitsprü-

---

229 Vgl. *Biermann* in Immenga/Mestmäcker, GWB, § 81, Rn. 625; *Vollmer* in MüKo/Kartellrecht, GWB, § 81, Rn. 143; BGH, NStZ 2006, 231, 232, Rn. 5, 8; vgl. hierzu auch Anmerkung *Achenbach* zu BGH, NStZ 2006, 233 f. und Anmerkung *Wegner* zu BGH, wistra 2005, 386, 387 f.
230 Vgl. VG Frankfurt am Main, NVwZ-RR 2009, 836, 838.

§ 2 Die gesetzliche Pflicht zur Vorteilsabschöpfung

fung fand im Wege der Einführung der 7. GWB-Novelle mit § 34 Abs. 3 GWB Eingang in das Gesetz. Nach der Gesetzesbegründung ist die Regelung „(...) *Ausdruck des allgemeinen Verhältnismäßigkeitsgrundsatzes, der auch bei der Vorteilsabschöpfung Anwendung findet. Sollte die Vorteilsabschöpfung in Einzelfällen zu unbilligen Ergebnissen führen oder ist der erzielte Vorteil gering, soll die Abschöpfung ganz oder teilweise unterbleiben.*"[231]

Das bedeutet, dass der Gesetzgeber davon ausgeht, dass die Grenze der Verhältnismäßigkeit bei jeder (vollumfassenden) Abschöpfung in Härtefällen oder bei Vorliegen eines geringen wirtschaftlichen Vorteils nicht mehr gewahrt ist. Gleichzeitig wird durch das in § 34 Abs. 3 GWB normierte intendierte Ermessen der Behörde deutlich, dass eine trotz des Vorliegens der Verzichtsgründe nach § 34 Abs. 3 GWB vorgenommene Vorteilsabschöpfung lediglich im Regelfall als unverhältnismäßig einzustufen ist. Auch im Rahmen von Vorschriften mit intendiertem Ermessen ist der innerhalb der Verhältnismäßigkeitsprüfung stattzufindende Abwägungsprozess vorzunehmen. Das Bundesverwaltungsgericht hat herausgearbeitet, dass diese Abwägung selbst innerhalb des vom intendierten Ermessen umfassten Regelfalls stattzufinden habe.[232] Da sich das Abwägungsergebnis jedoch von selbst verstehe, hat das Bundesverwaltungsgericht hier einen Ausnahmefall von der Pflicht zur Begründung nach § 39 Abs. 1 Satz 3 VwVfG angenommen.[233]

Daneben besteht die nach § 39 Abs. 1 Satz 2 VwVfG normierte Pflicht zur umfassenden Sachverhaltsdarstellung auch beim intendierten Ermessen. Dies ist notwendig, um festzustellen, ob die Voraussetzungen des benannten Regelfalls innerhalb des intendierten Ermessens vorliegen.[234] Im Ergebnis bedeutet dies, das eine erfolgte Abschöpfung bei Vorliegen eines Härtefalls oder eines geringen wirtschaftlichen Vorteils nicht pauschal einen Ermessensfehler darstellt oder unverhältnismäßig ist. Vielmehr kann im Rahmen des Abwägungsprozesses der Verhältnismäßigkeitsprüfung festgestellt werden, dass gewichtigere Gründe oder Rechtsgüter für eine Abschöpfung sprechen, zum Beispiel dringende wettbewerbliche Erfordernisse. Grundlage dieser Entscheidung ist eine umfassende Sachverhaltsermittlung. Dies kann im Einzelfall dazu führen, dass bei Ausübung des pflichtgemäßen Ermessens unter Berücksichtigung des konkreten Sachver-

---

231 Vgl. BT-Drucksache, 15/3640, S. 55.
232 Vgl. BVerwGE 105, 55, 57 f.; BVerwGE 116, 332, 337.
233 Vgl. BVerwGE 105, 55, 57; *Stelkens* in Stelkens/Bonk/Sachs, VwVfG, § 39, Rn. 70 m.w.N.
234 Vgl. *Stelkens* in Stelkens/Bonk/Sachs, VwVfG, § 39, Rn. 70 m.w.N.

halts der Ermessensspielraum so weit eingeschränkt werden kann, dass die Behörde letztlich eine gebundene Entscheidung erlässt. Diese sogenannte *Ermessensreduzierung auf Null*[235] setzt außergewöhnliche Umstände des Einzelfalls voraus, die in einer besonders intensiven Störung oder Gefährdung eines hohen Rechtsgutes bestehen,[236] sodass es im Ergebnis unter Berücksichtigung des Verhältnismäßigkeitsgrundsatzes nur eine rechtmäßige Entscheidung geben kann.[237]

Aus dem Wortlaut des § 34 Abs. 3 GWB unter Berücksichtigung der gesetzlichen Pflicht zur Vorteilsabschöpfung ergibt sich folgerichtig, dass sich das (intendierte) Ermessen aus § 34 Abs. 3 GWB lediglich auf die Entscheidung bei Vorliegen eines Härtefalles oder eines geringen wirtschaftlichen Vorteils bezieht. Sofern weder ein Härtefall noch ein geringer wirtschaftlicher Vorteil vorliegt, stellt die behördliche Vorteilsabschöpfung eine gebundene Entscheidung dar. Es ist daher unerlässlich, dass die Behörde Prüfungen hinsichtlich der Verzichtsgründe des § 34 Abs. 3 GWB vornimmt, um eine rechtmäßige Entscheidung treffen zu können. Problematisch ist jedoch, dass sowohl die unbillige Härte als auch der geringe wirtschaftliche Vorteil unbestimmte Rechtsbegriffe sind. Um etwaige Ermessensfehler seitens der Behörde festzustellen, bedürfen die Begriffe einer Konturierung.

b. Vorliegen einer unbilligen Härte

Da der Gesetzgeber in § 34 Abs. 3 Satz 1 GWB die unbillige Härte nicht definiert hat, bietet sich eine entsprechende Anwendung der Regelung des § 65 Abs. 3 Satz 1 Nr. 3 GWB an. Nach der Rechtsprechung des Oberlandesgerichts Düsseldorf ist eine unbillige Härte nach § 65 Abs. 3 Satz 1 Nr. 3 *„(…) nicht alleine deshalb anzunehmen, weil der Sofortvollzug für den Betroffenen mit schwerwiegenden Eingriffen und/oder Nachteilen verbunden ist, deren Folgen nach einer erfolgreichen Durchführung des Beschwerdeverfahrens nicht ohne weiteres beseitigt werden können. Entscheidend ist vielmehr, ob und inwieweit der Betroffene die Nachteile im überwiegenden öffentlichen Interesse*

---

235 Vgl. BVerwGE 62, 206, 210; BVerwGE 74, 315, 318 f.; BVerwGE 84, 71, 78; BVerwGE 122, 103, 108; umfassend *Laub*, S. 18 ff.
236 Vgl. *Aschke* in BeckOK/VwVfG, § 40, Rn. 73.
BVerwG, NVwZ 2010, 652, 654, Rn. 20; BVerwG, NVwZ 1995, 388, 339; *Aschke* in BeckOK/VwVfG, § 40, Rn. 73.
237 Vgl. *Aschke* in BeckOK/VwVfG, § 40, Rn. 73 f.

§ 2 Die gesetzliche Pflicht zur Vorteilsabschöpfung

hinzunehmen hat. Das ist auf der Grundlage einer umfassenden Interessenabwägung zu entscheiden."[238]

Im Rahmen der Vorteilsabschöpfung ist bei dieser Interessenabwägung die wirtschaftliche Situation des Abschöpfungsschuldners zu berücksichtigen. So stellt beispielsweise die aufgrund der Vollstreckung drohende Insolvenz eines Unternehmens einen schwerwiegenden Eingriff dar. Diese Erwägungen finden – anders als der Verzicht auf die Vorteilsabschöpfung wegen Geringfügigkeit – keine explizite Berücksichtigung im Gesetz. Allerdings bildet die wirtschaftliche Situation des Betroffenen immer einen Zumessungsfaktor.[239] So sind nach verbreiteter Ansicht Fälle des Verzichts auf die Vorteilsabschöpfung aufgrund der wirtschaftlichen Gesamtsituation des Abschöpfungsschuldners erfasst, zum Beispiel wenn die Abschöpfung zu einer Existenzgefährdung führen würde.[240] Die Verzichtsentscheidung der Behörde bedarf dann allerdings einer ausführlichen Begründung.[241] Ein pauschaler Ausschluss der Vorteilsabschöpfung nach § 34 Abs. 3 GWB bei drohender Insolvenz des Abschöpfungsschuldners ist indes abzulehnen.[242] Hier kann stattdessen in Betracht kommen, die Vorteilsabschöpfung über einen längeren Zeitraum zu strecken, zum Beispiel durch eine Ratenzahlung. Ob auch ein Fall der unbilligen Härte im Sinne des § 34 Abs. 3 GWB vorliegt, sofern bei unklarer Rechtslage das Verhalten eines Unternehmens aus einem nicht offensichtlichen Rechtsirrtum herrührt[243], darf bezweifelt werden.[244] Die Vorteilsabschöpfung dient der Beseitigung aller kartellrechtswidrig erlangten Vorteile. Für Kartellanten

---

238 Vgl. OLG Düsseldorf, NZKart 2013, 377 f.; so auch *Kühnen* in LMRKM, GWB, § 65, Rn. 14.
239 Vgl. *Raum*, Festschrift Hirsch, 301, 308.
240 Vgl. *Bechtold/Bosch*, GWB, § 34, Rn. 7; *Bornkamm/Tolkmitt* in Langen/Bunte, GWB, § 34, Rn. 23; *Lübbig* in MüKo/Kartellrecht, GWB, § 34a, Rn. 24; *Funke* in LMRKM, GWB, § 34, Rn. 7.
241 Vgl. *Biermann* in Immenga/Mestmäcker, GWB, § 81, Rn. 625 m.w.N., mit Verweis darauf, dass die Entscheidung für eine Ahndungsgeldbuße einer ausführlichen Begründung bedürfe.
242 So auch *Sieme*, S. 237 f., der anführt, dass einer natürlichen Person durch den Sozialstaat ein Existenzminimum durch einen Anspruch auf Sozialhilfe zugesichert werde, während ein solches Sozialsystem für Unternehmen fehle. Um die Vorteilsabschöpfung nicht auszuhöhlen sei daher eine enge Auslegung des Härtefalls geboten.
243 *Roth* in Frankfurter Kommentar, GWB, § 34, Rn. 45, Lfg. 94 (Loseblatt).
244 Vgl. auch *Sieme*, S. 238 f., nach dessen Ansicht jedoch ein Härtefall bei Vorliegen mehrerer Gründe denkbar ist, etwa wenn ein Unternehmen in einem vermeidbaren Verbotsirrtum fahrlässig gehandelt und durch die Abschöpfung die Insolvenz zu befürchten habe.

soll sich der Rechtsbruch in keiner Weise lohnen. Die Zielsetzung der Vorteilsabschöpfung zeigt, dass eine unbillige Härte nur in Ausnahmefällen vorliegen kann.[245] Um dem öffentlichen Interesse an einer effektiven Vorteilsabschöpfung gerecht zu werden, werden solche Umstände keinen Verzicht auf die Vorteilsabschöpfung begründen können.

c. Zwischenergebnis

Es ist festzuhalten, dass auch bei einem Vorliegen der oben beschriebenen Fallkonstellationen die Vorteilsabschöpfung nicht zwingend eine unbillige Härte im Sinne des § 34 Abs. 3 Satz 1 GWB darstellt. So können nach dem oben dargestellten Begriffsverständnis das öffentliche Interesse oder zwingende wettbewerbliche Erfordernisse – wie beispielsweise die im Einzelfall zur Wiederherstellung notwendiger Wettbewerbsstrukturen erforderliche Erstattung des wirtschaftlichen Vorteils an die durch den Kartellrechtsverstoß geschädigten Marktbeteiligten – die Nachteile des Betroffenen überwiegen und eine Vorteilsabschöpfung – trotz etwaiger Existenzgefährdung – nicht verhindern. Im Zusammenspiel mit dem in § 34 Abs. 3 GWB normierten Ermessen ist jedoch zu berücksichtigen, dass das Nichtvorliegen einer unbilligen Härte bei schwerwiegenden Eingriffen bereits das Vorliegen eines gewichtigen öffentlichen Interesses verlangt, welche eine Vorteilsabschöpfung trotz des schwerwiegenden Eingriffs beim Abschöpfungsschuldner erforderlich macht. Insofern ist eine Abweichung von dem in § 34 Abs. 3 GWB normierten Ermessen hinsichtlich des Abschöpfungsverzichts bei Vorliegen einer unbilligen Härte unwahrscheinlich. Sofern Gründe vorliegen, die eine Abweichung vom intendierten Ermessen rechtfertigen, wird in diesen Fällen bereits keine unbillige Härte vorliegen.

d. Die Definition des geringen wirtschaftlichen Vorteils

aa. Gedanke der umsatzbezogenen Vorteilsschwellen

Es lässt sich argumentieren, dass für eine praktikable Durchführung der Vorteilsabschöpfung nach § 34 GWB die in § 34 Abs. 3 Satz 2 GWB dargelegte Bagatellgrenze quantifizierbar zu definieren ist, beispielsweise durch Vorteilsschwellen. Solche Schwellen sind dem deutschen Kartellrecht

---

245 So auch *Sieme*, S. 238 m.w.N.

nicht fremd. So bestimmt das Fusionskontrollrecht in § 35 GWB sogenannte Umsatzschwellen. Bei deren Überschreitung ist der Anwendungsbereich des Fusionskontrollrechts eröffnet und der zwischen den Unternehmen geplante Zusammenschluss[246] wird nach Maßgabe der §§ 35 ff. GWB geprüft. Um die *Vorteilsschwellen* zu definieren, könnte man einen prozentualen Teil der Vorteilssumme zum Gesamtumsatz des betroffenen Unternehmens während der Dauer des Kartellrechtsverstoßes nehmen. Der Nachteil dieser Methode ist allerdings, dass die Vorteilsschwelle bei Unternehmen mit einem hohen Gesamtumsatz selbst bei vermeintlich hohen Vorteilssummen nicht überschritten wird. Für diese Fälle wäre die Überschreitung einer absoluten Vorteilssumme hilfreich. Diese definiert die Bagatellgrenze. Um alle Fälle praktikabel zu erfassen, könnte eine Kombination aus beiden Schwellengrenzen Abhilfe leisten. Erfasst wären so kleinere Unternehmen, welche im Vergleich zu ihrem Gesamtumsatz verhältnismäßig viel von einem Kartell profitieren. Auf solchen Märkten wären die Auswirkungen durch die verhältnismäßig hohen Vorteilssummen stark zu spüren und könnten zu (großen) Veränderungen des betroffenen Markts führen. Durch eine zusätzliche starre Betragsgrenze wären daneben auch solche Fälle erfasst, die prozentual zum Gesamtumsatz eines betroffenen Unternehmens zwar kaum nennenswert sind, deren totale Vorteilssumme jedoch objektiv so hoch ist, dass losgelöst vom Gesamtumsatz nicht mehr von einer geringen Vorteilssumme gesprochen werden kann. Ob ein solches Vorgehen letztlich zu einer effizienten Verfahrensabwicklung beiträgt, ist zu bezweifeln.

bb. Verhältnis zwischen Aufwand und Ertrag

Richtigerweise muss für die Beantwortung dieser Frage das Verhältnis zwischen Ermittlungsaufwand und Ertrag maßgeblich sein.[247] Ist offensichtlich, dass die Behörde für die Feststellung und anschließende Abschöpfung des wirtschaftlichen Vorteils viele Ressourcen einsetzt, so kann dies nur durch einen hohen Abschöpfungsbetrag kompensiert werden. Ist dagegen der behördliche Aufwand gering, so können auch quantitativ geringe Vorteile abgeschöpft werden. Ein Ermessensfehler läge demnach vor, wenn das Bundeskartellamt unter Bezugnahme auf einen geringen Vorteil

---

246 Zum Begriff des Zusammenschlusses vgl. § 37 GWB.
247 Vgl. auch *Sieme*, S. 238; *Bornkamm/Tolkmitt* in Langen/Bunte, GWB, § 34, Rn. 23, die in diesem Zusammenhang von „Verwaltungsaufwand" sprechen.

eine Abschöpfung durchführt, obwohl Abschöpfungsbetrag und Abschöpfungsaufwand in keinem angemessenen Verhältnis zueinanderstehen. Dies ist der Fall, wenn die Behörde aufgrund fehlerhafter Berechnungen von einem großen wirtschaftlichen Vorteil ausgeht. Diese auf unzureichender Sachverhaltsaufklärung oder unzutreffenden Erwägungen beruhende Entscheidung stellt einen Ermessensfehlgebrauch dar. Eine Ermessensüberschreitung kann in Betracht kommen, wenn die Behörde einen quantitativ geringen Vorteil mit unverhältnismäßig hohem Aufwand abschöpft. Sofern sie dies tut, hat die Behörde bei Vollziehung der Abschöpfung trotz eines geringen wirtschaftlichen Vorteils auf Seiten des Kartellanten den Grund ihres Abweichens wegen § 39 Abs. 1 Satz 3 VwVfG besonders zu begründen und kann den geringen Vorteil trotzdem abschöpfen.

e. Verzichtsgründe nach § 17 Abs. 4 OWiG

Der Gesetzgeber hat sich mit den Verzichtsgründen in § 34 Abs. 3 GWB auf diese innerhalb des Verwaltungsverfahrens festgelegt. Die Vorteilsabschöpfung nach § 34 GWB bietet hinsichtlich seiner Systematik und seiner Funktion einen eigenständigen Regelungsapparat, welcher die Verzichtsgründe für diesen regelt. In der *Literatur* wird vertreten, dass die im Rahmen von § 17 Abs. 4 OWiG für einen Verzicht auf die Vorteilsabschöpfung zu prüfenden sachlichen Gründe im Rahmen einer Verhältnismäßigkeitsprüfung auch einen (teilweisen) Verzicht auf die Abschöpfung des wirtschaftlichen Vorteils nach § 34 Abs. 3 GWB rechtfertigen.[248] Von einer Vorteilsabschöpfung nach § 17 Abs. 4 OWiG kann beispielsweise abgesehen werden, wenn die Bedeutung der Tat[249] und der Tatvorwurf gering sind.[250] Zu einem Verzicht auf die Vorteilsabschöpfung nach § 34 Abs. 3 Satz 1 GWB wegen unbilliger Härte kann dies nicht führen. Selbst wenn der Tatvorwurf gering ist, wird das öffentliche Interesse an der effektiven Durchsetzung des Kartellrechts überwiegen. Durch die Vorteilsabschöpfung sollen alle kartellrechtswidrig erlangten Vorteile beseitigt werden,

---

248 Vgl. *Biermann* in Immenga/Mestmäcker, GWB, § 81, Rn. 622 f.; zu den Verzichtsgründen nach § 17 Abs. 4 OWiG umfassend *Sackreuther* in BeckOK/OWiG, § 17, Rn. 129 ff.
249 Das betrifft den Grad und das Ausmaß der Gefährdung, die Art und Intensität der Ausführung sowie das Maß der objektiven Pflichtwidrigkeit, vgl. *Sackreuther* in BeckOK/OWiG, § 17, Rn. 41 f.
250 Vgl. OLG Karlsruhe, NJW 1974, 1883; *Sackreuther* in BeckOK/OWiG, § 17, Rn. 130.

sodass sich der Rechtsbruch in keiner Weise lohnt. Die Zielsetzung der Vorteilsabschöpfung zeigt, dass eine unbillige Härte nur in Ausnahmefällen vorliegen kann. Demnach lassen sich die gerichtlich anerkannten Verzichtsgründe nach § 17 Abs. 4 OWiG nicht ohne Weiteres auf § 34 GWB übertragen. Die im Rahmen des § 17 Abs. 4 OWiG anwendbaren Verzichtsgründe der rechtlichen[251] oder tatsächlichen[252] Unmöglichkeit könnten sich dagegen im Einzelfall unter die Vorgaben des § 34 Abs. 3 GWB subsumieren lassen.

4. Das Verhältnis der Vorteilsabschöpfung zur Kronzeugenregelung

Im Zuge der 10. GWB-Novelle hat der Gesetzgeber explizit die Befugnisse der Behörde hinsichtlich der Ausübung des Kronzeugenprogramms geregelt.

Nach dem in § 81h Abs. 1 GWB definierten Ziel des Kronzeugenprogramms kann die Behörde *„(…) an Kartellen beteiligten natürlichen Personen, Unternehmen und Unternehmensvereinigungen (Kartellbeteiligte), die durch ihre Kooperation mit der Kartellbehörde dazu beitragen, ein Kartell aufzudecken, die Geldbuße erlassen oder reduzieren (Kronzeugenbehandlung)."*

Mit Inkrafttreten der 10. GWB-Novelle am 19.01.2021 sind die Voraussetzungen für das Kronzeugenprogramm und einer möglichen Bußgeldreduktion in den §§ 81h bis 81n GWB gesetzlich geregelt. Die bisherige Bonusregelung des Bundeskartellamts wurde im Zuge dessen zum 19.01.2021 aufgehoben.[253]

Wie bereits die Bonusregelung[254] schafft das in den §§ 81h bis 81n GWB gesetzlich verankerte Kronzeugenprogramm für Kartellbeteiligte den Anreiz, bei der Aufdeckung und Zerschlagung von Kartellen effektiv und umfangreich mitzuwirken. Der Anreiz wird in monetärer Form durch den Erlass oder die Reduktion der möglichen Bußgeldsummen geschaffen. Hilft ein Kartellbeteiligter rechtzeitig – das heißt als erster der am

---

251 So z.B. bei bereits erfolgter Vorteilsabschöpfung durch Schadensersatzleistung, vgl. *Kühnen*, WuW 2010, 16, 26, Fn. 34.
252 So z.B. bei unverhältnismäßig hohem Ermittlungsaufwand, vgl. *Kühnen*, WuW 2010, 16, 26, Fn. 33.
253 Vgl. Mitteilung des Bundeskartellamts über die Aufhebung der Bekanntmachung Nr. 9/2006 über den Erlass und die Reduktion von Geldbußen in Kartellsachen.
254 Vgl. Bekanntmachung Nr. 9/2006 über den Erlass und die Reduktion von Geldbußen in Kartellsachen – Bonusregelung – vom 07.03.2006.

B. Die aktuelle Rechtslage der Vorteilsabschöpfung

Kartell Beteiligten – und vollständig bei der Aufdeckung eines Kartells mit, so kann er einen vollständigen Bußgelderlass nach Maßgabe des § 81k GWB erreichen. Weitere kartellbeteiligte Unternehmen, die substanzielle Beiträge zur Aufdeckung des Kartells beisteuern, können eine prozentuale Bußgeldreduktion nach Maßgabe des § 81l GWB in Verbindung mit den Bußgeldleitlinien des Bundeskartellamts[255] erlangen.[256] Hinzu kommt, dass die Rechte des an der Aufdeckung beteiligten Kartellanten durch die Kodifizierung des Kronzeugenprogramms in den §§ 81h bis 81n GWB gestärkt werden. Da die Bonusregelung des Bundeskartellamts lediglich als Leitlinie ausgestaltet war, waren die Gerichte bei der Überprüfung verhängter Bußgelder nicht an diese gebunden. Durch die Implementierung eines gesetzlichen Kronzeugenprogramms haben sich nunmehr auch die Gerichte an die Vorgaben der §§ 81h bis 81n GWB zu halten. Durch seine gesetzliche Kodifizierung und dem daraus resultierenden Gleichlauf zwischen behördlichen und gerichtlichen Verfahren wird Vertrauen in die Rechtssicherheit des Kronzeugenprogramms gestärkt.[257] Für die Kartellanten wird mithin ein größerer Anreiz geschaffen, Kronzeugenanträge beim Bundeskartellamt zu stellen und an einer effektiven Kartellrechtsdurchsetzung mitzuwirken.

Durch die Möglichkeiten der Bußgeldreduktion und des Bußgelderlasses gehen der Gesetzgeber und das Bundeskartellamt einen Kompromiss ein: Für die umfangreiche Aufdeckung von Kartellen und die möglichst effektive Durchsetzung des Kartellrechts kann die Straffreiheit einzelner Kartellanten in Kauf genommen werden. Insbesondere für den vollständigen Bußgelderlass stellt sich die Frage, wie dieser im Verhältnis zu einer möglichen Vorteilsabschöpfung steht. Denn unabhängig vom Bußgeldverfahren kann mit der Regelung des § 34 GWB der wirtschaftliche Vorteil in Form eines selbständigen Verwaltungsverfahrens abgeschöpft werden. Die an der Kartellaufdeckung mitwirkenden Unternehmen haben den Nachteil, dass sie dem Bundeskartellamt Zugang zu sämtlichen für die Bemessung des Bußgelds bedeutsamen Unterlagen und Zahlen verschaffen. Durch diese Selbstbelastung des Kartellanten hat das Bundeskartellamt nun den Vorteil, keine umfangreiche und mit Ungenauigkeiten behaftete

---

[255] Vgl. Leitlinien für die Bußgeldzumessung in Kartellordnungswidrigkeitenverfahren vom 25.06.2013.
[256] Vgl. Bekanntmachung Nr. 9/2006 über den Erlass und die Reduktion von Geldbußen in Kartellsachen – Bonusregelung – vom 07.03.2006, S. 1 f.
[257] Vgl. *Roth*, WuW 2021, 10, 12.

§ 2 Die gesetzliche Pflicht zur Vorteilsabschöpfung

Berechnung vom wirtschaftlichen Vorteil des Kronzeugen vornehmen zu müssen.

Daneben sind Kronzeugen in der heutigen Kartellrechtspraxis auch nicht vor etwaigen Schadensersatzansprüchen geschützt. Allerdings besteht in dieser Konstellation der Unterschied, dass es sich bei den Schadensersatzansprüchen um private Rechte einzelner Marktteilnehmer handelt, welche nicht der Entscheidungsgewalt der Exekutive unterliegen. Die Vorteilsabschöpfung nach § 34 GWB außerhalb des Bußgeldverfahrens stellt hingegen in gewisser Weise einen Hybriden dar.[258] Es stellt sich daher die Frage, ob von der Vorteilsabschöpfung, welche im Rahmen des Verfahrens nach § 81d Abs. 3 GWB bei der Bußgeldfestsetzung zu berücksichtigen ist, auch auf Grundlage des Kronzeugenprogramms verzichtet werden kann.

a. Keine Umgehung der Vorteilsabschöpfung durch das Kronzeugenprogramm

Die gesetzliche Kodifizierung des Kronzeugenprogramms beinhaltet – im Gegensatz zur vorher geltenden Bonusregelung unter Ziff. 23[259] – keine Regelung zur Handhabung der Vorteilsabschöpfung bei Kronzeugen. Allerdings hat der Gesetzgeber mit der Regelung des § 81h Abs. 3 GWB dem Bundeskartellamt die Befugnis eingeräumt, „(...) *allgemeine Verwaltungsgrundsätze über die Ausübung seines Ermessens bei der Anwendung des Kronzeugenprogramms sowie der Gestaltung des Verfahrens (...)*" festzulegen.

Vor Einführung der 10. GWB-Novelle war die Rechtsgrundlage für den Erlass von Verwaltungsgrundsätzen in § 81 Abs. 7 GWB a.F. geregelt. Die Regelung diente im Zuge der Einführung der 7. GWB-Novelle als Klarstellung, welche die Zweifel der Kompetenz des Bundeskartellamts an der Festlegung der Bonusregelung beseitigen sollte. § 81 Abs. 7 GWB a.F. stellte dem Bundekartellamt erstmals eine Rechtsgrundlage für die Festlegung der Bonusregelung, der Bußgeldleitlinien sowie des Settlement-Verfahrens zur Verfügung.[260] Mit der für das Kronzeugenprogramm spe-

---

258 Vgl. Ausführungen zur Schutzwirkung der Vorteilsabschöpfung unter § 2 B. II. 2. c., S. 71 ff. sowie unter § 4 A. III., S. 131 ff.
259 Bekanntmachung Nr. 9/2006 über den Erlass und die Reduktion von Geldbußen in Kartellsachen – Bonusregelung – vom 07.03.2006.
260 Vgl. *Vollmer* in MüKo/Kartellrecht, GWB, § 81, Rn. 178; *Biermann* in Immenga/Mestmäcker, GWB, § 81, Rn. 643.

B. Die aktuelle Rechtslage der Vorteilsabschöpfung

ziellen Regelung des § 81h Abs. 3 GWB hat der Gesetzgeber dem Bundeskartellamt die Möglichkeit eröffnet, das gesetzlich verankerte Kronzeugenprogramm durch allgemeine Verwaltungsgrundsätze weitgehender zu konkretisieren.[261]

Wie bereits bei der für die Festlegung der Bonusregelung maßgeblichen Rechtsgrundlage des § 81 Abs. 7 GWB a.F. beschränkt sich die Funktion des § 81h Abs. 3 GWB im Wesentlichen darauf, dass sich die Behörde an die auf dieser Grundlage erlassenen Verwaltungsgrundsätze bindet und eine einheitliche Verwaltungspraxis gewährleistet. Die Bindung gilt nur behördenintern, sodass sie beispielsweise weder gegenüber Gerichten noch gegenüber den Landeskartellbehörden Wirkung entfaltet.[262] Die Rechtmäßigkeit solcher Verwaltungsvorschriften bemisst sich danach, ob sie gegen das zu beachtende Recht verstoßen. Ausgangspunkt ist die Frage, ob sich das mit der Verwaltungsvorschrift kollidierende Recht gegenüber dieser durchsetzt. Die Lösung des Konfliktes im Falle einer Kollision zweier Normen, die den gleichen Tatbestand haben, jedoch in ihrer Rechtsfolge voneinander abweichen, erfolgt über den Vorrang des Gesetzes. Mit der Bonusregelung gab sich das Bundeskartellamt eine behördeninterne Leitlinie an die Hand, wie es Bußgelder gegenüber Kronzeugen zu erlassen hatte. Als allgemeiner Verwaltungsgrundsatz bestimmte die Bonusregelung in Ziff. 23 zudem, dass die Vorteilsabschöpfung bei Kronzeugen in der Regel nicht zu erfolgen hatte.

Sofern das Bundeskartellamt einen an Ziff. 23 der Bonusregelung angelehnten Verwaltungsgrundsatz zur Behandlung der Vorteilsabschöpfung bei Kronzeugen auf Grundlage des § 81h Abs. 3 GWB aufstellt, ist zu überlegen, ob eine solche Regelung Auswirkungen auf die gesetzliche Vorgabe zur Vorteilsabschöpfung hat. Unabhängig von der Bindungswirkung dieser Verwaltungsgrundsätze und ihrer Reichweite ist daher zu prüfen, ob sich das Kartellamt durch einen erlassenen Verwaltungsgrundsatz rechtlichen Pflichten entbinden kann.[263]

---

261 Vgl. BT-Drucksache 19/23492, S. 131.
262 Vgl. *Bechtold/Bosch*, GWB, § 81, Rn. 55; *Raum* in Langen/Bunte, GWB, § 81, Rn. 217; *Vollmer* in MüKo/Kartellrecht, GWB, § 81, Rn. 151; *Biermann* in Immenga/Mestmäcker, GWB, § 81, Rn. 645.
263 A.A. *Roth* in Frankfurter Kommentar, GWB, § 34, Rn. 44, Lfg. 94 (Loseblatt), der davon ausgeht, dass Ziff. 23 der Bonusregelung als Ermessensausübung der Behörde i.S.d. § 34 GWB anzusehen ist. Dies ist – unabhängig davon, dass die Bonusregelung im Zuge der 10. GWB-Novelle aufgehoben wurde und es eine an Ziff. 23 der Bonusregelung orientierte Regelung im gesetzlichen Kron-

§ 2 Die gesetzliche Pflicht zur Vorteilsabschöpfung

aa. Gründe für eine Umgehung der Vorteilsabschöpfung

Die Gründe für eine veröffentlichte Vorgabe des Bundeskartellamts nach Ziff. 23 der Bonusregelung, den wirtschaftlichen Vorteil bei Kronzeugen in der Regel nicht abzuschöpfen, sind offensichtlich: Würde die Abschöpfung qua Gesetz auch gegenüber Kronzeugen erfolgen müssen, so würden sich die Kronzeugen neben etwaigen Schadensersatzansprüchen zusätzlich dem Risiko der Vorteilsabschöpfung aussetzen. Viele Unternehmen könnten sich bei der zusätzlichen Gefahr der Vorteilsabschöpfung gegen einen Kronzeugenantrag entscheiden. Dies könnte zur Folge haben, dass die Aufdeckungsquote von Kartellen sinkt und somit auch der Bußgeldertrag durch das Bundeskartellamt. Es wäre daher sowohl im Interesse potenzieller Kronzeugen als auch im Interesse der Behörden, von einer Vorteilsabschöpfung bei Kronzeugen abzusehen. Die Aufnahme der Ziff. 23 in die Bonusregelung war also durchaus als rechtspolitische Maßnahme zu sehen.

Auch *Konrads* plädiert dafür, dass der Anreiz eines Kartellanten, Kronzeuge zu werden, nicht durch die Vorteilsabschöpfung beseitigt werden dürfe.[264] Anknüpfungspunkt seiner Argumentation ist Ziff. 23 der nunmehr aufgehobenen Bonusregelung, wonach das Bundeskartellamt in der Regel davon abzusehen hatte, bei Bußgelderlass für einen Kronzeugen den wirtschaftlichen Vorteil nach § 34 GWB gesondert abzuschöpfen. Demnach bleibe der wirtschaftliche Vorteil bei einer Reduktion der Geldbuße nicht unangetastet. Die Abschöpfung des wirtschaftlichen Vorteils sei jedoch in dem Umfang zu unterlassen, in welchem die Reduktion der Geldbuße gewährt würde. Reduziert das Bundeskartellamt beispielsweise die Geldbuße um 30 %, können demnach nur 70 % des wirtschaftlichen Vorteils abgeschöpft werden.

bb. Vorrang gesetzlicher Vorgaben gegenüber Verwaltungsgrundsätzen

Die generelle Pflicht des Bundeskartellamts zur Vorteilsabschöpfung muss aufgrund der gesetzlichen Regelung aber letztlich uneingeschränkt auch gegenüber Kartell-Kronzeugen gelten. Der Wortlaut der §§ 34 Abs. 1, 81d Abs. 3 GWB differenziert nicht zwischen *einfachen Kartellanten* und *Kronzeugen*. Kronzeugen können deshalb auch nur unter den Voraussetzun-

---

zeugenprogramm nicht gibt – abzulehnen. § 34 GWB räumt der Behörde ein solches Ermessen nicht ein, vgl. Ausführungen unter § 2 B. II. 1. a. cc., S. 54 ff.
264 Vgl. *Konrads*, S. 71.

B. Die aktuelle Rechtslage der Vorteilsabschöpfung

gen des § 34 Abs. 3 GWB von einer Vorteilsabschöpfung verschont werden. Ferner hat der Gesetzgeber mit Einführung der Regelung der §§ 81k, 81l GWB deutlich gemacht, dass sich der Kronzeugenbonus explizit nur auf den Erlass oder die Reduktion von Bußgeldern bezieht. Dem kann auch nicht durch ein vom Bundeskartellamt nach § 81h Abs. 3 GWB festgelegter Verwaltungsgrundsatz entgegenwirken. Rechtlich handelt es sich bei solchen Vorgaben lediglich um Leitlinien der Behörde, welche die höherrangigen gesetzlichen Vorgaben nicht einfach aushebeln können.

b. Die Verhältnismäßigkeit der Vorteilsabschöpfung bei Kronzeugen

Die Vorteilsabschöpfung soll gemäß § 34 Abs. 3 GWB unterbleiben, wenn sich der abzuschöpfende Vorteil als zu gering oder die Abschöpfung eine unbillige Härte darstellt. Daneben besteht in Einzelfällen die Möglichkeit, den abzuschöpfenden Vorteil auf einen angemessenen Betrag zu reduzieren.

Konrads sieht im Falle der Vorteilsabschöpfung bei Kronzeugen eine solche unbillige Härte nach § 34 Abs. 3 GWB. Der in § 34 Abs. 3 GWB verankerte Grundsatz der Verhältnismäßigkeit gebiete es, dass die Vorteile einer staatlichen Maßnahme in einem angemessenen Verhältnis zu den durch die staatlichen Maßnahmen entstandenen Nachteilen des Betroffenen stünden.[265]

Die Unverhältnismäßigkeit der Vorteilsabschöpfung durch das Bundeskartellamt sieht er im Vergleich zum europäischen Recht. Das europäische Recht kenne nämlich keine Vorteilsabschöpfung. Dies habe bei uneingeschränkter Anwendung des § 34 GWB auf Kronzeugen die Wirkung, dass ein Kronzeuge trotz Kooperation zur Aufdeckung eines Kartells nach deutschem Recht die Vorteilsabschöpfung zu befürchten habe, obwohl es diese im europäischen Recht nicht gebe. Selbst eine Reduktion der Geldbuße der Europäischen Kommission im Rahmen der *Leniency Notice*[266] habe keine mildernde oder befreiende Wirkung auf die Vorteilsabschöpfung. Die mit der Kronzeugenregelung beabsichtigte *Belohnung* des Kartellanten laufe ins Leere, weshalb sich dieser unter Umständen gegen eine Kooperation mit der europäischen Kommission entscheiden würde.[267] Der daraus

---

265 Vgl. *Konrads*, S. 72.
266 Pendant der Europäischen Kommission zum seit der 10. GWB-Novelle in den §§ 81h bis 81n GWB verankerten Kronzeugenprogramms.
267 Vgl. *Konrads*, S. 72.

§ 2 Die gesetzliche Pflicht zur Vorteilsabschöpfung

resultierende Konflikt sei die unzulässige Ungleichbehandlung zwischen einem Kronzeugen der Kommission und einem Kronzeugen des Bundeskartellamts.[268] Dies führe im Ergebnis dazu, dass der Zweck einer Vorteilsabschöpfung nach § 34 GWB in keinem angemessenen Verhältnis zu den für einen Kronzeugen der Kommission eintretenden Nachteilen stehe.[269]

c. Stellungnahme

Diese Überlegungen überzeugen nicht. Zum einen führt eine auf die Ungleichbehandlung zwischen Kronzeugen der Kommission und Kronzeugen des Bundeskartellamts gestützte Unverhältnismäßigkeit im Ergebnis immer zum Verzicht auf die Abschöpfung, da es schlicht keine *europäische* Vorteilsabschöpfung gibt. Die Dogmatik der Verhältnismäßigkeit gebietet es jedoch, konkrete Einzelfallprüfungen vorzunehmen. Insofern ist es bereits abzulehnen, dieses Argument im Rahmen einer Verhältnismäßigkeitsprüfung anzubringen. Zum anderen lässt sich anführen, dass ein Kronzeuge weder nach deutschem noch nach europäischem Recht vor möglichen Schadensersatzzahlungen geschützt wird. Die behördliche Abschöpfung des wirtschaftlichen Vorteils ist jedoch sowohl systematisch als auch nach ihrer Funktion eng mit der Durchsetzung von kartellrechtlichen Schadensersatzansprüchen verwoben und in weiten Teilen sogar deckungsgleich.

Des Weiteren kann die Vorteilsabschöpfung gerade innerhalb des Bußgeldverfahrens berücksichtigt werden und spielt sogar für die Bemessung eines angemessenen Bußgelds eine wichtige Rolle.[270] Die Reduktion eines Bußgelds hätte daher sehr wohl Einfluss auf die Vorteilsabschöpfung. § 34 GWB umfasst gerade die Fälle, in denen der wirtschaftliche Vorteil gerade *nicht* im Bußgeld berücksichtigt wurde. Die Bemessungsgrundlage für ein angemessenes Bußgeld ist jedoch auch für Kronzeugen elementar, denn sofern nicht das gesamte Bußgeld erlassen wird, bemisst sich der prozentuale Erlass am behördlich festgesetzten Bußgeld. Ungeachtet der behördlichen Kompetenz, die Ausgestaltung des Kronzeugenprogramms nach Maßgabe des § 81h Abs. 3 GWB zu spezifizieren, hat der Gesetzgeber die Wirkung von Kronzeugenanträgen ausschließlich auf den Bußgelderlass oder die Bußgeldreduktion beschränkt. Eine Regelung zur Anwendung der Vor-

---

268 Vgl. *Konrads*, S. 72.
269 Vgl. *Konrads*, S. 72.
270 Vgl. Ausführungen unter § 2 B. II. 1. a. cc., S. 54 ff.

B. Die aktuelle Rechtslage der Vorteilsabschöpfung

teilsabschöpfung bei Kronzeugen hat hingegen keinen Eingang in das Gesetz gefunden und ist somit vom Gesetzgeber nicht beabsichtigt. Sofern das Bundeskartellamt einen an Ziff. 23 der Bonusregelung orientierten Verwaltungsgrundsatz auf Grundlage des § 81h Abs. 3 GWB festlegt, ist zu berücksichtigen, dass es sich hierbei um eine behördeninterne Vorgabe handelt. Im Umkehrschluss heißt das, dass die behördliche Praxis auch geändert werden kann. Obgleich der rechtspolitischen Konsequenzen kann das Bundeskartellamt bereits beim Umgang mit Kronzeugen abweichend von der Europäischen Kommission agieren. Insofern ist eine Ungleichbehandlung von Kronzeugenanträgen zwischen nationaler und europäischer Ebene nicht per se ausgeschlossen oder unverhältnismäßig.

Zu fragen ist jedoch bereits, ob die Vorteilsabschöpfung nach § 34 GWB bei Kronzeugenanträgen überhaupt zur Anwendung kommt. Gerade durch umfassende Kronzeugenanträge erspart sich das Bundeskartellamt erhebliche Ermittlungsarbeit, da es von den Kronzeugen auch Angaben zu ihren kartellbedingt erlangten wirtschaftlichen Vorteilen verlangen kann. Dies wiederum hätte zur Folge, dass ein Abschöpfungsverfahren nach § 81d Abs. 3 GWB im Einzelfall ohne größeren zeitlichen Aufwand abgeschlossen werden kann und somit ein separates Abschöpfungsverfahren nach § 34 GWB nicht in Betracht kommt. Im Ergebnis steht das Kronzeugenprogramm einer behördlichen Vorteilsabschöpfung nicht entgegen. So kann auch eine an Ziff. 23 der Bonusregelung[271] orientierte behördeninterne Vorgabe nach § 81h Abs. 3 GWB, welche einen Verzicht auf die Abschöpfung des wirtschaftlichen Vorteils für Kronzeugen nahelegen würde, die gesetzlichen Pflichten nicht aushöhlen. Da es sich bei einem Bußgeld und der Vorteilsabschöpfung um zwei eigenständige behördliche Maßnahmen handelt, kann auch nicht grundsätzlich bei einer Abschöpfung des wirtschaftlichen Vorteils bei Kronzeugen von einer unbilligen Härte nach § 34 Abs. 3 Satz 1 GWB ausgegangen werden. Die Regelung des § 34 Abs. 3 Satz 1 GWB soll hauptsächlich in solchen Fällen Anwendung finden, in denen die Vorteilsabschöpfung existenzvernichtend wirkt.[272] Die Privilegierung von Kartelltätern beabsichtigt die Regelung des § 34 Abs. 3 Satz 1 GWB hingegen nicht. Denn gerade sie entgehen beträchtlichen Bußgeldern durch ihre Mithilfe an der Aufklärung der Kartelltat auf Grundlage der §§ 81k, 81l GWB. Der im Kern der Vorteilsabschöpfung liegende Zweck der Wiederherstellung eines freien und unverfälschten

---

[271] Bekanntmachung Nr. 9/2006 über den Erlass und die Reduktion von Geldbußen in Kartellsachen – Bonusregelung – vom 07.03.2006.
[272] Vgl. Ausführungen unter § 2 B. II. 3. b., S. 83 f.

Wettbewerbs kann erst recht nicht erfüllt werden, wenn Kartelltätern weder ein Bußgeld auferlegt noch die rechtswidrig erlangte Kartellrendite entzogen wird. Die Entscheidung des Bundeskartellamts, Kronzeugen zu privilegieren, ist unter dem Gesichtspunkt der effektiven Kartelaufdeckung zu befürworten. Diese Privilegierung kann jedoch im Ergebnis nicht dazu führen, dass der durch die Vorteilsabschöpfung gewährleistete Erhalt des freien, fairen und unverfälschten Wettbewerbs als unbillige Härte einzustufen ist.

III. Ergebnis

Nach aktueller Rechtslage besteht eine gesetzliche Pflicht zur Vorteilsabschöpfung nach den §§ 34, 81d Abs. 3 GWB. Lediglich hinsichtlich der rechtlichen Vorgaben nach § 34 Abs. 3 GWB kann im Einzelfall von einer Abschöpfung abgesehen werden.

§ 3 Der Verstoß des Bundeskartellamts gegen die Abschöpfungspflicht

Unter § 2 B. wurden die rechtlichen Rahmenbedingungen der Vorteilsabschöpfung nach §§ 34, 81d Abs. 3 GWB dargestellt und erläutert.[273] Die Normen wurden dahingehend untersucht, ob eine gesetzliche Pflicht der Behörde besteht, den wirtschaftlichen Vorteil von Kartellschädigern innerhalb des Bußgeldverfahrens nach § 81d Abs. 3 GWB oder alternativ in einem gesonderten Verwaltungsverfahren nach § 34 GWB abzuschöpfen. Dabei zeigte die rechtliche Untersuchung, dass eine solche Pflicht besteht und von dieser nur in Ausnahmefällen abgewichen werden kann.[274]

Wie oben erläutert, hat die Vorteilsabschöpfung vorrangig innerhalb des Bußgeldverfahrens zu erfolgen.[275] Innerhalb des erlassenen Bußgeldbescheides ist sowohl der Ahndungsteil der Geldbuße als auch der Teil der Abschöpfung explizit auszuweisen.[276] Sofern die Abschöpfung nicht innerhalb des Bußgeldverfahrens erfolgt, hat dies entsprechende Auswirkungen auf die Höhe des verhängten Bußgelds. Die Bundestagsdrucksache 15/3640 führt auf Seite 42 aus, dass der Verzicht auf die Abschöpfung bei der Festsetzung der Geldbuße bei der Bußgeldzumessung zu berücksichtigen sei. Demnach werde sich in Zukunft auch die Höhe einer reinen Ahndungsgeldbuße „*(...) in der Regel um den Betrag mindern, der nach bisherigem Recht der Abschöpfung des wirtschaftlichen Vorteils diente.*"[277]

Der Blick auf die Praxis zeigt jedoch, dass das Bundeskartellamt seit Einführung des Instrumentes der Vorteilsabschöpfung mit der 7. GWB-Novelle weder eine Vorteilsabschöpfung innerhalb des Bußgeldverfahrens vorgenommen noch ein Verfahren nach § 34 GWB eingeleitet hat.[278]

In der *Literatur* wird die Ansicht vertreten, dass in der Praxis des Bundeskartellamts verdeckt – also ohne explizite Ausweisung des Abschöp-

---

273 Vgl. S. 16 ff.
274 Vgl. zu den Ausnahmen von der Abschöpfungspflicht die Ausführungen unter § 2 B. II. 3., S. 80 ff.
275 Vgl. Ausführungen unter § 2 B. II. 1. b. bb., S. 60 f.
276 Vgl. BGH, NStZ 2006, 231, 232, Rn. 5, 8.
277 Vgl. BT-Drucksache 15/3640, S. 42.
278 Vgl. Tätigkeitsberichte des Bundeskartellamts in den Jahren 05/06, S. 231 f.; 07/08, S. 185 f.; 09/10, S. 164 f.; 11/12, S. 132 f.; 13/14, S. 138 f.; 15/16, S. 146 f.; 17/18, S. 135 f; 19/20, S. 156 f.

§ 3 Der Verstoß des Bundeskartellamts gegen die Abschöpfungspflicht

fungsteil innerhalb des Bußgeldbescheids – abgeschöpft wird.[279] Hintergrund dieser verdeckten Abschöpfung sei die steuerliche Abzugsfähigkeit des wirtschaftlichen Vorteils. Da der Ahndungsteil im Gegensatz zum Abschöpfungsteil für den Kartellanten nicht steuerlich abzugsfähig sei, könne die Abschöpfung mangels Ausweisung im Bußgeldbescheid auch nicht steuerlich abgesetzt werden. Man wolle durch diese *Methode* verhindern, dass dem Staat Steuergelder entgehen, ohne dass tatsächlich auf eine Abschöpfung verzichtet werde.[280]

Der Gesetzgeber geht in der Gesetzesbegründung zur 9. GWB-Novelle ohne tragfähige Anhaltpunkte davon aus, dass einige Vorteilsabschöpfungen nach § 17 Abs. 4 OWiG im Rahmen eines Bußgeldverfahrens stattgefunden haben.[281] Diese Auffassung wird auch in Teilen der *Literatur* geteilt.[282] Dem liegen exemplarische Entscheidungen des Bundesfinanzhofs und der Finanzgerichte zugrunde.[283] Der Bundesfinanzhof musste im Rahmen der steuerlichen Absetzbarkeit von Kartellbußgeldern zuerst feststellen, ob diese die Abschöpfung eines wirtschaftlichen Vorteils enthalten. Er ist der Ansicht, dass die ahndende und zugleich abschöpfende Funktion des Bußgeldbescheids die Regel sei. Daher soll der schätzweise Nachweis von Ahndungs- und Abschöpfungsteil der Geldbuße möglich sein.[284] Auch wenn der Bundesfinanzhof im Ergebnis einen Abschöpfungsteil innerhalb der konkreten Geldbußen bejaht, so lässt sich dieses Verständnis bezweifeln. In den betroffenen Bußgeldbescheiden ist dies weder nachvollziehbar noch rechtmäßig, denn sofern innerhalb des Bußgeldverfahrens der wirtschaftliche Vorteil abgeschöpft wird, ist dies auch entsprechend kenntlich zu machen. Die Vorgabe zur Aufschlüsselung des Bußgeldbescheids in einen Abschöpfungs- und Ahndungsteil ergibt sich schon aus § 4 Abs. 5 Satz 1 Nr. 8 Satz 4 EstG. Ferner wird die Informationsfunktion des Bußgeldbescheids nicht erfüllt, wenn dieser keinerlei Aussage über die Berechnung und Gründe für den konkreten Eingriff in Form der Vor-

---

279 Vgl. hierzu *Schönfeld/Haus/Bergmann/Erne*, DStR 2017, 73, 75 f.
280 Vgl. *Schönfeld/Haus/Bergmann/Erne*, DStR 2017, 73, 75 f.
281 Vgl. BT-Drucksache 18/10207, S. 68.
282 Vgl. *Haase/Geils*, BB 2015, 2583, 2585.
283 Vgl. BFH, DStR 1999, 1518, ff.; FG Niedersachsen, BeckRS 2006, 26022114; FG Baden-Württemberg, BeckRS 2001, 21011442; FG Münster, BeckRS 1997, 30952923.
284 Vgl. BFH, DStR 1999, 1518, ff., siehe auch Vorinstanz FG Münster, BeckRS 1997, 30952923.

§ 3 Der Verstoß des Bundeskartellamts gegen die Abschöpfungspflicht

teilsabschöpfung enthält.[285] Bereits aus dem Rechtsstaatsprinzip ergibt sich außerdem, dass jeder durch einen staatlichen Eingriff betroffene Bürger ein Recht darauf hat, die Gründe für den Eingriff zu erfahren.[286] Nähere Ausführungen zum Abschöpfungsteil enthalten die angesprochenen Entscheidungen des Bundesfinanzhofs und der Finanzgerichte nicht. Sofern die Argumentation der Gerichte darauf beruht, dass sich der wirtschaftliche Vorteil gegebenenfalls auch nur schätzweise nachweisen lasse und dies für dessen Bejahung ausreiche[287], so ist zu beachten, dass auch dies in nachvollziehbarer Weise erfolgen muss. Auch wenn der Mehrerlös sowie der wirtschaftliche Vorteil bei der Bestimmung des konkreten Bußgelds Berücksichtigung finden, kann allein dies nicht für einen Rückschluss auf eine erfolgte Vorteilsabschöpfung ausreichen.

Ferner lassen sich anhand der Tätigkeitsberichte des Bundeskartellamts seit der Einführung der 7. GWB-Novelle keine Rückschlüsse auf eine solche Abschöpfungspraxis ziehen.[288] Daneben hat das Bundeskartellamt in allen Bußgeldbescheiden klargestellt, dass die vorliegende Geldbuße nur der Ahndung diene. Insofern würde man gegen den Wortlaut des erlassenen Bußgeldbescheids argumentieren, nähme man eine Abschöpfungspraxis des Bundeskartellamts im Rahmen von Bußgeldverfahren an. Im Ergebnis lassen sich daher keine konsistenten Argumente finden, die dafür sprechen, dass das Bundeskartellamt regelmäßig eine Vorteilsabschöpfung im Rahmen des Bußgeldverfahrens vornimmt. Auch wenn § 34 GWB bis heute nicht angewendet wurde, hat der Gesetzgeber es nicht in Erwägung gezogen, das Verfahren nach § 34 GWB aus dem Gesetz zu streichen. Die Beibehaltung der Regelung sei aufgrund der Abschreckungswirkung gegenüber Unternehmen weiterhin wichtig.[289] Der gesetzgeberische Wille ist zwar zu befürworten, allerdings läuft die Abschreckungswirkung ohne Anwendung der Vorteilsabschöpfung insoweit ins Leere. Um der gesetzgeberischen Intention des § 34 GWB gerecht zu werden, ist es daher notwendig, die rechtlichen Vorgaben gegenüber kartellrechtwidrig handelnden Unternehmen anzuwenden.

---

285 Vgl. *Achenbach* in Frankfurter Kommentar, GWB, § 81, Rn. 581, Lfg. 91 (Loseblatt).
286 Vgl. *Achenbach* in Frankfurter Kommentar, GWB, § 81, Rn. 581, Lfg. 91 (Loseblatt) m.w.N.
287 Vgl. nur BFH, DStR 1999, 1518, 1521.
288 Vgl. Tätigkeitsberichte des Bundeskartellamts in den Jahren 05/06, S. 231 f.; 07/08, S. 185 f.; 09/10, S. 164 f.; 11/12, S. 132 f.; 13/14, S. 138 f.; 15/16, S. 146 f.; 17/18, S. 135 f.; 19/20, S. 156 f.
289 Vgl. BT-Drucksache 18/10207, S. 68 ff.

§ 3 Der Verstoß des Bundeskartellamts gegen die Abschöpfungspflicht

A. *Rechtswidriges Handeln des Bundeskartellamts*

Rechtlich ließe sich dieser Status Quo damit rechtfertigen, dass sämtliche Kartellfälle unter die Regelung des § 34 Abs. 3 GWB fielen und es der Behörde somit obliege, von einer Abschöpfung abzusehen. Voraussetzung für eine solche Beurteilung wäre jedoch, dass das Bundeskartellamt sämtliche Fälle hinsichtlich eines Verzichts auf die Vorteilsabschöpfung geprüft hätte. Etwaige Prüfungen sind jedoch keinem Tätigkeitsbericht der Behörde zu entnehmen.[290] Das heißt, dass das Bundeskartellamt sowohl nach den gesetzlichen Vorgaben als auch nach dem Sinn und Zweck des § 34 GWB durch das Unterlassen der Vorteilsabschöpfung oder – bereits in vorgelagerter Stufe – der Prüfung der Vorgaben des § 34 Abs. 3 GWB seit Einführung der Norm rechtswidrig handelt. Problematisch dabei ist, dass dieses rechtwidrige Verhalten enorme Auswirkungen auf den Wettbewerb hat. Besonders für die am Wettbewerb beteiligten Parteien, wie zum Beispiel Wettbewerber oder auch Marktteilnehmer anderer Marktstufen, stellt somit sich die Frage, ob sie das Bundeskartellamt rechtlich zur Vornahme der Vorteilsabschöpfung zwingen können. Die Eingliederung des Bundeskartellamts als „*selbstständige Bundesoberbehörde*"[291] in den Staatapparat führt zu der Überlegung, ob gegenüber dem Bundeskartellamt weisungsbefugte Behörden den aufgezeigten Missstand auflösen könnten.[292]

B. *Durchsetzung der Vorteilsabschöpfung durch Vorgaben weisungsbefugter Behörden*

I. Kein Weisungsrecht des Bundesrechnungshofs

Unabhängig von den privatrechtlichen Interessen einzelner Mitbewerber oder sonstiger Marktteilnehmer dient die Vorteilsabschöpfung dem öffentlichen Interesse. Dies wird insbesondere dadurch verdeutlicht, dass die abgeschöpften Vorteile nicht an den oder die Geschädigten verteilt wer-

---

290 Vgl. Tätigkeitsberichte des Bundeskartellamts in den Jahren 05/06, S. 231 f.; 07/08, S. 185 f.; 09/10, S. 164 f.; 11/12, S. 132 f.; 13/14, S. 138 f.; 15/16, S. 146 f.; 17/18, S. 135 f.; 19/20, S. 156 f. hinsichtlich der durchgeführten Abschöpfungsverfahren. Hinweise auf konkrete Prüfungen nach § 34 Abs. 3 GWB sind nicht ersichtlich.
291 Vgl. § 51 Abs. 1 Satz 1 GWB.
292 Vertieft zur Unabhängigkeit des Bundeskartellamts vgl. *Könen*, S. 28 ff.

den, sondern in den Bundeshaushalt fließen.[293] Die Finanzkontrolle des Bundes obliegt dem Bundesrechnungshof. Er ist ein dem Gesetz und der Verfassung unterworfenes oberstes Bundesorgan, welches gegenüber anderen Staatsorganen unabhängig und selbstständig agiert und nicht in die politische Verantwortung eingebunden ist. Der Bundesrechnungshof ist dabei weder Verfassungsorgan noch Bundesbehörde.[294] Gemäß Art. 114 Abs. 2 GG prüft der Bundesrechnungshof „(…) *die Rechnung sowie die Wirtschaftlichkeit und Ordnungsmäßigkeit der Haushalts- und Wirtschaftsführung des Bundes.*"

Dies umfasst die jährlichen „(…) *Einnahmen und Ausgaben des Bundes in Höhe von über 700 Milliarden Euro, die Sozialversicherungsträger sowie das Handeln des Bundes bei privatrechtlichen Unternehmen, an denen er beteiligt ist.*"[295]

Der Prüfungsmaßstab des Bundesfinanzhofs ist die Wirtschaftlichkeit und Ordnungsmäßigkeit des Verwaltungshandelns.[296] Die Wirtschaftlichkeitsprüfung betrifft die Überprüfung des Finanzmitteleinsatzes nach den Maßstäben der Kostenminimierung und der Nutzenmaximierung. Zum einen kann der Maßstab sein, ein Ziel mit den vorhandenen finanziellen Mitteln bestmöglich zu verwirklichen. Zum anderen kann er dadurch umgesetzt werden, ein vorgegebenes Ziel mit möglichst geringem Einsatz finanzieller Mittel zu erreichen.[297] Ob die Ausgabe- und Vergabeentscheidungen sowie Entscheidungen über die Mitteleinnahme im Einklang mit der Rechtsordnung stehen, wird im Rahmen der Ordnungsmäßigkeitsprüfung kontrolliert.[298] Da die abzuschöpfenden Beträge unmittelbar in den Bundeshaushalt fließen, unterliegt die Abschöpfungspraxis des Bundeskartellamts der Prüfungskompetenz des Bundesrechnungshofs.

---

293 § 34 GWB enthält keine explizite Regelung zur Abführung des Vorteils in den Bundeshaushalt. Vgl. ausführlich zur Herleitung auch hinsichtlich der Abführung des Vorteils durch Landeskartellbehörden in den Landeshaushalt *Sieme*. S. 205.
294 Vgl. *Heun/Thiele* in Dreier, GG, Art. 114, Rn. 20 m.w.N.; *Siekmann* in Sachs, GG, Art. 114, Rn. 24 f.; Heintzen in v. Münch/Kunig, GG, Art. 114, Rn. 19.
295 Vgl. Organisation/Aufgaben des Bundesrechnungshofs, https://www.bundesrechnungshof.de/de/ueber-uns/institution/organisation (Letzter Abruf: 21.02.2021); vgl. hierzu *Heun/Thiele* in Dreier, GG, Art. 114, Rn. 24 m.w.N.; dies umfasst auch die Prüfung der Einnahmen und Ausgaben der Legislative und der Justiz.
296 Vgl. *Siekmann* in Sachs, GG, Art. 114, Rn. 12; Heintzen in v. Münch/Kunig, GG, Art. 114, Rn. 25 f.
297 Vgl. *Siekmann* in Sachs, GG, Art. 114, Rn. 14 m.w.N.; *Heun/Thiele* in Dreier, GG, Art. 114, Rn. 33; *Heintzen* in v. Münch/Kunig, GG, Art. 114, Rn. 26.
298 Vgl. *Siekmann* in Sachs, GG, Art. 114, Rn. 13 m.w.N.

§ 3 Der Verstoß des Bundeskartellamts gegen die Abschöpfungspflicht

Über das Ergebnis der Prüfungen hat der Bundesfinanzhof nach Art. 114 Abs. 2 Satz 3 GG sowie nach den §§ 46 HGrG, 97 BHO einen Jahresbericht zu verfassen.[299] Einzelne Ergebnisse der Prüfungen werden überdies in sogenannten Prüfungsmitteilungen an die geprüften Stellen gerichtet. Die wichtigsten Prüfungsergebnisse werden dem Deutschen Bundestag, dem Bundesrat und der Bundesregierung mitgeteilt.[300] Eine solche Prüfungsmitteilung richtete sich im Jahr 2015 an das Bundeskartellamt mit der Frage, wie die Möglichkeit der Vorteilsabschöpfung durch das Amt genutzt wurde, und hatte zum Ergebnis, dass § 34 GWB innerhalb des Prüfungszeitraum bis Juli 2014 in der Praxis nicht angewendet wurde.[301] Wie oben festgestellt, besteht eine gesetzliche Pflicht zur Vorteilsabschöpfung.[302] Der Bundesrechnungshof würde im Rahmen seiner Ordnungsmäßigkeitsprüfung daher zu dem Ergebnis kommen, dass die Nichtpraxis der Vorteilsabschöpfung eine rechtswidrige Entscheidung über die Mitteleinnahme darstellt. Die Schlussfolgerungen und Empfehlungen des Jahresberichts und der Prüfungsmitteilungen sind jedoch nicht rechtsverbindlich und können – anders als die Prüfungsrechte und die damit verbundenen Hilfsgarantien wie beispielsweise Informations- und Zutrittsrechte zur Erfassung der Prüfungsgrundlage[303] – nicht unmittelbar durchgesetzt werden.[304] Auf Grundlage des § 42 Abs. 5 Satz 1 HGrG könnte der Bundesrechnungshof daher den Bundestag, den Bundesrat, die Bundesregierung und einzelne Bundesministerien lediglich auf Grundlage der Prüfungsergebnisse über das weitere Vorgehen zur Beseitigung dieses Missstands

---

299 *Heun/Thiele* in Dreier, GG, Art. 114 Rn. 35.
300 Vgl. Aufgaben und Organisation des Bundesrechnungshofs, https://www.bundesrechnungshof.de/de/ueber-uns/institution/organisation (letzter Abruf: 21.02.2021).
301 Vgl. Prüfungsmitteilung des Bundesrechnungshofs – Vorteilsabschöpfung durch das Bundeskartellamt (§ 34 GWB) vom 14.04.2015, https://www.bundesrechnungshof.de/de/veroeffentlichungen/produkte/pruefungsmitteilungen/2015/2015-pm-vorteilsabschoepfung-durch-das-bundeskartellamt-34-gwb (letzter Abruf: 21.02.2021); den Tätigkeitsberichten des Bundeskartellamts in den Jahren 05/06, S. 231 f.; 07/08, S. 185 f.; 09/10, S. 164 f.; 11/12, S. 132 f.; 13/14, S. 138 f.; 15/16, S. 146 f.; 17/18, S. 135 f.; 19/20, S. 156 f., ist zu entnehmen, dass auch nach dem hier aufgeführten Prüfungszeitraum des Bundesrechnungshofs keine Vorteilsabschöpfung stattgefunden hat.
302 Vgl. Ausführungen unter § 2 B. II. 1. a. cc., S. 54 ff.
303 Vgl. zu den Hilfsgarantien zur Erfüllung der Finanzkontrolle durch den Bundesrechnungshof, *Siekmann* in Sachs, GG, Art. 114, Rn. 34 ff., 42; *Butzer* in BeckOK/GG, Art. 114, Rn. 28.
304 Vgl. *Heun/Thiele* in Dreier, GG, Art. 114, Rn. 34 f.

B. Durchsetzung der Vorteilsabschöpfung durch Vorgaben weisungsbefugter Behörden

des Nichtanwendung der Vorteilsabschöpfung beraten.[305] Auch wenn der Bundesrechnungshof für die Finanzkontrolle des Bundes zuständig ist, so liegt seine Kernkompetenz in der Prüfung der Einnahmen und Ausgaben des Bundes sowie der anschließenden Berichterstattung über die Rechtmäßigkeit der Mittelverwendung. Ein Weisungsrecht oder ähnliche rechtliche Mittel – wie beispielsweise die unmittelbare Durchsetzung von Empfehlungen und Schlussfolgerungen auf Grundlage der Prüfungsergebnisse –, um das Bundeskartellamt zur Befolgung seiner Pflichten zu zwingen, stehen dem Bundesrechnungshof hingegen nicht zur Verfügung.

II. Weisungen des Bundeswirtschaftsministeriums

Zu überlegen ist ferner, dass das Bundeswirtschaftsministerium Weisungen zur Durchsetzung der Vorteilsabschöpfung gegenüber dem Bundeskartellamt erteilen könnte. Trotz dessen Entscheidungszuständigkeit kann das Bundeskartellamt weder als solches noch über seine Beschlussabteilungen unabhängig und weisungsfrei agieren. Das Bundeswirtschaftsministerium kann auf Grundlage des § 52 GWB allgemeine Weisungen erteilen.[306]

Allgemeine Weisungen sind abstrakt-generelle Verwaltungsvorschriften, die gerade keine Vorgabe für die Behandlung und Entscheidung bestimmter Einzelfälle darstellen.[307] Ob das Bundeswirtschaftsministerium auch Einzelweisungen erteilen kann, ist hingegen umstritten.[308]

Nachfolgend soll lediglich Bezug auf die allgemeinen Weisungen des Bundeswirtschaftsministeriums genommen werden, denn nur diese können als allgemeingültige Anweisung für eine homogene Behördenpraxis dienen. Allgemeine Weisungen sind von Rechtsnormen abzugrenzen. Diese können – im Gegensatz zu den allgemeinen Weisungen – geltendes Recht ändern oder verbindlich interpretieren.[309] Allgemeine Weisungen können hingegen Richtlinien für die Auslegung oder Anwendung des Gesetzes darstellen. Wirkung können solche Weisungen für die Fallbehandlung und die Entscheidungstätigkeit der Beschlussabteilungen des Bundes-

---

305 *Heintzen* in v. Münch/Kunig, GG, Art. 114, Rn. 24.
306 Diesen Gedanken im Hinblick auf die Abschöpfungstätigkeit der Kartellbehörde kurz aufgreifend auch *Sieme*, S. 203.
307 Vgl. *Schneider* in Langen/Bunte, GWB, § 52, Rn. 1; *Stockmann* in Immenga/Mestmäcker, GWB, § 52, Rn. 2.
308 Vgl. hierzu *Bechtold/Bosch*, GWB § 52, Rn. 3; vertieft zum Streitstand *Könen*, S. 33 ff.
309 Vgl. *Stockmann* in Immenga/Mestmäcker, GWB, § 52, Rn. 2.

kartellamts entfalten. Sofern eine Weisung als Grundlage für die Entscheidungspraxis des Bundeskartellamts dient, führt sie zur Selbstbindung der Behörde. Abweichungen von dieser Praxis können daher zur Verletzung des in Art. 3 GG normierten Diskriminierungsverbots führen.[310]

Das Weisungsrecht des Wirtschaftsministers ist hingegen nicht in § 52 GWB normiert. Aus den allgemeinen Grundsätzen der Verwaltungsorganisation ergibt sich, dass Ministerien als Aufsichtsbehörden in Ausübung ihrer Leitungsfunktion gegenüber den ihr untergegliederten Behörden weisungsbefugt sind.[311] Daneben fungiert das Bundeswirtschaftsministerium beim Erlass allgemeiner Weisungen als Teil der Exekutive und ist an den in Art. 20 Abs. 3 GG normierten Grundsatz der Gesetzmäßigkeit der Verwaltung gebunden.[312]

Dieser beschränkt die Weisungsbefugnis des Ministeriums gegenüber dem Bundeskartellamt darauf, dass es die Behörde nicht zu gesetzwidrigem oder pflichtwidrigem Verhalten veranlassen darf.[313]

1. Probleme der praktischen Durchsetzung

Wenn der Gesetzgeber dem Bundeskartellamt ein umfassendes Ermessen eingeräumt hätte, so könnte das Bundeswirtschaftsministerium gerade nicht verlangen, dass bestimmte Entscheidungen durch die Behörde zu treffen oder nicht zu treffen seien.[314] Bezogen auf die festgestellte gesetzliche Abschöpfungspflicht des Bundeskartellamts könnte das Bundeswirtschaftsministerium jedoch die allgemeine Weisung erlassen, die gesetzlichen Vorgaben schlicht einzuhalten und somit die Vorteilsabschöpfung durch die Behörde veranlassen. Dies scheint auf den ersten Blick eine effektive Maßnahme und bedürfe keiner etwaigen Anspruchsdurchsetzung betroffener Marktteilnehmer.

Unabhängig von der Frage, ob das Bundeswirtschaftsministerium die Vorteilsabschöpfung durch eine allgemeine Weisung gegenüber dem Bundeskartellamt *erzwingen* könnte, ist es jedoch auffällig, dass vom Instru-

---

310 Vgl. *Stockmann* in Immenga/Mestmäcker, GWB, § 52, Rn. 2.
311 Vgl. *Pfeiffer* in MüKo/Kartellrecht, GWB, § 52, Rn. 4 f.
312 Vgl. *Stockmann* in Immenga/Mestmäcker, GWB, § 52, Rn. 2.
313 Vgl. *Stockmann* in Immenga/Mestmäcker, GWB, § 52, Rn. 2.
314 Vgl. *Stockmann* in Immenga/Mestmäcker, GWB, § 52, Rn. 2, exemplarisch bezogen auf die Weisung der Nichtverfolgung eines bestimmten Kartellverstoßes.

B. Durchsetzung der Vorteilsabschöpfung durch Vorgaben weisungsbefugter Behörden

ment der Weisung bis heute nur äußerst zurückhaltend Gebrauch gemacht wurde.

Gründe für diese zurückhaltende Praxis werden in der *Literatur* auf die auf Transparenz und Zurückhaltung angelegte Bestimmung des § 52 GWB sowie auch die Vielzahl anderer Möglichkeiten, sich in Zweifelsfragen mit dem Bundeskartellamt zu verständigen, gestützt.[315] Teilweise wird sogar abgestritten, dass jemals eine Weisung gegenüber dem Bundeskartellamt erteilt worden ist. Vielmehr seien die vermeintlichen Weisungen gegenüber dem Bundeskartellamt auf den ausgeübten politischen Druck des Wirtschaftsministeriums zurückzuführen.[316] Die bis dato erteilten allgemeinen Weisungen betreffen darüber hinaus keinen praxisrelevanten Bereich des Bundeskartellamts.[317]

2. Stellungnahme

Die allgemeinen Weisungen des Bundeswirtschaftsministeriums stellen kein effektives Mittel für die Durchsetzung der Vorteilsabschöpfung dar, da das Ministerium schlicht keinen Gebrauch von seinem Weisungsrecht in Bezug auf § 34 GWB macht. Dies mag auf den gleichen Erwägungen beruhen, die auch das Bundeskartellamt von der Vorteilsabschöpfung abhält.[318] Überdies ist die Gesetzeslage zur Pflicht der Vorteilsabschöpfung aufgrund des missverständlichen Wortlauts der §§ 34 Abs. 1, 81d Abs. 3 GWB nicht eindeutig dem Gesetz zu entnehmen. Diese Arbeit hat vorstehend dezidert die rechtlichen Rahmenbedingungen erläutert. Es ist dennoch auffällig, dass es – soweit bekannt – bis jetzt nicht einmal die Diskussion auf ministerialer Ebene gegeben hat, eine etwaige Weisung gegenüber dem Bundeskartellamt zu erteilen. Denn auch wenn die Rechtslage zumindest diskutabel ist, so fällt es schwer zu glauben, dass die Erörterung einer rechtlichen Handhabung[319] der Vorteilsabschöpfung auf staatlicher Seite vollends übersehen worden ist. Daneben scheint es auf ministerialer

---

315 Vgl. *Stockmann* in Immenga/Mestmäcker, GWB, § 52, Rn. 5; *Krauser* in MüKo/Kartellrecht, GWB, § 52, Rn. 1.
316 Vgl. *Zuck*, BB 1973, 20, 21 f.
317 Vgl. *Stockmann* in Immenga/Mestmäcker, GWB, § 52, Rn. 6.
318 Vgl. zu den möglichen Gründen des Bundeskartellamts, die Vorteilsabschöpfung nicht durchzuführen die Ausführungen unter § 2 B. II. 4. a. aa., S. 92 sowie unter § 4 A. III. 3., S. 135 f.
319 Zumindest die Frage, ob sich das Ermessen des Bundeskartellamts auf das *Ob* und das *Wie* der Vorteilsabschöpfung bezieht.

§ 3 Der Verstoß des Bundeskartellamts gegen die Abschöpfungspflicht

und behördlicher Ebene keine Veranlassung für die Vorteilsabschöpfung zu geben.

Die Gründe hierfür können unterschiedlich sein. So ist das Instrument der allgemeinen Weisung bis zum heutigen Tage kaum zur Anwendung gekommen. Auch sind die Bereiche, in denen das Bundeskartellamt bisher allgemeine Weisungen nach § 52 GWB erhalten hat, nicht praxisrelevant.[320] Es lässt sich zwar argumentieren, dass bei einem Rechtsverstoß[321] durch das Bundeskartellamt die Veranlassung einer allgemeinen Weisung gegeben sei. Allerdings gibt es auch keine Anhaltspunkte, dass das Bundeswirtschaftsministerium dieses Instrument überhaupt anwenden sollte. Daneben wird insbesondere in der Gesetzesbegründung zur 9. GWB-Novelle deutlich, dass bereits hier von einer – in Wirklichkeit nicht vorhandenen – Abschöpfungspraxis im Rahmen von Bußgeldverfahren ausgegangen wird.[322]

Es lässt sich somit festhalten, dass weder die Regelung des § 52 GWB selbst noch die aktuelle Abschöpfungspraxis dem Bundeswirtschaftsministerium bis heute einen Anlass geben, eine etwaige Weisung zur konsequenten Abschöpfung zu erteilen. Wird hingegen Marktteilnehmern eine Möglichkeit an die Hand gegeben, kartellbedingte Vorteile von beispielsweise Wettbewerbern abschöpfen zu lassen, so besteht ein erhöhtes Interesse der Aktivlegitimierten, die Wettbewerbsverfälschung zu beseitigen. Im Hinblick auf die effektive Durchsetzung der Vorteilsabschöpfung ist es daher notwendig, diese nicht ausschließlich in den Kompetenzbereich des Bundeskartellamts oder des Bundeswirtschaftsministeriums zu legen. Daraus ergibt sich die Notwendigkeit eines Anspruchs der Marktteilnehmer gegenüber dem Bundeskartellamt. Voraussetzung hierfür wäre, dass aus den einschlägigen Normen zur Vorteilsabschöpfung ein rechtlicher Anspruch auf Vornahme der Vorteilsabschöpfung gegenüber dem Bundeskartellamt erwachsen kann. Um die Ermessensentscheidung des Bundeskartellamts hinsichtlich der Wahl des Verfahrens nicht zu unterlaufen, kann sich ein potenzieller Anspruch auf Vorteilsabschöpfung lediglich auf Grundlage des § 34 GWB ergeben.

Der nachfolgende Abschnitt soll sich dieser Frage widmen. Dabei ist zwischen einem Anspruch auf Tätigwerden und einem Anspruch auf Einschreiten in Form eines konkreten Verfügungserlasses zu differenzieren.

---

320 Vgl. *Stockmann* in Immenga/Mestmäcker, GWB, § 52, Rn. 6.
321 Wie z.B. durch eine unterlassene Vorteilsabschöpfung.
322 Vgl. BT-Drucksache 18/10207, S. 68.

§ 4 Der Anspruch auf Vorteilsabschöpfung

A. Die Herleitung eines subjektiv-öffentlichen Rechts aus § 34 GWB

Seit der 7. GWB-Novelle steht im deutschen Kartellrecht die Durchsetzung der privaten Rechte immer weiter im Vordergrund.[323] Ein möglicher Anspruch auf Vorteilsabschöpfung nach § 34 GWB, der im Zuge der 7.GWB-Novelle Eingang in das Gesetz gefunden hat, fördert diesen Zweck. Mit Blick auf die Vorteilsabschöpfung durch das Bundeskartellamt soll daher geklärt werden, ob die Regelung des § 34 GWB ein subjektiv-öffentliches Recht für Betroffene begründen kann, welches die Behörde rechtlich zu einem Tätigwerden oder gegebenenfalls sogar zum Einschreiten zwingt. Nicht umfasst von der Bearbeitung ist die Frage, ob ein Anspruch auf Vorteilsabschöpfung aus anderen Rechtsquellen herzuleiten ist.[324]

Es wird beleuchtet, ob nach aktuellem Stand von *Literatur* und *Rechtsprechung* sowie der Praxis des Bundeskartellamts ein Anspruch auf Vorteilsabschöpfung gegenüber dem Bundeskartellamt bestehen kann. Im Fokus stehen dabei die Fragen, ob § 34 GWB ein subjektiv-öffentliches Recht beinhaltet, welchen Umfang es hat und wer Inhaber dieses Rechts ist. Zunächst ist der Blick auf die möglichen praktischen Folgen eines Anspruchs aus § 34 GWB zu richten, um danach den Meinungsstand hinsichtlich des Bestehens eines solchen Anspruchs zu diskutieren.

I. Vor- und Nachteile eines Anspruchs nach § 34 GWB

Sofern ein Anspruch aus § 34 GWB gegenüber dem Bundeskartellamt besteht, hat dieser nicht nur Auswirkungen auf die Abschöpfungspraxis der Behörde. Aufgrund der aufwändigen und ressourcenbindenden Ermittlung des wirtschaftlichen Vorteils können auch weitere Folgen einer

---

323 Vgl. *Hänsch*, S. 1 f.
324 Vgl. z.B. *Hänsch*, der in seiner Dissertation die Frage behandelt, ob es einen generellen Anspruch auf Tätigwerden der Behörde gibt. Diese Überlegung spielt in der vorliegenden Arbeit keine Rolle. Der Handlungszwang gegenüber der Behörde wird ausschließlich anhand der materiell-rechtlichen Norm des § 34 GWB geprüft.

§ 4 Der Anspruch auf Vorteilsabschöpfung

gehen. Nachfolgend sollen sowohl die Vorteile als auch die Nachteile eines möglichen Anspruchs nach § 34 GWB beleuchtet werden, um neben den rechtlichen Erwägungen zum Bestand eines subjektiv-öffentlichen Rechts auch mögliche praktische Auswirkungen darzustellen. In diesem Zusammenhang ist zu fragen, ob etwaige Nachteile gegen die Anerkennung des Anspruchs sprechen. Nicht umfasst ist hingegen die Frage, welche Vor- und Nachteile ein genereller Anspruch auf Einleitung eines kartellrechtlichen Verwaltungsverfahrens hat.[325]

1. Vorteile

a. Die Sicherung privater Rechte

Wie bereits erläutert, ergibt sich aus der Systematik des § 34 Abs. 1 und Abs. 2 Satz 2 GWB ein Erstattungsanspruch von Geschädigten gegenüber dem Bundeskartellamt[326], sofern ein Schadensersatzanspruch gegen den Kartellanten nach vollzogener Vorteilsabschöpfung besteht. Diese sichert einen etwaigen Schadensersatzanspruch von Kartellgeschädigten, da das Insolvenzrisiko des Abschöpfungsschuldners durch die konsequente und unmittelbare Vorteilsabschöpfung minimiert wird.[327] Darüber hinaus sichert ein Anspruch aus § 34 GWB die individuelle Marktposition des Anspruchstellers.

b. Stärkung der privaten Rechtsdurchsetzung und der Prozessökonomie

Die Anerkennung eines subjektiv-öffentlichen Rechtes nach § 34 GWB dient der Prozessökonomie. Da durch die Implementierung der Kartellschadensersatzrichtlinie die Ausweitung privater Rechte umgesetzt wurde, sind seit jüngerer Vergangenheit immer mehr Kartellschadensersatzklagen bei den Gerichten anhängig.[328] Das Prozessrisiko und somit auch ein er-

---

325 Zu dieser Frage ausführlich *Hänsch*, S. 46 ff.
326 Vgl. *Sieme*, S. 230, mit dem Hinweis, dass die Rückabwicklung des Betrags aus dem Bundeshaushalt in der Praxis durch das Bundeskartellamt veranlasst werde.
327 Vgl. hierzu Ausführungen zum „Problem der Prozesslänge" unter § 2 B. II. 2. c., S. 71 ff. sowie unter § 2 B. II. 2. b. bb., S. 69.
328 Vgl. *Klumpe/Thiede*, NZKart 2019, 136, 138, welche die *Courage*-Entscheidung als Ursprung für die erste *Schadensersatzklagewelle* sehen. Der Beginn der aktuellen zweiten *Welle* wird durch die beiden Urteile des KG Berlin, WuW 2010, 189

A. Die Herleitung eines subjektiv-öffentlichen Rechts aus § 34 GWB

höhtes Kostenrisiko liegen dabei auf Seiten der klagenden Geschädigten. Ein Vorgehen durch das Bundeskartellamt mit anschließender Erstattung gegenüber den Schadensersatzklägern in entsprechender Anwendung des § 34 Abs. 2 Satz 2 GWB würde dieses Risiko minimieren. Auch kann die effektive und schnelle Abwicklung privater Kartellrechtsdurchsetzung durch die große Zahl an Schadensersatzprozessen behindert werden. Es bietet sich daher an, die jeweiligen Schadensersatzklagen de facto *gebündelt* in Form einer durch das Bundeskartellamt durchgeführten Vorteilsabschöpfung gegenüber dem Kartellanten durchzusetzen. Dies hätte nachfolgend auch erhebliche Beweisvorteile für die Geschädigten in Bezug auf die Ermittlung des wirtschaftlichen Vorteils. Die Behörde könnte die aus dem vorangegangenen oder parallel laufenden Bußgeldverfahren gewonnenen Erkenntnisse für ein anschließendes Abschöpfungsverfahren nutzen.[329] Durch die im Bußgeldverfahren zur Anwendung kommenden Vorschriften des Gesetzes gegen Wettbewerbsbeschränkungen sowie der Strafprozessordnung hat das Bundeskartellamt umfassende Ermittlungs- und Eingriffsbefugnisse, die dem Bürger in Vorbereitung eines Schadensersatzprozesses nicht zur Verfügung stehen. Im deutschen Ordnungswidrigkeitenverfahren verfügt die Behörde nach Maßgabe des § 46 Abs. 2 OWiG über dieselben Rechte und Pflichten wie die Staatsanwaltschaft bei der Verfolgung von Straftaten, soweit gesetzlich nichts anderes bestimmt ist.

Im Rahmen eines nach § 34 GWB zu betreibenden Verwaltungsverfahrens kann die Behörde auf die Ermittlungsbefugnisse der §§ 57 ff. GWB zurückgreifen. Im Zuge der 10. GWB-Novelle wurde die Befugnisse zum Auskunftsverlangen nach § 59 GWB a.F. erweitert auf die neu eingeführten §§ 59a, 59b GWB ausgelagert, um die Effektivität der Kartellverfolgung zu stärken.[330] So sind beispielsweise von der in § 59 Abs. 1 Satz 3 GWB nor-

---

= BeckRS 2009, 88509; KG Berlin, BeckRS 2009, 88782, begründet. Ergänzend hat die Entscheidung des BGH, NJW 2012, 928 durch Anerkennung der Aktivlegitimation mittelbarer Erwerber ein flächendeckenderes *Private Enforcement* gefördert, vgl. *Klumpe/Thiede*, NZKart 2019, 136, 138, Fn. 29.

329 Ähnlich auch *Raum*, Festschrift Hirsch, 301, 308 f., jedoch in einem anderen Zusammenhang. Er plädiert dafür, die Vorschrift des § 34 GWB abzuschaffen, da sie so gut wie keinen Anwendungsbereich hat und somit nicht notwendig ist. Vielmehr seien die für die Vorteilsabschöpfung notwendigen Beweise mit den Mitteln der Strafprozessordung innerhalb des Bußgeldverfahrens zu erlangen.

330 Die Erweiterung der Ermittlungsbefugnisse fand nach Maßgabe der Richtlinie 2019/1/EU Eingang ins GWB.

§ 4 Der Anspruch auf Vorteilsabschöpfung

mierten Auskunftspflicht alle Informationen erfasst, die zur Erfüllung der in diesem Gesetz der Kartellbehörde übertragenen Aufgaben erforderlich sind. Ferner sieht die neue Fassung des § 59 Abs. 4 GWB vor, das uneingeschränkte Auskunftsverweigerungsrecht nach § 55 StPO in Fällen nicht entsprechend anzuwenden, in denen „(...) *die Auskunft nur die Gefahr der Verfolgung im kartellbehördlichen Bußgeldverfahren begründet und die Kartellbehörde der natürlichen Person im Rahmen ihres pflichtgemäßen Ermessens eine Nichtverfolgungszusage erteilt hat.*" Die Regelung rückt damit von einem uneingeschränkten Auskunftsverweigerungsrecht entsprechend § 55 StPO, wie es § 59 Abs. 5 GWB vor Inkrafttreten der 10. GWB-Novelle für die als Vertreter des Unternehmens zur Auskunft verpflichtete Person vorsah, ab.

Über § 82b GWB finden einige Ermittlungsbefugnisse der §§ 59 ff. GWB auch innerhalb von Bußgeldverfahren Anwendung. Gemäß Absatz 1 Satz 1 der Norm sind „*(I)n Verfahren zur Festsetzung einer Geldbuße nach § 81 oder zur Festsetzung eines Haftungsbetrages nach § 81e (...) über § 46 Absatz 2 des Gesetzes über Ordnungswidrigkeiten hinaus § 59 Absatz 1, 2, 3 Satz 1 und 2, Absatz 4 und 5 und im Rahmen von Durchsuchungen § 59b Absatz 3 Satz 1 und Absatz 5 Satz 2 und 3 entsprechend anzuwenden. § 59 Absatz 4 Satz 2 ist bei Auskunftsverlangen und Herausgabeverlangen nach § 59 Absatz 1 und 2 oder Verlangen nach § 59b Absatz 3 Satz 1 Nummer 3 in Bezug auf natürliche Personen entsprechend anzuwenden.*"

Die in § 59b Abs. 3 Satz 1 Nr. 3 GWB geregelte behördliche Befugnis, von Vertretern und Mitarbeitern des Unternehmens Erläuterungen zu Fakten oder Unterlagen zu verlangen, findet auch im Rahmen des Bußgeldverfahrens entsprechende Anwendung und eröffnet der Behörde über das bis zum Inkrafttreten der 10.GWB-Novelle geltende deutsche Recht hinausgehende Ermittlungsmöglichkeiten.

Im Übrigen erschöpfen sich die Anforderungen an Ermittlungsbefugnisse im Bußgeldverfahren – wie beispielsweise die Voraussetzungen und das Verfahren der Beschlagnahme – in den Regelungen des Ordnungswidrigkeitengesetzes und der Strafprozessordnung.[331] Die Anwendung der erweiterten Möglichkeiten etwa zum Auskunftsverlangen im Rahmen von Bußgeldverfahren liegt dabei im Ermessen der zuständigen Kartellbehörde.[332] Der Gesetzgeber hat mit der 9. GWB-Novelle und der damit verbundenen Einführung der §§ 33g, 89b, 89c GWB zwar ein zivilrechtliches Offenlegungssystem geschaffen, um die Informationssymmetrien zwischen Kläger

---

331 Vgl. BT-Drucksache 19/23492, S. 137 f.
332 Vgl. BT-Drucksache 19/23492, S. 116.

A. Die Herleitung eines subjektiv-öffentlichen Rechts aus § 34 GWB

und Beklagten auszugleichen.³³³ Letztlich haben diese Normen jedoch nicht dasselbe Aufklärungspotenzial wie die umfassenderen Ermittlungsmaßnahmen nach den §§ 57 ff. GWB und §§ 94 ff. StPO.

c. Vorteile für die Allgemeinheit

Daneben hat die Anerkennung dieses Rechts auch Vorteile für die Allgemeinheit. Sie profitiert von einem subjektiv-öffentlichen Recht aus § 34 GWB durch die effektive und umfassende Durchsetzung des Kartellrechts.

Da das Bundeskartellamt seinen rechtlichen Pflichten aus §§ 34 Abs. 1, 81d Abs. 3 GWB in der Praxis nicht nachkommt und somit wettbewerbsverfälschende wirtschaftliche Vorteile bei Kartellanten belässt, sind die betroffenen Märkte in kartellrechtswidriger Weise beeinflusst. Durch einen Anspruch gegenüber dem Bundeskartellamt auf Tätigwerden wird das kartellrechtliche Ziel der Gewährleitung eines freien und unverfälschten Wettbewerbs und somit die schnellstmögliche Beseitigung des rechtswidrigen Zustands unterstützt. Dies mündet letztlich in einer Art Anspruch auf die Wiederherstellung des fairen Wettbewerbs.

d. Imageschutz

Möchte ein Marktteilnehmer die Vorteilsabschöpfung nach § 34 GWB aufgrund von vertikalen Wettbewerbsbeschränkungen gegen einen Geschäftspartner einleiten, so will er nicht ohne Weiteres auch die Geschäftsbeziehung an sich gefährden. Vielmehr kann es ihm daran liegen, diese Beziehung zu verbessern und in eine rechtmäßige Ordnung (zurück) zu führen. Ein behördliches Verfahren hat den Vorteil, dass es die *treibende Kraft* hinsichtlich der Verfahrenseinleitung nicht öffentlich macht. Der Anspruchsteller wird somit nicht als Denunziant unter den Marktteilnehmern dargestellt und muss sich nicht um den Bestand seiner Geschäftsbeziehungen sorgen.³³⁴ So kann ein etwaiges „Anschwärzen" bei der Behörde ein Vorteil gegenüber der privaten Rechtsdurchsetzung sein. Die oben beschriebene Anonymität im Kartellverwaltungsverfahren wird jedoch nicht uferlos gewährleistet. Dem Abschöpfungsschuldner steht das Recht auf Akteneinsicht zu, durch welches er sich über den Hergang der behördli-

---

333 Vgl. BT-Drucksache 18/10207, S. 62 f.
334 Vgl. *Hänsch*, S. 51 in Bezug auf Kartellverwaltungsverfahren im Allgemeinen.

chen Untersuchungen informieren kann. Hierzu zählt auch die Information, wer das Verfahren eingeleitet hat. Die Akteneinsicht ist jedoch nicht zu gewähren, wenn durch den Zeitpunkt der Einsichtnahme das Verfahrensergebnis gefährdet wird. Dieses Risiko ist zumindest gegen Ende des Abschöpfungsverfahren geringer.[335]

Im Falle einer Verfahrenseinstellung wird es zu einem solchen Konflikt nicht kommen und die Geschäftsbeziehungen blieben unbelastet. Enden die Ermittlungen der Behörde jedoch mit der Vorteilsabschöpfung, so ergibt sich für den Abschöpfungsschuldner aus dessen Grundrecht auf rechtliches Gehör nach Art. 103 Abs. 1 GG ein Recht darauf zu erfahren, wer welche Anschuldigungen gegen ihn vorgebracht hat, um sich im Anschluss ordnungsgemäß gegen die Verfügung verteidigen zu können.[336] Die Nennung des Namens des Anspruchstellers kann zwar in Anwendung des § 75 Abs. 4 Satz 1 GWB[337] ausgeschlossen werden.[338] Darüber hinaus kann es nicht unmittelbar am Verfahren beteiligten Dritten – wie beispielsweise der Presse – unter den Voraussetzungen des Informationsfreiheitsgesetzes gestattet sein, Einsicht in Verfahrensakten zu nehmen.[339] Es besteht daher das Risiko, dass der Abschöpfungsschuldner aufgrund der Veröffentlichung von Informationen durch die Presse an den Namen des Anspruchstellers gelangen.

In Bezug auf den Anspruch nach § 34 GWB muss hinsichtlich des Imageschutzes jedoch nach den konkreten Zielen des Anspruchstellers differenziert werden. Zielt er lediglich darauf ab, dass die kartellbedingten Wettbewerbsbeeinträchtigungen beseitigt werden, wird er dies auch im Sinne aller Marktteilnehmer tun und anonym bleiben wollen. Er will lediglich den objektiv rechtmäßigen Marktzustand wiederherstellen, ohne dabei eine persönliche Auseinandersetzung mit dem Kartellanten zu suchen. Will er hingegen hauptsächlich etwaige Schadensersatzleistungen sichern, so wird er am Ende nicht anonym bleiben. Sein Ziel ist es gerade – wenn auch zu einem späteren Zeitpunkt – den eigenen Schadensersatzanspruch gegenüber dem Kartellanten geltend zu machen. Insofern wird

---

335 Vgl. auch *Hänsch*, S. 52.
336 Vgl. Stellungnahme- und Akteneinsichtsrecht als spezielle Ausprägung des rechtlichen Gehörs, § 56 GWB; *Quellmalz* in LMRKM, GWB, § 56, Rn. 1.
337 Die Norm entspricht inhaltlich dem § 70 Abs. 4 Satz 1 GWB a.F.
338 Vgl. *Bechtold/Bosch*, GWB, § 70, Rn. 10.
339 Vgl. *Hänsch*, S. 51 f., im Kartellrecht kommt der Anspruch nach § 1 Abs. 1 IFG nur in Betracht, wenn er nicht wegen Subsidiarität zu § 406e StPO ausgeschlossen ist (z. B. in Verwaltungs- oder Fusionskontrollverfahren) vgl. *Seifert*, NZKart 2017, 512, 518.

A. Die Herleitung eines subjektiv-öffentlichen Rechts aus § 34 GWB

die Geltendmachung eines Schadensersatzanspruchs zumeist parallel zu einem Abschöpfungsverfahren erfolgen. Vorteilhaft könnte in dieser Konstellation dennoch sein, dass sich der Anspruchsteller selbst bei paralleler Führung eines Zivilprozesses nicht dem Risiko von etwaigen Vergeltungsaktionen des Kartellanten aussetzen muss. Denn auch wenn selbst hier die Anonymität des Anspruchstellers nicht gewährleistet ist, so wird der Abschöpfungsschuldner, während er mit der Abwehr der kartellbehördlichen Maßnahmen beschäftigt ist, wohl kaum den Fokus darauf richten, gegen den „Denunzianten" vorzugehen.[340]

e. Entlastung der Gerichte durch eine umfassende Rechtseinschätzung

Darüber hinaus können umfassende rechtliche Wertungen durch das Bundeskartellamt zu einer Entlastung der Gerichte führen. Berücksichtigt man, dass es sich bei den Mitarbeitern des Bundeskartellamts um im Kartellrecht erfahrene Bedienstete handelt, so kann erwartet werden, dass das Gericht der behördlichen Stellungnahme zum konkreten Fall Bedeutung zuweist.

Unabhängig davon, ob die behördliche Entscheidung letztlich in einer Vorteilsabschöpfung mündet, wird sich ein Gericht innerhalb eines möglichen Gerichtsverfahrens mit den gesamten Erwägungen und Bewertungen des Bundeskartellamts auseinandersetzen und somit das Risiko divergierender *Rechtsprechung* zum gleichen Sachverhalt minimieren.[341]

2. Nachteile

a. Behördliches Einschreiten als Instrument zur Durchsetzung privater Interessen

Durch die Möglichkeit, dass sowohl zivilrechtliche Ansprüche als auch der Anspruch gegen die Behörde parallel verfolgt werden können, könnte die Gefahr bestehen, dass die Erkenntnisse aus dem behördlichen Verfahren für die Durchsetzung privater Interessen fruchtbar gemacht werden und sich die Behörde dabei zum *Werkzeug* zur Durchsetzung dieser In-

---

340 Vgl. *Hänsch*, S. 52 f., mit ähnlichen Argumenten hinsichtlich des Imageschutzes im Kartellverwaltungsverfahren.
341 Vgl. *Hänsch*, S. 54.

§ 4 Der Anspruch auf Vorteilsabschöpfung

teressen benutzen lässt.[342] Ferner könnte die Versuchung, Konkurrenten durch kartellrechtliche Untersuchungen zu schaden, insbesondere bei direkten Wettbewerbern groß sein. So können Unternehmen die Einschaltung der Wettbewerbsbehörden als gezielte Marktstrategie verwenden, um durch die mit den Ermittlungen der Behörde einhergehenden Störungen dem Wettbewerber Nachteile zuzufügen.[343] Dieses Risiko ist jedoch hinsichtlich des Abschöpfungsverfahrens nach § 34 GWB unbegründet. Die konkreten Erkenntnisse aus dem Abschöpfungsverfahren nützen dem Anspruchsteller nicht, denn zum einen muss der wirtschaftliche Vorteil nicht deckungsgleich zum Schaden auf der Marktgegenseite sein. Zum anderen entspricht der wirtschaftliche Vorteil des Schädigers einer Gesamtheit, während die einzelnen Schadenspositionen der Geschädigten keine Berücksichtigung finden. Ferner wird das Bundeskartellamt darauf achten, nicht für sachwidrige Zwecke beansprucht zu werden.

b. Imageschaden des Abschöpfungsschuldners

Ein Kartellverwaltungsverfahren verläuft in der Praxis nicht immer geräuschlos. Kommt es zu etwaigen Durchsuchungen bei betroffenen Unternehmen, welche ins Visier der Öffentlichkeit geraten, kann dieser Schaden um einiges stärker wiegen als ein reiner Vermögensschaden.

c. Überlastung der Kartellbehörde

Infolge der Durchsetzung der gesetzlichen Pflicht zur Vorteilsabschöpfung mittels eines Anspruchs muss das Bundeskartellamt bei jedem ihm durch den Anspruchsinhaber zugetragenen und in den §§ 34 Abs. 1, 81d Abs. 3 GWB genannten Kartellverstoß ein solches Verfahren abwickeln. Ausgenommen sind lediglich die Fälle des § 34 Abs. 3 GWB. Der hierdurch entstehende Personal- und Zeitaufwand könnte sich in Form eines Personalmangels für andere Aufgaben des Bundeskartellamts bemerkbar machen und die Funktionsfähigkeit der gesamten Behörde negativ beeinträchtigen. Diesem Problem kann jedoch mit der Einstellung von zusätzlichem Personal entgegengewirkt werden.

---

342 So auch *Hänsch*, S. 174, im Zusammenhang mit einem generellen Anspruch auf Einleitung eines kartellbehördlichen Verfahrens.
343 Vgl. *Hänsch*, S. 55.

d. Anspruch als Drohmittel gegenüber Konkurrenten

Auch gesamtwirtschaftlich könnte die Bejahung eines Drittanspruchs nach § 34 GWB negative Effekte nach sich ziehen. Sofern das Bundeskartellamt nicht bereits im Rahmen des Bußgeldverfahrens den wirtschaftlichen Vorteil abgeschöpft hat, kann mit dem *Zwangsmittel* in Form eines Anspruchs gegenüber der Konkurrenz ein *Drohpotenzial*[344] geschaffen werden, um diese zu Verhandlungen zu nötigen. Dies könnte insbesondere für den Wirtschaftsstandort Deutschland erhebliche Nachteile haben, da es das Instrument der Vorteilsabschöpfung auf europäischer Ebene nicht gibt.[345] Einer solchen Gefahr hat jedoch der Gesetzgeber mit der Regelung des § 21 Abs. 4 GWB vorgebeugt. Nach dieser Regelung ist es verboten, einem anderen einen wirtschaftlichen Nachteil zuzufügen, weil dieser ein Einschreiten der Kartellbehörde beantragt oder angeregt hat.

e. Schwächung des gesetzlichen Kronzeugenprogramms

Überdies wird durch die Anerkennung eines subjektiv-öffentlichen Rechts aus § 34 GWB das Kronzeugenprogramm geschwächt. Wie bereits erläutert, differenziert die Vorteilsabschöpfung nach § 34 GWB nicht zwischen *Kronzeugen* und *einfachen Kartellanten*.[346] Der Anreiz für einen Kartellanten, bei der Aufdeckung eines Kartells mitzuwirken, um von einem Bußgeld verschont zu werden, wird verringert, sofern dieser im Anschluss an die Aufdeckung des Kartells dem Risiko der Vorteilsabschöpfung ausgesetzt ist. Damit einhergehend verringert sich die Aufdeckungsquote von Kartellen, wodurch sich zugleich auch die Bußgeldeinnahmen durch das Bundeskartellamt reduzieren.

3. Stellungnahme

Im Ergebnis ist festzuhalten, dass die Nachteile eines subjektiv-öffentlichen Rechts aus § 34 GWB nicht gewichtig genug sind, um einen Ausschluss dieses Rechts begründen zu können. Im Mittelpunkt des subjektiv-öffent-

---

344 Vgl. *Bechtold*, BB 2003, 1021, 1025.
345 Vgl. *Hänsch*, S. 57 in Bezug auf einen Drittanspruch auf generelle Verfahrensdurchführung.
346 Vgl. Ausführungen unter § 2 B. II. 4. a. bb., S. 92 f.

lichen Rechts aus § 34 GWB steht der Schutz der Rechtspositionen der Anspruchsinhaber. Dies umfasst sowohl die Sicherung eines Schadensersatzanspruchs als auch die Sicherung der individuellen Marktposition. Die konsequente Durchsetzung dieser privaten Rechte führt darüber hinaus zu dem positiven Effekt, dass sie zugleich zur Förderung der Kartellrechtsdurchsetzung im Allgemeinen führt. Durch die Anerkennung von subjektiv-öffentlichen Rechten im Kartellverwaltungsrecht entsteht somit ein Gleichlauf zwischen der Durchsetzung privater Rechte und der Durchsetzung von Allgemeininteressen an einem unverfälschten Wettbewerb im Kartellverwaltungsrecht.[347] Bereits *Lorenz* sah diesen Zusammenhang zwischen der Durchsetzung privater Interessen und solcher der Allgemeinheit: *„Denn da ein subjektiv-öffentliches Recht nur durch das objektive Recht begründet werden kann, gewährleistet ein Verfahren, das dem Schutz subjektiv-öffentlicher Rechte dient, immer zugleich auch das diesen zugrunde liegende objektive Recht."*[348]

Die mit einem Kartellverwaltungsverfahren einhergehenden negativen Aspekte des Imageschadens überwiegen nicht. Hier ist zu berücksichtigen, dass das Bundeskartellamt durch das Gesetz zu diesen Maßnahmen verpflichtet ist. Einen Filter bieten hier lediglich die Fälle, in denen auf eine Vorteilsabschöpfung verzichtet werden kann. Allerdings sind auch hier gegebenenfalls Nachprüfungen seitens der Behörde anzustellen, welche mit Untersuchungsmaßnahmen innerhalb der betroffenen Unternehmen verbunden sind. Ferner geht die Vorteilsabschöpfung mit dem Bußgeldverfahren einher oder schließt nach § 34 GWB an dieses an. Der bereits durch das Bußgeldverfahren erlittene Imageschaden wird kaum durch ein zusätzliches Abschöpfungsverfahren erhöht werden.

Das Problem des Missbrauchs kartellverwaltungsrechtlicher Verfahren zur Schädigung anderer Marktteilnehmer ist im Wege des Anspruchs nach § 34 GWB nicht übermäßig hoch. Es lässt sich mit einer konkreten Zuweisung der Aktivlegitimation beheben. Anspruchsteller sollte demnach nicht jeder beliebige Marktteilnehmer sein, sondern nur derjenige, dessen subjektiv-öffentliche Rechte in ausreichend nachweisbarer Form durch die unterlassene Vorteilsabschöpfung beeinträchtigt wurden. Darüber hinaus besteht nach §§ 34 Abs. 1, 81d Abs. 3 GWB die gesetzliche Pflicht zu Vorteilsabschöpfung.

Hinsichtlich einer übermäßigen Ressourcenbindung ist auf die gesetzliche Lage zu verweisen. Das Bundeskartellamt ist demnach dazu verpflich-

---

347 So auch *Hänsch*, S. 53.
348 Zitat übernommen aus: *Schmidt*, S. 321, mit Quellennachweis.

A. Die Herleitung eines subjektiv-öffentlichen Rechts aus § 34 GWB

tet, den erlangten wirtschaftlichen Vorteil bei Kartellanten abzuschöpfen. Diese Aufgabe hat es unabhängig von einer extensiven Ressourcenbindung zu erfüllen. Dass dies praktisch zu weiteren Problemen führen kann, spielt für die gesetzliche Pflicht zur Vorteilsabschöpfung zunächst keine Rolle. Im Wege der Bestimmung des Anspruchsinhalts müssen diese Erwägungen im Wege der effektiven Kartellrechtsdurchsetzung berücksichtigt werden. Sofern vermehrt Abschöpfungsverfahren eingeleitet und durchgeführt werden, können die personellen Ressourcen des Amts in geringerem Umfang an anderer Stelle genutzt werden. In der Konsequenz kann dies zu einer weniger flächendeckenden und effektiven Durchsetzung des Kartellrechts in seiner Gesamtheit führen.

Dem kann jedoch durch die Einstellung von zusätzlichem Personal entgegengewirkt werden. Ferner kann der erhöhte Personalbedarf durch die Vereinfachung des Abschöpfungsverfahrens eingegrenzt werden, beispielsweise durch eine gesetzliche Vermutung. Es könnte vermutet werden, dass ein Kartellant bei Erreichen einer bestimmten Höhe des kartellbefangenen Umsatzes, nicht mehr unter die Bagatellgrenze des § 34 Abs. 3 Satz 2 GWB fällt. Der Gesetzgeber könnte in diesem Fall mit einfachen Mitteln Abhilfe schaffen. Überdies ist zu beachten, dass nicht jeder Marktteilnehmer Inhaber des subjektiv-öffentlichen Rechts aus § 34 GWB ist und somit das Risiko von Popularklagen nicht besteht. Für eine Änderung dieser Situation und eine effektivere Ressourcenverteilung ist an dieser Stelle der Gesetzgeber gefragt.

II. Ansichten von *Literatur* und *Rechtsprechung* über den Bestand subjektiv-öffentlicher Rechte im Kartellverwaltungsrecht

Nachfolgend soll beleuchtet werden, ob sich aus § 34 GWB ein subjektiv-öffentliches Recht herleiten lässt. Hierzu wird vorab der Meinungsstand in behördlicher Praxis, *Literatur* und *Rechtsprechung* zu der Frage, ob und wann die kartellverwaltungsrechtlichen Normen des Gesetzes gegen Wettbewerbsbeschränkungen subjektiv-öffentliche Rechte beinhalten können, erörtert.

1. Ansicht des Bundeskartellamts

Nach Ansicht des Bundeskartellamts ist der Bestand subjektiv-öffentlicher Rechte im Gesetz gegen Wettbewerbsbeschränkungen unmittelbar an den

§ 4 Der Anspruch auf Vorteilsabschöpfung

Bestand eines Antragsrechts geknüpft. Gegenstand und Antragsberechtigung seien in den materiellen Vorschriften ausdrücklich geregelt.[349] Sofern ein solches Antragsrecht fehle, seien Aufforderungen Dritter, dass die Behörde zu ihren Gunsten tätig werden solle, lediglich als *Anregung zur Verfahrenseinleitung* anzusehen.[350] Diese Ansicht wurde darauf gestützt, dass die Individualinteressen der einzelnen Marktteilnehmer auf einen kartellbehördlichen Verfügungserlass nur beiläufig berührt seien.[351]

Daneben basiert die Argumentation des Bundeskartellamts für die Ablehnung subjektiv-öffentlicher Rechte ohne ausdrückliches Antragsrecht auf dem durch die *Rechtsprechung* bestätigten weiten Aufgreifermessen der Behörde. Das dem Verwaltungsverfahren innewohnende Opportunitätsprinzip ermögliche dem Bundeskartellamt, auf die Einleitung eines Verwaltungsverfahrens, beispielsweise aufgrund der begrenzten personellen Ressourcen für die Marktüberwachung, zu verzichten.[352] Auch mit Blick auf den Schutz privater Rechte sei die Einleitung eines Verwaltungsverfahrens nicht zwingend. Privatpersonen verbliebe immer noch die Möglichkeit, im Wege der Zivilklage ihre Rechte durchzusetzen. Ein Tätigwerden des Bundeskartellamts sei daher nicht notwendig.[353]

Die Ansicht der Behörde, dass das Gesetz gegen Wettbewerbsbeschränkungen keine subjektiv-öffentlichen Rechte außerhalb der ausdrücklichen Antragsrechte enthalte, wird auch durch die – im Zuge der 10. GWB-Novelle aufgehobene – Regelung der Ziff. 23 der Bonusregelung deutlich. Durch die Formulierung „*in der Regel*", manifestiert die Behörde in ihren internen Verwaltungsvorschriften, dass ihr letztlich – wenn auch im Rahmen des intendierten Ermessens unter engeren Voraussetzungen – die Entscheidungskompetenz zukommt, ob die Vorteilsabschöpfung stattfindet oder auch, ob ein gesondertes Verfahren nach § 34 GWB eingeleitet wird.

---

349 Vgl. BKartA, DB 1960, 667.
350 Vgl. BKartA, DB 1960, 667. Gegenstand der Entscheidung war die Frage, ob einem Dritten nach § 22 Abs. 4 GWB in der Fassung vom 01.01.1958 ein Recht gegen die Behörde zusteht, eine behördliche Maßnahme gegen ein marktbeherrschendes Unternehmen zu verlangen.
351 Vgl. BKartA, WuW/E BKartA 320, 321; BKartA, WuW/E BKartA 196, 197; BKartA, DB 1960, 667.
352 Begründung des Bundeskartellamts wiedergegeben in OLG Düsseldorf, BeckRS 2015, 123511, Rn. 10.
353 Vgl. OLG Düsseldorf, BeckRS 2000, 16693, Rn. 56; vgl. auch *Hänsch*, S. 58.

A. Die Herleitung eines subjektiv-öffentlichen Rechts aus § 34 GWB

2. Ansicht der *Rechtsprechung*

Für die Prüfung subjektiv-öffentlicher Rechte im Gesetz gegen Wettbewerbsbeschränkungen wird exemplarisch die *Taxiflug*-Entscheidung[354] des Bundesgerichtshofs vom 14.11.1968 herangezogen. Gegenstand der Entscheidung war unter anderem die Frage, ob in den Fällen des § 22 Abs. 3 und 4 GWB a.F. das durch den Marktmachtmissbrauch betroffene Unternehmen ein Recht auf Einschreiten der Kartellbehörde hat. Im Rahmen der Entscheidung lehnte der Bundesgerichtshof das Bestehen eines Anspruchs Dritter auf Einschreiten der Kartellbehörde ab.

Die Entscheidung wurde auf zwei wesentliche Argumente gestützt, die auch in der auf die *Taxiflug*-Entscheidung folgenden *Rechtsprechung* verwendet wurden.

a. Differenzierung zwischen Antragsrecht und Ermessensvorschrift

Wie das Bundeskartellamt ist auch die *Rechtsprechung* der Ansicht, dass subjektiv-öffentliche Rechte im Gesetz gegen Wettbewerbsbeschränkungen grundsätzlich an ein ausdrückliches Antragrecht geknüpft sind. Der Bundesgerichtshof stützt die Ablehnung subjektiv-öffentlicher Rechte gegenüber der Behörde darauf, dass die im konkreten Fall streitentscheidenden Normen dem Anspruchsteller kein ausdrückliches Antragsrecht gewährten.[355] Die streitentscheidenden Normen seien durch den Begriff *„kann"* als Ermessensvorschriften ausgestaltet und räumen der Behörde daher ein weites (Aufgreif-) Ermessen ein.[356] Es gelte das Opportunitätsprinzip[357], wonach die Behörde dazu berechtigt sei, ihre Tätigkeit auf die wesentlichen Sachverhalte zu konzentrieren.

In einer späteren Entscheidung begründet der Bundesgerichtshof die Abhängigkeit eines subjektiv-öffentlichen Rechts von einem ausdrücklichen Antragsrecht damit, dass dies vom Gesetzgeber gewollt sei. Exemplarisch beruft sich der Bundesgerichtshof in der Entscheidung auf die Gesetzgebungshistorie des § 18 GWB a.F. Ein im Regierungsentwurf zum Gesetz gegen Wettbewerbsbeschränkungen in § 18 GWB a.F. vorgesehenes

---

354 Vgl. BGH. GRUR 1969, 429, 431.
355 Vgl. BGH, ZIP 2001, 807; BGH, GRUR 1978, 488; BGH, GRUR 1969, 429, 431; vgl. zusammenfassend auch *Hänsch*, S. 80.
356 Vgl. BGH, GRUR 1978, 488; BGH, GRUR 1969, 429, 431.
357 Vgl. BGH, GRUR 1969, 429, 431.

§ 4 Der Anspruch auf Vorteilsabschöpfung

Antragsrecht sei demnach vom wirtschaftspolitischen Ausschuss wieder gestrichen worden.[358] Nach Ansicht des Bundesgerichtshofs sei daraus abzuleiten, dass sich der Gesetzgeber mit der Entfernung des Antragsrechts gerade gegen die Anerkennung eines subjektiv-öffentlichen Rechts in § 18 GWB a.F. entschieden habe.[359]

Dass sich der Bundesgerichtshof in seinen Entscheidungen auch mit der Frage befasst hat, ob subjektiv-öffentliche Rechte ohne ein ausdrückliches Antragsrecht bestehen können, zeigt jedoch auch, dass die *Rechtsprechung* des Bundesgerichtshofs den Bestand dieser Rechte zumindest nicht kategorisch ausschließt.[360] Überdies hat das Oberlandesgericht Düsseldorf in einer späteren Entscheidung[361] ausdrücklich darauf hingewiesen, dass der drittschützende Charakter einer Norm von ausdrücklichen Antragsrecht zu differenzieren sei. Ausgangspunkt für die Feststellung des drittschützenden Charakters einer Norm sei die Schutznormtheorie. Demnach könne, selbst wenn kein ausdrückliches Antragsrecht vorhanden sei, der individualschützende Charakter einer Norm unter anderen Gesichtspunkten begründet werden.[362]

b. Fehlendes Rechtschutzbedürfnis

Nach den Ausführungen des Bundesgerichtshofs in seiner *Taxiflug*-Entscheidung ist die Ablehnung eines subjektiv-öffentlichen Rechts außerdem damit zu begründen, dass es dem Kläger möglich sei, sein Klagebegehren bereits durch die Geltendmachung einer zivilrechtlichen Unterlassungsklage zu erfüllen. In der Entscheidung heißt es: *„Deckt sich ein zivilrechtlicher Klageanspruch, der auf die Abwehr rechtswidrigen Verhaltens eines Unternehmens gerichtet ist, nach seinen Voraussetzungen und seinem Inhalt mit den*

---

358 Vgl. BGH, GRUR 1978, 488 unter Bezugnahme auf: Berichterstatter Abgeordneter Hoffmann in Schriftlicher Bericht des Ausschusses für Wirtschaftspolitik, BT-Drucksache, II/3644, S. 23; BGH, GRUR 1978, 488.
359 A.A *Schmidt*, S. 279, 581. Nach seiner Ansicht ist die Streichung des Antragsrechts aus § 18 GWB a.F. nicht mehr als die Streichung aus dem *numerus clausus* der Antragsverfahren nach § 51 Abs. 1, 2 Nr. 1 GWB a.F. Ein subjektiv-öffentliches Recht könne dadurch aber nicht abgeschafft werden. Die ausdrücklichen Antragsverfahren würden den Vorteil bieten, dass sie subjektiv-öffentliche Rechte formalisieren und die Beschwerdebefugnis als auch die Verfahrensbeteiligung nach § 51 Abs. 2 Nr. 1 GWB außer Streit stellen.
360 Vgl. *Hänsch*, S. 59.
361 Vgl. OLG Düsseldorf, BeckRS 2012, 6592.
362 Vgl. OLG Düsseldorf, BeckRS 2012, 6592, Rn. 13.

A. Die Herleitung eines subjektiv-öffentlichen Rechts aus § 34 GWB

Voraussetzungen und dem Inhalt einer im Verwaltungsverfahren vorgesehenen Maßnahme, so ist in der Regel ein Anspruch auf Durchführung einer solchen Maßnahme ausgeschlossen."[363]

Insofern lässt die Argumentation der *Rechtsprechung* den Rückschluss zu, dass bei einem unzureichenden privaten Rechtsschutz ein subjektiv-öffentliches Recht aus dem materiellen Recht des Gesetzes gegen Wettbewerbsbeschränkungen in Betracht kommt.

c. Wahrung öffentlicher Interessen

In einer anderen Entscheidung hat die *Rechtsprechung* die Ablehnung subjektiv-öffentlicher Rechte außerhalb der ausdrücklichen Antragsrechte auf die Schutzwirkung des Kartellverwaltungsrechts gestützt. Dieses diene ausschließlich der Wahrung öffentlicher Interessen. Die Kartellbehörden sollen sich bei der Anwendung der verwaltungsrechtlichen Vorschriften ausschließlich auf die der privaten Rechtsdurchsetzung übergeordneten Wahrung volkswirtschaftlicher Interessen konzentrieren. Nur so könne die Funktionsfähigkeit der Behörde gewährleistet werden.[364]

d. Keine Übertragbarkeit der *Rechtsprechung* für die Feststellung eines subjektiv-öffentlichen Rechts aus § 34 GWB

Die *Rechtsprechung* ist auf die hier untersuchte Frage, ob § 34 GWB ein subjektiv-öffentliches Recht auf Einschreiten der Behörde beinhaltet, jedoch nicht ohne Weiteres übertragbar.

aa. Keine Ermessensvorschrift

In der *Rechtsprechung* stand die Frage im Blickpunkt, ob anhand der streitentscheidenden Verfügungsnorm ein Anspruch auf Einschreiten gegenüber der Behörde geltend gemacht werden könne. Die von der *Rechtsprechung* seit der *Taxiflug*-Entscheidung geprüften materiell-rechtlichen

---

363 Vgl. BGH, GRUR 1969, 429, 431.
364 Vgl. BGH, GRUR 1959, 340, 341, 343; vgl. auch *Hänsch*, S. 69 f.

§ 4 Der Anspruch auf Vorteilsabschöpfung

Eingriffsnormen[365] enthielten kein ausdrückliches Antragsrecht. Denn sofern die streitentscheidenden Normen als „*Kann*"-Vorschriften ausgestaltet seien, stehe der Erlass einer Verfügung ausschließlich im pflichtgemäßen Ermessen der Behörde.[366] Ein solcher Anspruch wurde bei Vorliegen einer Ermessensnorm stets verneint.[367] Bereits anhand der von der *Rechtsprechung* vorgenommen Differenzierung zwischen einem ausdrücklichen Antragsrecht und einer Ermessensvorschrift wird der Unterschied zur hiesigen Fragestellung deutlich. Wie oben festgestellt, räumen §§ 34 Abs. 1, 81d Abs. 3 GWB kein (Aufgreif-)Ermessen für die Vorteilsabschöpfung ein.[368] Sofern der wirtschaftliche Vorteil nicht bereits im Rahmen eines Bußgeldverfahrens abgeschöpft wurde, ist die Vorteilsabschöpfung gemäß § 34 GWB nach dem Gesetz zwingend vorzunehmen. Eine Norm, die eine gesetzliche Handlungspflicht der Behörde bestimmt, war hingegen bis heute noch nicht Gegenstand einer Entscheidung. Insofern ist die Ansicht der *Rechtsprechung* für die in dieser Arbeit zu behandelnde Forschungsfrage unergiebig. Die *Rechtsprechung* lehnt den Bestand von subjektiv-öffentlichen Rechten im Gesetz gegen Wettbewerbsbeschränkungen außerhalb der Antragsverfahren jedoch nicht pauschal ab. Lediglich für die konkret behandelten Fälle hat sie das Vorliegen etwaiger Ansprüche auf konkreten Verfügungserlass abgelehnt. Ferner hält sie einen Anspruch auf Einschreiten für möglich, sofern das Ermessen der Behörde in Ausnahmefällen, auf Null reduziert sei.[369] Dies könne beispielsweise der Fall sein, wenn dem Anspruchsteller ein schwerer und irreparabler Schaden drohe, der einzig durch das Einschreiten der Exekutive verhindert werden könne.[370] Das Oberlandesgericht Düsseldorf hat zur Frage nach dem Bestand subjektiv-öffentlicher Rechte im Gesetz gegen Wettbewerbsbeschränkungen in einer späteren Entscheidung ausdrücklich Stellung bezogen und will für die Feststellung des drittschützenden Charakters einer Norm des Geset-

---

365 Vgl. z.B. BGH, NVwZ 1984, 265, 266; BGH, ZIP 2001, 807 f.; BGH, GRUR 1978, 488 f; BGH, GRUR 1969, 429 ff.; OLG Düsseldorf, WuW/E OLG 1801 ff.
366 Vgl. BGH, GRUR 1978, 488, 489.
367 Vgl. hierzu *Hänsch*, S. 66 ff., der sich ausführlich mit den Argumenten der *Rechtsprechung* zu der Frage auseinandersetzt, warum sich aus den streitentscheidenden Ermessensvorschriften kein subjektiv-öffentliches Recht auf Einschreiten herleiten lässt.
368 Vgl. Ausführungen unter § 2 B. II. 1. a. cc., S. 54 ff.
369 Vgl. BGH, NVwZ 1984, 265, 266; OLG Düsseldorf, BeckRS 2000, 16693, Rn. 56; KG Berlin, Beschluss vom 10.11.1976, Kart 171/75, juris, Rn. 22; vgl. auch Hänsch, S. 67.
370 Vgl. KG Berlin, Beschluss vom 10.11.1976, Kart 171/75, juris, Rn. 22.

A. Die Herleitung eines subjektiv-öffentlichen Rechts aus § 34 GWB

zes gegen Wettbewerbsbeschränkungen die Schutznormtheorie anwenden. Demnach können, selbst wenn kein ausdrückliches Antragsrecht vorhanden sei, subjektive Rechte aus den Normen des Gesetzes gegen Wettbewerbsbeschränkungen hergeleitet werden.[371]

bb. Kein fehlendes Rechtsschutzbedürfnis

Losgelöst von der rechtlichen Verpflichtung des Bundeskartellamts, den kartellbedingten wirtschaftlichen Vorteil abzuschöpfen, ist zu klären, ob ein etwaiger Anspruchsteller überhaupt ein Rechtsschutzbedürfnis hat. Diese Frage stellt sich insbesondere, da die Durchsetzung privater Rechte vorrangig ist und eine Abschöpfung des wirtschaftlichen Vorteils bereits im Wege der Durchsetzung von Schadensersatzansprüchen erfolgen kann.

Entgegen der *Rechtsprechung* kann ein Verweis des Betroffenen auf den Zivilrechtsweg jedoch kein Argument für die Verwehrung des *Rechtsschutzbedürfnisses* sein. Zum einen beruhen der privatrechtliche Anspruch und der öffentlich-rechtliche Drittschutz nicht auf den gleichen Anspruchsgrundlagen. Während der öffentlich-rechtliche Drittschutz aus einer drittschützenden Norm entspringt, sind für den privatrechtlichen Anspruch die §§ 33 Abs. 1, 33a Abs. 1 GWB der rechtliche Ausgangspunkt. Zum anderen richten sich der öffentlich-rechtlichen Drittanspruch und der privat-rechtliche Schadensersatzanspruch gegen unterschiedliche Anspruchsgegner. Während aus § 34 GWB ein Anspruch gegen das Bundeskartellamt bestünde, ist der Schadensersatzanspruch gegen den schädigenden Marktteilnehmer zu richten.

Dies ist im ersten Schritt isoliert von der Frage zu behandeln, ob mit verschiedenen Normen des Kartellverwaltungsrechts oder Zivilrechts im Endeffekt das gleiche Ergebnis erzielt wird.[372] Denn selbst wenn die Anspruchsziele und Ergebnisse deckungsgleich sein sollten, divergieren die Anspruchsinhalte trotz alledem. Während gegenüber dem rechtswidrig handelnden Marktteilnehmer selbst die Abstellung der Wettbewerbsbeeinträchtigung verlangt werden kann, wäre gegenüber der Behörde der Anspruch lediglich auf die Durchsetzung kartellrechtlicher Regelungen gerichtet.[373]

---

371 Vgl. OLG Düsseldorf, BeckRS 2012, 6592, Rn. 13.
372 Vgl. *Schmidt*, S. 318.
373 Vgl. *Schmidt*, S. 319.

Sowohl in der Ansicht der *Rechtsprechung* als auch in der Regelung des § 34 Abs. 2 GWB lässt sich der Vorrang der privaten Rechtsdurchsetzung gegenüber dem Verwaltungshandeln des Bundeskartellamts feststellen. Richtet man den Blick jedoch auf die vornehmlichen Aufgaben der privaten Rechtsdurchsetzung sowie des Verwaltungsrechts, besteht kein Grund für die Annahme, dass auch aus dem Kartellverwaltungsrecht keine subjektiv-öffentliche Rechte hergeleitet werden können. Denn der dem Verwaltungsrecht anhängende präventive Charakter wird durch die private Rechtsdurchsetzung nicht erfüllt. Diese Normen haben fast ausschließlich repressiven Charakter.[374] Gleichzeitig verdeutlicht der Bundesgerichtshof mit seiner Formulierung, dass ein solcher Anspruch *„in der Regel"* abzulehnen sei, dass er die Existenz eines solchen Anspruchs – trotz möglichen zivilrechtlichen Rechtsschutzes – nicht verkennt und vor allem nicht ausschließt.[375]

cc. Keine ausschließliche Wahrung öffentlicher Interessen

Unabhängig von der Diskussion über den allgemeinen Schutzzweck des Gesetzes gegen Wettbewerbsbeschränkungen kann die pauschale Ablehnung eines individualschützenden Charakters einer kartellverwaltungsrechtlichen Norm nicht angenommen werden. Dies zeigt insbesondere der Blick auf die Regelung des § 34 GWB. Der drittschützende Charakter der Norm ergibt sich bereits aus der Funktion der Sicherung privater Rechte.[376] Wie die Ausführungen unter § 2 dieser Arbeit gezeigt haben, ist eine konsequente Vorteilsabschöpfung nicht nur aufgrund der gesetzlichen Vorgaben erforderlich. Sie ist auch zu Sicherung der privaten Rechte geboten. Einem betroffenen Marktteilnehmer muss daher mit Blick auf die Wahrung subjektiver Interessen durch die Vorteilsabschöpfung nach § 34 GWB zugestanden werden, ihn nicht auf die Geltendmachung seiner zivilrechtlichen Ansprüche zu verweisen. Denn damit wird ihm das volle Prozessrisiko sowie das Insolvenzrisiko des Abschöpfungsschuldners auferlegt. Die gesetzliche Subsidiarität der behördlichen Vorteilsabschöpfung nach § 34 Abs. 2 Satz 1 GWB wird nicht durch die behördliche Pflicht zur Vorteilsabschöpfung ausgehöhlt. Vielmehr muss die Vorteilsabschöpfung nach § 34 GWB konsequent angewendet werden, um den vorrangigen

---

374 Vgl. *Hänsch*, S. 271.
375 Vgl. BGH, GRUR 1969, 429, 431.
376 Hierzu ausführlich in den Ausführungen unter § 4 A. III. 1., S. 133 f.

A. Die Herleitung eines subjektiv-öffentlichen Rechts aus § 34 GWB

Schutz privater Rechte und die effektive Kartellrechtsdurchsetzung zu gewährleisten. Insofern wird erst durch die konsequente Vorteilsabschöpfung ein ausreichender privater Rechtsschutz gewährleistet.

3. Ansichten der *Literatur* und *Lehre*

Die mehrheitliche Ansicht der *Literatur* sieht ähnlich wie die *Rechtsprechung* keine Pflicht des Bundeskartellamts, etwaige Kartellverstöße im Rahmen eines Bußgeldverfahrens oder Kartellverwaltungsverfahrens zu verfolgen.[377] Es wird jedoch in der *Literatur* mit der Norm zur Verfahrenseinleitung nach § 54 Abs. 1 Satz 1 GWB ein rechtlicher Ansatzpunkt für die Frage diskutiert, nach welchen Kriterien subjektiv-öffentliche Rechte im Kartellverwaltungsrecht begründet werden könnten.

a. Differenzierung zwischen Antrags- und Amtsverfahren

Für die Verfahrenseinleitung seitens des Bundeskartellamts ist zwischen Antrags- und Amtsverfahren zu unterscheiden.[378] Amtsverfahren zeichnen sich dadurch aus, dass deren Einleitung in das Aufgreifermessen der Behörde fällt. Das Begehren eines Dritten stellt bei Vorliegen eines Amtsverfahrens daher lediglich die Anregung zur Verfahrenseinleitung gegenüber der Behörde dar.[379] Dies sei auch nicht anders, wenn der Behörde ein offensichtlicher und schwerwiegender Kartellverstoß bekannt sei, denn anders als im Strafrecht gelte im Kartellrecht das Legalitätsprinzip nicht.[380] Das Antragsverfahren hingegen beinhalte nicht nur die Pflicht zur Verfahrenseröffnung durch die Behörde, sondern auch zur Fortführung des

---

377 Der Opportunitätsgrundsatz ist Bestandteil des Amtsverfahrens. Vgl. *Klose* in Wiedemann, Handbuch des Kartellrechts, § 51, Rn. 9 f.; *Bach* in Immenga/Mestmäcker, GWB, § 54, Rn. 7; *Bechtold/Bosch*, GWB, § 54, Rn. 2; differenzierend *Quellmalz* in LMRKM, GWB, § 54, Rn. 1; *Klees* in Kölner Kommentar, Bd. 2, GWB, § 54, Rn 18.; *Bechtold/Bosch*, GWB, § 32, Rn. 5, die eine *Ermessensreduzierung auf Null* in bestimmten Fallkonstellationen für möglich halten.
378 Vgl. § 54 Abs. 1 Satz 1 GWB.
379 *Bechtold/Bosch*, GWB, § 54, Rn. 2 f.; *Bach* in Immenga/Mestmäcker, GWB, § 54, Rn. 5; *Quellmalz* in LMRKM, GWB, § 54, Rn. 1; *Junge* in GK, GWB, § 51, Rn. 9; vgl. auch die Regierungsbegründung zu § 54, BT-Drucksache 13/9720, S. 64.
380 Vgl. *Junge*, in GK, GWB, § 51, Rn. 9. Dies ergebe sich aus dem weiten Aufgreifermessen des Bundeskartellamts.

§ 4 Der Anspruch auf Vorteilsabschöpfung

Verfahrens. Demnach erfolge die Verfahrenseröffnung nämlich schon durch die Antragstellung eines Dritten.[381] Das Gesetz gegen Wettbewerbsbeschränkungen enthält nach überwiegender Meinung einen formellen Antragsbegriff und einen *numerus clausus* der möglichen Antragsverfahren.[382] Als Beispiel für die Differenzierung zwischen diesen Begriffen kann § 54 Abs. 1 Satz 1 GWB hinzugezogen werden. Das Begehren eines Dritten auf behördliches Handeln, sei es durch Tätigwerden oder konkreten Verfügungserlass, wird in der *Literatur* nicht als Antrag nach § 54 Abs. 1 Satz 1 GWB angesehen. Auch wenn der Wortlaut des § 54 Abs. 1 Satz 1 GWB von einer Verfahrenseinleitung auf Antrag spricht, zwinge dieser Antrag die Behörde nicht zu agieren. Der Antrag stelle zwar eine zwingende Voraussetzung für die Verfahrenseinleitung dar.[383] Eine Pflicht zum Tätigwerden für das Bundeskartellamt ergebe sich hieraus jedoch nicht. Diese sei vielmehr aus den materiellen Vorschriften des Gesetzes gegen Wettbewerbsbeschränkungen zu entnehmen.[384]

aa. Bindung subjektiv-öffentlicher Rechte an Antragsverfahren

Inwieweit ein Antragsrecht im Gesetz gegen Wettbewerbsbeschränkungen besteht und ob erst das Vorhandensein eines solchen Rechts zugleich ein subjektiv-öffentliches Recht begründet, ist in der *Literatur* umstritten. Es gibt die Ansicht, dass sich die subjektiv-öffentlichen Rechte im Gesetz gegen Wettbewerbsbeschränkungen aus einem gesetzlich normierten Antragsverfahren herleiten ließen.[385] Daneben wird auch eine Herleitung dieser Rechte aus dem materiellen Recht befürwortet. Die dogmatische Begründung erfolgt jedoch unterschiedlich.

---

381 *Schmidt* in Immenga/Mestmäcker, GWB, 4. Aufl. 2007, § 54, Rn. 3, 7; *Schneider* in Langen/Bunte, GWB, § 54, Rn. 9.
382 *Schmidt*, S. 581 f.; *Bach* in Immenga/Mestmäcker, GWB, § 54, Rn. 3; *Quellmalz* in LMRKM, GWB, § 54, Rn. 2 ff., mit der Benennung einzelner Antragsverfahren im GWB. Reine Antragsverfahren sind demnach die Anerkennung von Wettbewerbsregeln (§ 24 Abs. 3 GWB), die Befreiung vom Vollzugsverbot (§ 41 Abs. 2 GWB), die Ministererlaubnis in der Zusammenschlusskontrolle (§ 42 Abs. 1 GWB) und die Beiladung (§ 54 Abs. 2 Nr. 3 GWB).
383 *Bach* in Immenga/Mestmäcker, GWB, § 54, Rn. 4.
384 Vgl. *Quellmalz* in LMRKM, GWB, § 54, Rn. 2.
385 Vgl. *Bechtold/Bosch*, GWB, § 32, Rn. 4, § 54, Rn 2 f.; *Bach* in Immenga/Mestmäcker, GWB, § 54, Rn. 3; *Quellmalz* in LMRKM, GWB, § 54, Rn. 2 ff.; *Klose* in Wiedemann, Handbuch des Kartellrechts, § 53, Rn. 41 ff.; *Bracher* in Frankfurter Kommentar, GWB, § 54, Rn. 21, Lfg. 91 (Loseblatt).

bb. Ausdehnung des Antragsbegriffs; subjektiv-öffentliches Recht aus materiellem Recht

So wird vertreten, dass das Antragsrecht in Form eines subjektiv-öffentlichen Rechts ein Verwaltungsverfahren unmittelbar in Gang setzt.[386] Abzugrenzen sei das aus dem subjektiv-öffentlichen Recht erwachsende Antragsrecht von bloßen Anträgen gegenüber dem Bundeskartellamt, um ein bestimmtes behördliches Verhalten herbeizuführen. Der bloße Antrag stelle demnach lediglich eine Anregung zur Verfahrenseinleitung dar, bei welcher die Behörde unter Ausübung pflichtgemäßen Ermessens entscheide, ob sie von Amts wegen ein Verwaltungsverfahren einleite oder nicht.[387] Nach dieser Ansicht ist ein subjektiv-öffentliches Recht auf behördliches Handeln aus dem materiellen Recht herzuleiten. Im Umkehrschluss bedeutet dies, dass das aus dem materiellen Recht erwachsende subjektiv-öffentliche Recht auch ein formelles Antragsrecht beinhaltet, da das subjektiv-öffentliche Recht andernfalls nicht zur Geltung gebracht werden kann.[388] Im Ergebnis bleibt diese Argumentation der strikten Unterscheidung zwischen Antragsrechten und Amtsverfahren treu.

cc. Differenzierung zwischen einem subjektiv-öffentlichen Recht und einem Antrag; keine Ausdehnung des Antragsbegriffs

Nach *Schmidt* ist das formelle Antragsrecht mit dem Bestand eines subjektiv-öffentlichen Rechts nicht deckungsgleich. Er ist der Ansicht, dass nicht jedes Begehren eines Dritten unter Berufung auf ein vermeintliches subjektiv-öffentliches Recht aus einem formellen Antrag zur Vornahme behördlichen Handelns ein Antragsverfahren im Sinne des Gesetzes gegen Wettbewerbsbeschränkungen sei.[389]

Nach *Schmidt* könne ein Anspruch auf Erlass eines Verwaltungsakts oder auf Vornahme eines behördlichen Handelns bestehen, ohne dass ein Anspruch auf Verfahrenseröffnung nach § 54 Abs. 1 Satz 1 GWB gegeben

---

386 *Schneider* in Langen/Bunte, GWB, § 54, Rn. 9.
387 *Schneider* in Langen/Bunte, GWB, § 54, Rn. 8.
388 Im Ergebnis so auch *Kremer*, S. 49.
389 Vgl. *Schmidt* in Immenga/Mestmäcker, GWB, 4. Aufl. 2007, § 54, Rn. 3.

wäre.³⁹⁰ Dies sei mit Blick auf den *numerus clausus* der Antragsverfahren geboten.³⁹¹

Die ausdrücklichen Antragsverfahren würden jedoch den Vorteil bieten, dass sie subjektiv-öffentliche Rechte formalisieren und die Beschwerdebefugnis sowie die Verfahrensbeteiligung nach § 51 Abs. 2 Nr. 1 GWB a.F. außer Streit stellen würden. Dies habe jedoch zur Folge, dass die aus dem materiellen Recht ermittelten subjektiv-öffentlichen Rechte nicht „(...) *mit derselben Sicherheit von einem Dritten erzwungen werden [können] wie im Falle der Wahrnehmung eines gesetzlich gesicherten Antragsrechtes*"³⁹² Die Ansicht von *Schmidt* zeigt, dass der Bestand eines subjektiv-öffentlichen Rechts im Gesetz gegen Wettbewerbsbeschränkungen nicht von einem formellen Antragsrecht abhängt. Er will ein subjektiv-öffentliches Recht auch dort anerkennen, wo nach dem Gesetz kein Antragsverfahren verankert ist. Zugleich trägt er dem *numerus clausus* der Antragsverfahren Rechnung, indem ein subjektiv-öffentliches Recht nach seiner Auffassung kein Antragsrecht im Sinne des § 54 Abs. 1 Satz 1 GWB begründet.

dd. Zwischenergebnis

Dem in der *Literatur* vertretenen Ansatz, dass subjektiv-öffentliche Rechte auch unabhängig von gesetzlich normierten Antragsverfahren bestehen können, ist zuzustimmen. Allein dadurch kann dem Drittschutz im Gesetz gegen Wettbewerbsbeschränkungen ausreichend Rechnung getragen werden. Auf die Frage, ob dem subjektiv-öffentlichen Recht bereits ein Antragsrecht anhaftet, kommt es derweil nicht an, da die Geltendmachung des subjektiv-öffentlichen Rechts nicht von einem Antragsrecht abhängig ist, sondern dieses lediglich die Durchsetzung des subjektiv-öffentlichen Rechts vereinfacht.

b. Der generelle Anspruch auf Einschreiten nach *Blanke*

In seiner Dissertation hat sich *Blanke* vertieft mit der Frage auseinandergesetzt, ob das Gesetz gegen Wettbewerbsbeschränkungen generell ein-

---

390 Vgl. *Schmidt* in Immenga/Mestmäcker, GWB, 4. Aufl. 2007, § 54, Rn. 3; *Hänsch*, S. 98.
391 So auch *Schmidt* in Immenga/Mestmäcker, GWB, 4. Aufl. 2007, § 54, Rn. 3.
392 Vgl. *Schmidt*, S. 279, 582 f.

A. Die Herleitung eines subjektiv-öffentlichen Rechts aus § 34 GWB

zelnen Marktteilnehmern ein subjektiv-öffentliches Recht auf Eingreifen oder konkreten Verfügungserlass der Kartellbehörde einräumt.³⁹³ Nach Ansicht *Blankes* sind subjektiv-öffentliche Rechte aus den materiell-rechtlichen Normen des Gesetzes gegen Wettbewerbsbeschränkungen herzuleiten. Demnach sei eine Norm darauf zu untersuchen „(...) *ob und inwieweit sie Individualinteressen berücksichtigt und inwieweit diese Individualinteressen nicht nur Randerscheinungen, sondern Rechtspositionen darstellen.*"³⁹⁴

Blanke stellt in seiner Arbeit die These auf, dass dem GWB generell ein umfassender Individualschutz zugrunde liege. Der Schutz des Wettbewerbs als Institution könne nur gewährleistet werden³⁹⁵, wenn auch der Schutz einzelner Marktteilnehmer von ihm erfasst sei. Demnach sei ein Anspruch auf behördliches Einschreiten bereits bei Vorliegen einer Interessenberührung durch die Wettbewerbsverletzung zu bejahen, wenn „*die Marktsituation die Kartellbehörde zu einem Eingreifen verpflichtet.*"³⁹⁶

Diese weite Auffassung würde auch ein subjektiv-öffentliches Recht auf Vorteilsabschöpfung nach § 34 GWB erfassen.

c. Keine Übertragung der Überlegungen *Blankes* auf ein subjektiv-öffentliches Recht aus § 34 GWB

Der Ansatz *Blankes*, den Drittschutz einer materiell-rechtlichen Norm anhand ihres bezweckten Individualschutzes zu bemessen, ist zu befürworten. Dem Gesetz gegen Wettbewerbsbeschränkungen ist jedoch kein umfassender Individualschutz zuzubilligen. Dies käme einem allgemeinen Gesetzesvollziehungsanspruch für Marktteilnehmer gegenüber dem Bundeskartellamt nahe.³⁹⁷ Anders ist die Herleitung eines subjektiv-öffentlichen Rechts aus einer konkreten Verfügungsnorm zu beurteilen. Auch hier lässt sich nicht pauschal sagen, dass die §§ 32 ff. GWB bei kartellbedingter Interessenberührung eines Marktteilnehmers ein subjektiv-öffentliches Recht begründen. Dieser Anspruch muss aus der konkreten Verfügungsnorm hergeleitet und auf etwaigen Drittschutz der Norm untersucht werden. Nur so kann eine Balance zwischen effektiver Kartellrechtsdurchsetzung einerseits und der Funktionsfähigkeit der Kartellbehörde anderer-

---

393 Vgl. *Blanke*, S. 156.
394 Vgl. *Blanke*, S. 26.
395 Vgl. *Blanke*, S. 69.
396 Vgl. *Blanke*, S. 58.
397 So auch *Hänsch*, S. 118.

seits gewährleistet werden. Im Rahmen der vom Anspruchsteller begehrten Verfügung durch das Bundeskartellamt muss daher die konkrete Verfügungsnorm als Anspruchsgrundlage für ein Tätigwerden der Behörde dienen. Entscheidend ist demnach nicht, ob eine Norm durch ihre Ausgestaltung als Antragsverfahren ein subjektiv-öffentliches Recht begründet, sondern vielmehr, ob das materielle Recht unter Berücksichtigung der Schutznormtheorie einen Anspruch gewährt.

Da die Dissertation *Blankes* aus dem Jahr 1974 datiert und es zum Zeitpunkt der Bearbeitung die Regelung des § 34 GWB noch nicht gab, sind keine Rückschlüsse aus den Ausführungen *Blankes* hinsichtlich eines subjektiv-öffentlichen Rechts aus § 34 GWB zu ziehen. Ferner befasst sich die vorliegende Arbeit nicht mit der Frage, ob sämtlichen behördlichen Eingriffsnormen ein subjektiv-öffentliches Recht beinhalten. Sie widmet sich ausschließlich der Frage, ob § 34 GWB einen solches Recht beinhaltet.

4. Stellungnahme

Die Ansichten des Bundeskartellamts und der *Rechtsprechung* überzeugen nicht. Nicht nachvollziehbar ist die generelle Ablehnung des Bundeskartellamts von subjektiv-öffentlichen Rechten jenseits ausdrücklicher Antragsrechte im Gesetz gegen Wettbewerbsbeschränkungen allein aufgrund des weiten behördlichen Aufgreifermessens. Insbesondere im Hinblick auf die Vorteilsabschöpfung überzeugt diese Argumentation nicht. Denn zur Vornahme der Vorteilsabschöpfung ist die Behörde gesetzlich verpflichtet.

Die *Rechtsprechung* des Bundesgerichtshofs hingegen schließt den Bestand subjektiv-öffentlicher Rechte im Gesetz gegen Wettbewerbsbeschränkungen nicht ausdrücklich aus, wenngleich sie auf den Vorrang privater Rechtsdurchsetzung und der daraus resultierenden fehlenden Notwendigkeit subjektiv-öffentlicher Rechte im Gesetz gegen Wettbewerbsbeschränkungen verweist. Insofern lässt die Argumentation der *Rechtsprechung* des Bundesgerichtshofs den Rückschluss zu, dass ein subjektiv-öffentliches Recht aus dem materiellen Recht des Gesetzes gegen Wettbewerbsbeschränkungen in Betracht kommt, wenn der private Rechtsschutz unzureichend ist. Eine Entscheidung des Oberlandesgerichts Düsseldorf zeigt jedoch, dass auch in der *Rechtsprechung* die Bestimmung subjektiv-öffentlicher Rechte anhand der Schutznormtheorie im deutschen Kartellrecht Beachtung findet.[398] Auch dies ist ein Argument dafür, dass die Ge-

---

398 Vgl. OLG Düsseldorf, BeckRS 2012, 6592, Rn. 13.

richte den Bestand subjektiv-öffentlicher Rechte außerhalb der ausdrücklichen Antragsrechte nicht ausschließen. Überdies ist ein Verständnis der *Rechtsprechung* des Bundesgerichtshofs, dass ausschließlich Regelungen, die ein ausdrückliches Antragsrecht beinhalten, auch einen Anspruch auf Einschreiten gegen die Behörde begründen können[399], für die Forschungsfrage der vorliegenden Arbeit hingegen nicht von Belang. Bei den durch die *Rechtsprechung* zu prüfenden Normen handelte es sich um Ermessensvorschriften. Die Argumentation der *Rechtsprechung* lässt sich daher nicht auf die gesetzliche Pflicht zur Vorteilsabschöpfung übertragen.

Vorzugswürdig ist die Ansicht, dass subjektiv-öffentliche Rechte aus dem materiellen Recht herzuleiten sind. Nach der für die Feststellung von subjektiv-öffentlichen Rechten anzuwendenden Schutznormtheorie ist vielmehr darauf abzustellen, ob die einschlägige Norm neben dem Schutze öffentlicher Interessen auch dem Schutz von Individualinteressen dient.[400] Dies ist für § 34 GWB zu bejahen, da § 34 Abs. 1 GWB in Verbindung mit dem (Rück-) Erstattungsanspruch nach § 34 Abs. 2 Satz 2 GWB objektiv darauf abzielt, die Rechte privater Schadensersatzgläubiger zu wahren.[401]

III. Die Herleitung des subjektiv-öffentlichen Rechts aus § 34 GWB nach der Schutznormtheorie

Ausgangspunkt der Frage, ob einer öffentlich-rechtlichen Norm ein subjektiv-öffentliches Recht innewohnt, ist immer die Frage, welchen Regelungscharakter die zu analysierende Norm hat. § 34 GWB stellt als kartellverwaltungsrechtliche Norm eine solche des öffentlichen Rechts dar. Um festzustellen, ob die Norm einen Anspruch gegenüber der Behörde begründet, bedarf es der Überprüfung der Norm nach den Prinzipien der allgemeinen Schutznormtheorie.[402] Nach der allgemeinen Schutznormtheorie vermitteln solche Normen Drittschutz, die nicht nur im öffentlichen Interesse erlassen wurden, sondern zumindest auch den subjektiv-öffentli-

---

399 Vgl. z.B. BGH, ZIP 2001, 807; BGH, GRUR 1978, 488; BGH, GRUR 1969, 429, 431.
400 Vgl. zur Schutznormtheorie u.a. *Voßkuhle/Kaiser*, JuS 2009, 16, 17; BVerfGE 27, 297, 307; BVerwGE 72, 226, 229 f. = NJW 1986, 1628; BVerwGE 92, 313, 317.
401 Vgl. hierzu Ausführungen zum „Problem der Prozesslänge" § 2 B. II. 2. c., S. 71 ff.
402 So auch explizit nach der Rechtsprechung des OLG Düsseldorf, BeckRS 2012, 6592, Rn. 13.

chen Interessen des einzelnen dienen.[403] Ob die jeweilige Norm neben dem Schutz öffentlicher Interessen auch dem Schutz subjektiver Interessen dient, ist anhand der Auslegung auch unter Berücksichtigung des gesetzgeberischen Willens zu bestimmen.[404] Dabei reicht jedenfalls eine bloß faktische Begünstigung des Einzelnen durch die Normbefolgung in Form eines Rechtsreflexes nicht aus.[405]

Dem Kartellverwaltungsrecht ist die Durchsetzung von Individualinteressen im Grundsatz fremd, da sie vornehmlich der Wahrung der Allgemeininteressen in Form der Sicherung oder Wiederherstellung eines integren Wettbewerbs dienen. So wird teilweise in der Literatur lediglich von einem reflexartigen Schutz der Individualinteressen durch das Kartellverwaltungsrecht ausgegangen. Daneben wird die Vermengung von kartellzivilrechtlichen Fragen und denen des Kartellverwaltungsrechts abgelehnt.[406]

Dies mag im Grundgedanken zutreffen. Allerdings verkennt diese Kategorisierung von Individualinteressen und Kartellverwaltungsrecht, dass mit der Umsetzung der Kartellschadensersatzrichtlinie[407] und der Einführung der 9. GWB-Novelle die private Rechtsdurchsetzung innerhalb des Kartellrechts an überragender Bedeutung gewonnen hat. So bindet beispielsweise der innerhalb eines Bußgeldverfahrens festgestellte Kartellverstoß nach § 33b Satz 1 GWB auch im Rahmen anschließender Schadensersatzprozesse (sogenannte *Follow-on*-Klagen). Die Differenzierung zwischen den beiden Rechtsbereichen kann letztlich nicht mehr trennscharf vorgenommen werden.

Daneben zeigt auch die Systematik des § 34 GWB, dass sowohl Vorteilsabschöpfung als auch Schadensersatzansprüche gemäß § 34 Abs. 2 Satz 1 Nr. 1 und Satz 2 GWB ineinandergreifen können und dass das konkrete behördliche Handeln in Form einer Vorteilsabschöpfung abhängig ist

---

403 Zur Schutznormtheorie u.a. *Voßkuhle/Kaiser*, JuS 2009, 16, 17; BVerfGE 27, 297, 307; BVerwGE 72, 226, 229 f. = NJW 1986, 1628 = NVwZ 1986, 555; BVerwGE 92, 313, 317.
404 Vgl. *Kremer*, S. 60 f., nach dem die Untersuchung der Drittschutzqualität einer GWB-Norm zumindest auch mit Hilfe der allgemeinen Auslegungsregeln zu erfolgen habe; einschränkend hingegen *Schmidt*, S. 440, nach seiner Ansicht ist innerhalb des einfachen Wettbewerbsrechts bei der Suche nach subjektiv-öffentlichen Rechten nicht der Wille des Gesetzgebers, sondern der objektive Gesetzesinhalt maßgeblich.
405 Vgl. *Voßkuhle/Kaiser*, JuS 2009, 16, 17.
406 Vgl. *Hänsch*, S. 1.
407 Vgl. Richtlinie 2014/104/EU.

A. Die Herleitung eines subjektiv-öffentlichen Rechts aus § 34 GWB

von der Durchsetzung privater Rechte. Eine pauschale Ablehnung vom Bestand subjektiv-öffentlicher Rechte im Kartellverwaltungsrecht ist somit abzulehnen. Für die Bestimmung eines subjektiv-öffentlichen Rechts innerhalb des einfachen Wettbewerbsrechts ist zunächst der objektive Gesetzinhalt und dessen Schutzwirkung gegenüber Individualinteressen maßgeblich.[408] Allerdings darf für die Begründung eines subjektiv-öffentlichen Rechts nicht verkannt werden, dass der Sinn und Zweck hinter der zu prüfenden Norm im Wege der Gesetzesauslegung hinzuzuziehen ist.

1. Objektiver Gesetzesinhalt

Unter Verwendung der Schutznormtheorie kann aus der verwaltungsrechtlichen Norm des § 34 GWB ein subjektiv-öffentliches Recht hergeleitet werden. Nach ihrem Inhalt wird ein subjektiv-öffentliches Recht aus einer öffentlich-rechtlichen Norm begründet, sofern diese nicht lediglich dem Schutze der Allgemeinheit dient, sondern zumindest auch dem Schutz des sich im Schutzbereich der Norm befindlichen Individuums. Neben dem Schutz des unverfälschten und fairen Wettbewerbs dient die Vorteilsabschöpfung nach ihrem objektivem Gesetzesinhalt der Sicherung privater Rechte.

Da die Vorteilsabschöpfung sowie der (Rück-) Erstattungsanspruch nach § 34 Abs. 2 Satz 2 GWB auch der Sicherung und Durchsetzung der Rechte von Schadensersatzgläubigern dient, lässt sich allein aus der objektiven Bewertung des Rechts ein Drittschutz erkennen. Darüber hinaus schützt § 34 GWB die Sicherung rechtmäßig erlangter Wettbewerbspositionen der einzelnen Marktteilnehmer. Denn unabhängig von dem generellen Erhalt des unverfälschten Wettbewerbs in seiner Gesamtheit, können die Auswirkungen der unterlassenen Vorteilsabschöpfung für einzelne Marktteilnehmer gravierende Folgen haben. So lässt sich beispielsweise bei direkten Wettbewerbern des Abschöpfungsschuldners durch die unterlassene Abschöpfung eine unmittelbare rechtswidrige Schwächung der eigenen Marktposition feststellen. Inhaber dieses Schutzrechts können somit nur solche Marktteilnehmer sein, die in individualisierbarer Weise durch die unterlassenen Vorteilsabschöpfung in ihren wettbewerblichen Interessen und Handlungsspielräumen beeinträchtigt werden.

---

408 Einschränkend *Schmidt*, S. 440, nach dessen Ansicht bei der Suche nach subjektiv-öffentlichen Rechten innerhalb des einfachen Wettbewerbsrechts nicht der Wille des Gesetzgebers, sondern der objektive Gesetzesinhalt maßgeblich ist.

Der Individualschutz aus § 34 GWB wird dadurch begründet, dass ein Verbleib des kartellrechtswidrig erlangten wirtschaftlichen Vorteils im Rechtskreis des Kartellanten unmittelbar Einfluss auf das Marktverhalten der auf dem betroffenen Markt tätigen Marktteilnehmer hat. Dies umfasst insbesondere die Fälle, in denen Kartelle eine hohe Rendite abwerfen und der Kartellant dementsprechend mit erhöhter Finanzkraft oder Marktmacht großen Einfluss auf die wettbewerblichen Strukturen in den betroffenen Märkten nehmen kann. Die Abschöpfung soll letztlich den wirtschaftlichen und wettbewerblichen Zustand wiederherstellen, der ohne den Kartellverstoß vorgelegen hätte. Demnach ergibt sich schon aus der Zielsetzung des Gesetzes gegen Wettbewerbsbeschränkungen als solche ein Bedürfnis, die den freien und unverfälschten Wettbewerb durch die Vorteilsabschöpfung umfassend durchzusetzen. Wird dieser Zustand nicht wiederhergestellt, kann der Kartellant und Abschöpfungsschuldner durch seine rechtswidrig erlangte Marktstellung oder dessen erhöhtes Investitionskapital unmittelbaren Einfluss auf die Marktstrukturen und den Wettbewerb nehmen. Diese Einflüsse lassen sich für die jeweiligen Marktteilnehmer individualisieren durch die konkreten Auswirkungen der unterbliebenen Abschöpfung auf den Marktteilnehmer und bedürfen daher auch individuellem Schutz.

2. Auslegung unter Berücksichtigung der Gesetzesmaterialien

Neben dem objektiv bezweckten Schutz privater Rechte ist das subjektiv-öffentliche Recht aus § 34 GWB anhand weiterer Kriterien zu belegen. Der Schutzbereich des § 34 GWB ist anhand der Gesetzesmaterialen nicht eindeutig zu bestimmen. Den Gesetzesmaterialien zufolge soll durch die Vorteilsabschöpfung im gesonderten Verwaltungsverfahren die Abschreckung gegenüber potenziellen Kartellschädigern erhöht werden.[409] Dieses gesetzgeberische Ziel ist für sich genommen weder rein privatrechtlicher noch rein öffentlich-rechtlicher Natur. Die Abschreckung vor Kartellverstößen kann für sich genommen zwei Ziele haben. Zunächst lässt sich aus ihr der allgemeine Schutz eines fairen und unverfälschten Wettbewerbs erkennen. Mit Blick auf die private Rechtsdurchsetzung könnte die Abschreckung jedoch zugleich dem Schutze der einzelnen Wettbewerbsakteure dienen. Denn auch ihr Risiko, einen kartellbedingten Schaden zu erleiden, wird durch wirksame Abschreckung gemindert. Insofern lässt sich der gesetzge-

---

409 Vgl. BT-Drucksache 15/3640, S. 35; BT-Drucksache 18/10207, S. 69.

berische Wille nicht ausschließlich den Belangen der Allgemeinheit oder den Individualinteressen der einzelnen Marktteilnehmer zuordnen. Mit der Einführung der 9. GWB-Novelle hat der Gesetzgeber erwogen, die Vorteilsabschöpfung nach § 34 GWB wieder aus dem Gesetz zu streichen. Hintergrund dieser Überlegung war die bis dato nicht erfolgte Anwendung des § 34 GWB durch das Bundeskartellamt.[410] Allerdings wurde die Norm letztlich aus den bereits erwähnten Abschreckungsgründen doch im Gesetz belassen.[411] Auch dies spricht dafür, dass die privaten Rechtspositionen der einzelnen Marktteilnehmer im Hinblick auf deren Stärkung durch die 9. GWB-Novelle nicht durch die Streichung des § 34 GWB entwertet werden sollte.

3. Konsequente Anwendung der gesetzlichen Vorgaben unter Berücksichtigung des gesetzgeberischen Willens

Der Gesetzgeber geht weiterhin von einem Bedürfnis für die Vorteilsabschöpfung aus und dafür, dass diese auch durch das Bundeskartellamt durchgesetzt werden soll. Gleichzeitig weiß der Gesetzgeber, dass das Bundeskartellamt § 34 GWB bis zum heutigen Tage nicht ein einziges Mal angewendet hat. Dass das Bundeskartellamt dem Gebot der Vorteilsabschöpfung aus § 34 GWB bis heute nicht nachgekommen ist, könnte sich daraus erklären, dass es sich mit jeder erfolgten Abschöpfung auch gleichzeitig dem Risiko aussetzt, dass die behördliche Entscheidung angefochten wird. Die Auslegung von § 34 GWB würde dann maßgeblich durch die Gerichte mitbestimmt. Daneben würde das Amt durch die Durchsetzung der Vorteilsabschöpfung das Kronzeugenprogramm gefährden. Wie bereits festgestellt, ist ein auf einem behördlichen Verwaltungsgrundsatz beruhender Verzicht auf die Vorteilsabschöpfung nicht rechtmäßig.[412] Sofern das Bundeskartellamt von Amts wegen ein Vorteilabschöpfungsverfahren nach § 34 GWB durchführt, wird es zugleich im Wege des Art. 3 Abs. 1 GG in Verbindung mit der Selbstbindung der Verwaltung dazu verpflichtet, die Abschöpfung auch gegenüber Kronzeugen zu betreiben.[413] Die Praxis

---

410 BT-Drucksache 18/10207, S. 68.
411 BT-Drucksache 18/10207, S. 69 f.
412 Vgl. Ausführungen unter § 2 B. II. 4. a. bb., S. 92 f.
413 Auf der anderen Seite können sich vermeintliche Kartellschädiger nicht darauf berufen, dass sich das Bundeskartellamt durch den jahrelangen Verzicht der Vorteilsabschöpfung auch an diese Praxis gebunden habe. Da der pauschale Verzicht auf die Vorteilsabschöpfung durch das Bundeskartellamt gegen die

zeigt, dass Unternehmen von der – nunmehr gesetzlich kodifizierten – Kronzeugenregelung nicht nur deshalb Gebrauch machen, um die Kartellbuße erlassen oder reduziert zu bekommen. Die Unternehmen nehmen auch ihre Schadensersatzhaftung in den Blick. Laufen sie Gefahr, dass das Bundeskartellamt im Nachgang zu dem Kronzeugenantrag den kartellbedingten Vorteil abschöpft und möglicherweise im Rahmen des Kronzeugenantrags auch Angaben zu den Vorteilen fordert, die das Kartell vermittelt hat, könnte das Kronzeugenprogramm deutlich an Attraktivität verlieren. Das liegt nicht im Interesse des Bundeskartellamts, das in den vergangenen Jahren erhebliche Bußgelder mit Hilfe des Kronzeugenprogramms hat erzielen können. Die Durchsetzung des § 34 GWB durch einen Anspruch könnte diesen Erwägungen entgegensteuern.

Aus dem Umstand, dass der Gesetzgeber die Vorschrift des § 34 GWB in Kenntnis von ihrer Nichtanwendung im Gesetz belassen hat, lässt sich ein weiteres Argument für den Bestand eines subjektiv-öffentlichen Rechts in § 34 GWB ableiten. Der Gesetzgeber geht nach wie vor davon aus, dass es des § 34 GWB bedarf und dieser angewendet werden soll. Gleichzeitig hat der Gesetzgeber keine Änderungen an § 34 GWB vorgenommen, um dessen behördliche Durchsetzung zu erzwingen oder zu fördern. Die Lösung dieses Dilemmas liegt darin, dass § 34 GWB nach dem Willen des Gesetzgebers ein subjektiv-öffentliches Recht beinhaltet, das gegenüber der Behörde vom Träger dieses Rechts geltend gemacht wird und somit zugleich ein Tätigwerden gegenüber dem Bundeskartellamt erzwingt.

Neben dem oben beschriebenen Schutz privater Rechte[414] kann die durch die Vorteilsabschöpfung zusätzlich bezweckte Wiederherstellung des unverfälschten und fairen Wettbewerbs nur erfolgen, wenn § 34 GWB konsequent angewendet wird. Durch die Geltendmachung des in § 34 GWB enthaltenen subjektiv-öffentlichen Rechts wird ein wesentlicher Beitrag zum Erhalt und zur Wiederherstellung integrer Wettbewerbsverhältnisse gewährleistet.

---

gesetzlichen Vorgaben der §§ 34 Abs. 1, 81d Abs. 3 GWB verstößt, würde dies zu einem Anspruch auf Anwendung einer rechtswidrigen Verwaltungspraxis führen. Eine sog. *„Gleichheit im Unrecht"* in Form eines Anspruchs auf Anwendung einer rechtswidrigen Verwaltungspraxis, gibt es nicht, vgl. *Wolf* in Hömig/Wolff, GG, Art. 3, Rn. 4 m.w.N.; vgl. auch jüngst LG Bonn, BeckRS 2020, 33517, Rn. 45 = NZKart, 129, 130, Rn. 53.

414 Vgl. Ausführungen unter § 2 B. II. 2. c., S. 72 sowie unter § 4 A. III. 1. und 2., S. 133 ff.

4. Ergebnis

Es sprechen somit sowohl der objektive Regelungsinhalt und die Gesetzesmaterialien des § 34 GWB als auch Gründe der effektiven Kartellrechtsdurchsetzung sowie das Verhalten des Gesetzgebers in Bezug auf § 34 GWB für den Bestand eines subjektiv-öffentlichen Rechts aus § 34 GWB.

B. Anspruchsumfang

Die in der *Literatur, Rechtsprechung* und auch in der Praxis des Bundeskartellamts diskutierte Frage, ob die kartellverwaltungsrechtlichen Normen des Gesetzes gegen Wettbewerbsbeschränkungen subjektiv-öffentliche Rechte begründen können, beinhaltet nicht nur deren Existenz, sondern auch die Reichweite etwaiger Rechte. Die Begriffe *Tätigwerden* und *Einschreiten* wurden weder in *Literatur* noch in der *Rechtsprechung* stets trennscharf voneinander differenziert. Um zu verstehen, welche Reichweite ein möglicher Anspruch gegenüber den Kartellbehörden haben kann, hat *Hänsch* bereits zutreffend erkannt[415], dass eine Differenzierung zwischen den Begriffen notwendig ist.[416] Sie bestimmen die Reichweite eines möglichen Anspruchs gegen das Bundeskartellamt.[417]

Tätigwerden ist nach *Hänsch* weit zu verstehen. Tätig wird die Behörde, sofern sie ein formelles Kartellverwaltungsverfahren eröffnet und dieses gesetzeskonform durchführt.[418] Einschreiten hingegen beschreibt den konkreten Verfügungserlass der Behörde.[419] Durch diese Differenzierung ist somit die erste Weichenstellung für einen Anspruch gegen das Bundeskartellamt erfolgt. Denn nur, wenn gegenüber der Behörde ein Anspruch auf Einschreiten besteht, kann konkret die Vorteilsabschöpfung durch das Bundeskartellamt vom Anspruchsberechtigten zu Lasten des Kartellanten verlangt werden. Rein denklogisch muss – sofern ein Anspruch auf Vorteilsabschöpfung besteht – stets auch ein Anspruch auf Tätigwerden als

---

415 Vgl. *Hänsch*, S. 7 f.
416 Vgl. *Hänsch*, S. 268 f. Die *Rechtsprechung* hat diese Differenzierung nicht vorgenommen.
417 Vgl. hierzu auch *Kremer*, S. 62 ff., der die Frage nach dem Inhalt des subjektiv-öffentlichen Rechts unter dem Aspekt des Bestimmtheitsgrads bzw. der Intensität der kartellbehördlichen Handlungspflicht erläutert.
418 Vgl. *Hänsch*, S. 10.
419 Ausführlich zur Differenzierung zwischen Einschreiten und Tätigwerden vgl. *Hänsch*, S. 9 ff.

zwingende Vorstufe zum Einschreiten gegeben sein.[420] Es muss daher mit Blick auf die Ziele eines Anspruchs gegen das Bundeskartellamt differenziert werden.

Entgegen der *Rechtsprechung*, die jeweils von einem Anspruch auf konkreten Verfügungserlass ausgeht, erfasst das subjektiv-öffentliche Recht aus § 34 GWB auch das generelle Tätigwerden der Behörde im Rahmen des Abschöpfungsverfahrens nach § 34 GWB.[421] Da die Rechtmäßigkeit der Abschöpfungsverfügung des Bundeskartellamts nach § 34 Abs. 1 GWB tiefergehender Prüfungen nach Maßgabe des § 34 GWB[422] bedarf, kann der subjektiv-öffentliche Recht des § 34 GWB nicht auf den konkreten Verfügungserlass gerichtet sein. Anknüpfungspunkt muss daher ein Tätigwerden der Behörde als Vorstufe für eine etwaige Vorteilsabschöpfung sein. Der Begriff des Tätigwerdens im Sinne des § 34 GWB bedarf einer Definition, die eine Balance zwischen einem möglichst umfassenden Rechtschutz der Anspruchsberechtigten und der Funktionsfähigkeit des Bundeskartellamts findet. Das deutsche Kartellrecht kennt durch das Vorprüfungsverfahren nach § 40 Abs. 1 Satz 1 GWB im Rahmen der Fusionskontrolle ein Verfahren, das nicht in erster Linie auf den konkreten Verfügungserlass gerichtet ist, sondern in Form einer Vorstufe die Interessen der Allgemeinheit und die Individualinteressen berücksichtigt und das weitere Vorgehen der Behörde auf Grundlage der Vorprüfung bestimmt.[423] Für das in § 34 GWB enthaltene subjektiv-öffentliche Recht, dessen Inhaber einen Anspruch gegenüber dem Bundeskartellamt auf Tätigwerden hat, kann diese Vorstufe als Auslegungshilfe dienen. Im Nachfolgenden werden mehrere mögliche Ansprüche vorgestellt und auf ihre Praktikabilität untersucht.

---

420 So auch *Hänsch*, S. 9 f.
421 Vgl. *Schneider* in Langen/Bunte, GWB, § 54, Rn. 8, wonach durch die Antragstellung, sofern dem Antragsteller ein entsprechendes subjektives Recht zusteht, unmittelbar ein Verwaltungsverfahren in Gang gesetzt wird.
422 Dies umfasst insbesondere die Prüfung der Verzichtsgründe nach § 34 Abs. 3 GWB.
423 So auch *Hänsch*, S. 165 ff.

B. Anspruchsumfang

I. Anspruch auf Kenntnisnahme des Sachverhalts

1. Anspruchsinhalt

Der Anspruch aus § 34 GWB könnte auf die Kenntnisnahme des Antrags durch die Behörde beschränkt sein. Dem Anspruch wäre demnach genüge getan, wenn die Behörde das Begehren des Anspruchstellers zur Kenntnis zu nimmt. Dogmatisch handelt es sich bei der Pflicht zur Kenntnisnahme nicht um ein Antragsrecht. Diese Lösung käme einer schlichten Anregung der Behörde zur Vornahme einer Vorteilsabschöpfung gleich. Eine vergleichbare Regelung findet sich in § 2 Abs. 6 KDVG welcher mit der Pflicht der Behörde, den Eingang von Erklärungen zu bestätigen, verbunden ist.

Bei konkreten Anhaltspunkten für schwerwiegende Kartellverstöße und große wirtschaftliche Vorteile auf Seiten des Schädigers könnte aus der Kenntnisnahme eine weitere Handlungspflicht durch Ermessensreduzierung auf Null in Betracht kommen. Davon erfasst sind aber nur Fälle, bei denen keine weitergehende Prüfung des Sachverhalts notwendig ist, um zu erkennen, dass der wirtschaftliche Vorteil abgeschöpft werden muss. Das heißt, dass beispielsweise eine konkrete Berechnung oder Schätzung des wirtschaftlichen Vorteils bei diesem Verfahren nur in Betracht käme, sofern für die Behörde schon auf den ersten Blick klar ist, dass es sich um einen wirtschaftlichen Vorteil oberhalb der Bagatellgrenze handelt. Eine solche Lösung würde die Prüfung des § 34 Abs. 3 GWB durch die Behörde bereits zum Zeitpunkt der Kenntnisnahme der Anregung verlangen, allerdings ohne tiefergehende Verhältnismäßigkeitsprüfung im Sinne des § 34 Abs. 3 GWB. Dies führt dazu, dass lediglich die schwerwiegenden Fälle das Ermessen der Behörde beschränken und die Verfahrenseinleitung praktisch zu einer gebundenen Entscheidung macht. Die Folge dessen wäre, dass bereits die Verfahrenseinleitung praktisch direkt zu einem Verfügungserlass nach § 34 Abs. 1 GWB führen würde. Der Vorteil eines solchen Anspruchs wäre allerdings, dass er nur dort die behördlichen Ressourcen in Anspruch nimmt, wo es auch (zwingend) notwendig ist. Die Kenntnisnahme eines Antrags bindet weder zu viel Personal noch beansprucht sie übermäßig viel Zeit für sich.

§ 4 Der Anspruch auf Vorteilsabschöpfung

2. Stellungnahme

Die bloße Pflicht zur Kenntnisnahme stellt für die effektive Durchsetzung der Vorteilsabschöpfung ein stumpfes Schwert dar. Es bestehen keinerlei tiefergehende Pflichten der Behörde, dem Antragsbegehren nachzugehen und eine auf dem Antragsbegehren beruhende Entscheidung zu treffen. Im Ergebnis ändert diese Lösung nichts an der aktuellen *Nichtabschöpfungspraxis* des Bundeskartellamts. Da keine Handlungspflicht oder Pflicht zur Prüfung der Bagatellgrenze nach § 34 Abs. 3 GWB besteht, reicht die schlichte Pflicht zur Kenntnisnahme nicht aus, um § 34 GWB effektiv durchzusetzen.

II. Übernahme der Prinzipien des verwaltungsrechtlichen Bescheidungsanspruchs

Weitergehender als der Anspruch auf Kenntnisnahme ist der Bescheidungsanspruch. Dieser dem allgemeinen Verwaltungsrecht zugehörige Anspruch billigt jedem Betroffenen, der gegenüber einer Behörde zum Ausdruck bringt, dass auch seine Individualinteressen betroffen sind, einen Anspruch gegenüber der Behörde zu, dass diese ihm das weitere Vorgehen in der Sache innerhalb einer angemessenen Frist mitteilt.[424] Im Fokus der nachstehenden Ausführungen soll nicht die dogmatische Herleitung und Begründung dieses im Ergebnis allgemein anerkannten Anspruchs stehen. Vielmehr wird der Anspruchsinhalt vorgestellt und der Frage nachgegangen, ob sich die hier vorgestellten Prinzipien in einen Anspruch aus § 34 GWB sinnvoll einbetten lassen. Mit Blick auf die effektive Kartellrechtsdurchsetzung können solche Mitteilungen wichtige Informationsquellen für die Behörden darstellen. Das Bundeskartellamt hat somit nicht ausschließlich eigene Marktbeobachtungen vorzunehmen und diese auf ein etwaiges Eingreifen hin zu überprüfen, sondern kann auch aktiv auf Missstände hingewiesen werden. Die Anforderungen an das Bescheidungsgesuch sind gering. Der Anspruchsteller muss nicht ausdrücklich ein Tätigwerden gegenüber der Behörde fordern. Es reicht, wenn aus der Erklärung des Anspruchstellers der Wunsch nach einem Tätigwerden der

---

424 Vgl. *Kallerhof/Fellenberg* in Stelkens/Bonk/Sachs, VwVfG, § 24, Rn. 71; *Jellinek*, ZRP 1981, 68, 69 f.

Behörde schlüssig hervor geht. Verlangt wird lediglich, dass sie über eine bloße Information der Behörde hinausgehen muss.[425]

1. Anspruchsinhalt

Der Bescheidungsanspruch beinhaltet im Kern drei Pflichten der Behörde.
Zunächst besteht eine Entgegennahmepflicht der Behörde. Der rechtliche Ausgangspunkt dieser Pflicht besteht neben den Vorgaben des Art. 17 GG – nach dem jedermann das Recht hat, sich einzeln oder in Gemeinschaft mit anderen schriftlich mit Bitten oder Beschwerden an die zuständigen Stellen und an die Volksvertretung zu wenden – auch innerhalb des Verwaltungsverfahrensgesetzes in § 24 Abs. 3 VwVfG.[426] Im Kern geht es darum, dass die zuständige Behörde eine etwaige Erklärung oder einen konkreten Antrag nicht als unzulässig oder unbegründet abweisen darf, bevor sie diesen nicht entgegengenommen hat.[427]

An die Entgegennahmepflicht anknüpfend besteht die Pflicht zur Sachprüfung. Diese Pflicht geht weiter als die bloße Kenntnisnahme. Die Behörde hat auch eine Entscheidung zu treffen, wie nun weiter mit den erhaltenen Erklärungen zu verfahren ist. Wie dies geschieht, obliegt allein der Behörde. Somit stellt die Pflicht zur Sachprüfung zwar eine Tätigkeitspflicht der Behörde dar, allerdings spezifiziert diese nicht die Art des Tätigwerdens. Die Auseinandersetzung der Behörde mit dem Vorbringen des Anspruchsinhabers beinhaltet daher nur die Pflicht, die vorgebrachten Tatsachen wahrzunehmen und sich mit diesen auseinanderzusetzen, nicht jedoch, diese materiell-rechtlich zu bewerten und somit die rechtlich „richtige" Entscheidung zu treffen. Sie muss ihre Entscheidung allerdings an dem in Art. 3 Abs. 1 GG verankerten Willkürverbot messen lassen. Das heißt, dass für die Behörde objektiv nachvollziehbare Erwägungen ausreichen, um von einem weiteren Tätigwerden absehen zu können.[428]

Letzter Baustein des Bescheidungsanspruchs ist die Mitteilungspflicht der Behörde. Sie ist verpflichtet, dem Antragsteller den Entscheidungsinhalt mitzuteilen. Der umstrittene Rechtscharakter der Entscheidungsmitteilung soll hier nicht beleuchtet werden. Im Fokus der Bearbeitung steht

---

425 Vgl. *Gierth*, DÖV 1977, 761, 762 m.w.N.
426 Vgl. *Hänsch*, S. 195.
427 Vgl. *Kallerhoff/Fellenberg* in Stelkens/Bonk/Sachs, VwVfG, § 24, Rn 78.
428 Vgl. *Hänsch*, S. 196 f.

lediglich die Praktikabilität der Anspruchsausgestaltung hinsichtlich der Vorteilsabschöpfung.

2. Stellungnahme

Ein aus § 34 GWB hergeleiteter Bescheidungsanspruch wird der effektiven Durchsetzung der Vorteilsabschöpfung im Ergebnis nicht gerecht. In Anlehnung an den im Verwaltungsrecht anerkannten Bescheidungsanspruch würde eine Anwendung des Anspruchs im Kartellrecht als Teil des besonderen Verwaltungsrechts nicht zu einem rechtlichen *Abschöpfungszwang* der Behörde führen. Zwar verlangt der Bescheidungsanspruch gegenüber der reinen Kenntnisnahme eine gesteigerte Form von Auseinandersetzung der Behörde mit dem Sachvortrag des Anspruchsinhabers. Jedoch muss die Behörde weder eigene Ermittlungen noch rechtliche Wertungen zu der Erklärung oder dem Antrag des Antragstellers anstellen. Die Erwägungen und Handlungen des Bundeskartellamts haben ausschließlich behördeninterne Wirkung.[429] Eine lediglich nach Maßgabe des Willkürverbots getroffene Entscheidung lässt der Behörde letztlich zu viel Entscheidungsspielraum. Denn im Zweifel ließe sich die Ablehnung weiterer behördlicher Maßnahmen immer auf Kapazitätsengpässe der Behörde stützen. Ein Misstrauen gegenüber dem Bundeskartellamt ist berechtigt, nachdem es über Jahre hinweg die Pflicht zur Vorteilsabschöpfung missachtet hat. Es bedarf daher wirksamer Mechanismen, um § 34 GWB umzusetzen. Ein Anspruch auf Bescheidung reicht dafür nicht aus.

III. Prüfungspflicht in entsprechender Anwendung des fusionskontrollrechtlichen Vorprüfverfahrens

Eine weitergehende rechtliche Verpflichtung der Behörde in Form eines Anspruchs auf Prüfung des konkreten Sachverhalts könnte zu einer effektiveren Durchsetzung der Pflicht zur Vorteilsabschöpfung aus § 34 GWB führen. Zu klären ist zunächst, was im Rahmen dieses Anspruchs zu prüfen wäre. Dies ist insoweit von entscheidender Bedeutung, als dass die Funktionsfähigkeit des Bundeskartellamts je nach Ausgestaltung des Prüfungsumfangs beeinträchtigt wird. Man könnte sich an den bereits im deutschen Kartellrecht vorhandenen Prüfungspflichten des Bundeskartell-

---

429 Vgl. *Hänsch*, S. 199.

amts orientieren. Im Rahmen des Fusionskontrollrechts sind nach § 39 GWB Zusammenschlüsse von Unternehmen anzuzeigen. Im Anschluss an die Anzeige findet nach § 40 Abs. 1 Satz 1 GWB das sogenannte Vorprüfverfahren statt. Das Bundeskartellamt prüft in diesem Verfahren, ob Anhaltspunkte für eine Marktgefährdung durch den beantragten Zusammenschluss bestehen. Ziel des Vorprüfverfahrens ist es, zu klären, ob überhaupt ein Hauptverfahren eingeleitet wird. Ob eine Untersagungsverfügung hinsichtlich der geplanten Fusion ergeht, wird dagegen erst im Hauptverfahren geprüft.[430] Hintergrund der Unterteilung in Vor- und Hauptprüfverfahren ist ein gesetzgeberischer Kompromiss. Es sollte eine Verfahrensabwicklung geschaffen werden, mit „(...) *der einerseits den Forderungen nach Transparenz des Verfahrens, Rechtssicherheit und Rechtsschutz in den problematischen Fällen, andererseits aber auch dem Bedürfnis nach einem raschen und unbürokratischen Verfahren in der Masse der Fälle gleichermaßen Rechnung (...)*" getragen wird.[431]

1. Übertragbarkeit auf die Vorteilsabschöpfung nach § 34 GWB

Hinsichtlich der gesetzgeberischen Intentionen zum Vorprüfverfahren lassen sich diese sinnvoll auf das Abschöpfungsverfahren nach § 34 GWB übertragen. Einerseits soll Rechtssicherheit gewährleistet werden, andererseits soll die Funktionsfähigkeit der Behörde möglichst umfassend erhalten werden. Überträgt man die Systematik des Vorprüfverfahrens auf die Regelung des § 34 GWB und wendet diese entsprechend an, so kann sinnvollerweise die Bagatellgrenze aus § 34 Abs. 3 GWB als Wertungsmaßstab für ein Vorprüfverfahren angesehen werden. Demnach hätte die Behörde in jedem Fall die Grenzen des § 34 Abs. 3 GWB zu überprüfen. In diesem Stadium wäre eine Ressourcenbindung auch noch nicht übermäßig hoch. Die Vorteilsabschöpfung im Rahmen eines Verwaltungsverfahrens erfolgt durch eine Verfügung des Bundeskartellamts. Die tatsächliche Ressourcenbindung hingegen findet in den Phasen vor Verfügungserlass statt. Nimmt man die vorgezogene Prüfung des § 34 Abs. 3 GWB als Bestandteil eines Vorprüfverfahrens an, wäre die oben beschriebene Lösung ein stimmiges Zusammenspiel zwischen einer bestehenden gesetzlichen Pflicht zur Vorteilsabschöpfung und der Bagatellgrenze des § 34 Abs. 3 GWB. Einerseits trägt sie durch den Anspruch auf Prüfung des konkreten Sachverhalts

---

430 Vgl. *Bechtold/Bosch*, GWB, § 40, Rn. 8.
431 Vgl. BT-Drucksache 13/9720, S. 44.

gegenüber dem Bundeskartellamt dem in § 34 GWB verankerten subjektiv-öffentlichen Recht Rechnung. Auf der anderen Seite wird die Regelung des § 34 Abs. 3 GWB beachtet, sodass die Prüfungspflicht nur in eine Vorteilsabschöpfung mündet, sofern die Bagatellgrenze überschritten ist.

2. Stellungnahme

Doch auch wenn das Kartellrecht eine Vorprüfungspflicht bei Fusionskontrollen kennt, lässt sich die Prüfungspflicht im Rahmen der Vorteilsabschöpfung in der oben beschriebenen Form nicht mit der Systematik des § 34 GWB vereinbaren. Zum einen fehlt es im Gegensatz zur Regelung aus § 40 Abs. 1 Satz 1 GWB an einer expliziten Regelung eines Vorprüfverfahrens. Beim Vorprüfverfahren handelt es sich nicht um einen allgemeingültigen Grundsatz im Kartellverwaltungsrecht. Der Gesetzgeber sich im Rahmen der Fusionskontrolle für ein solches Verfahren entschieden. Daneben enthalten weder die allgemeinen Verfahrensregeln nach den §§ 54 ff. GWB noch das Verfahren nach § 34 GWB eine solche Regelung. Zum anderen spricht § 34 Abs. 3 GWB von einem Verzicht der Durchführung der Vorteilsabschöpfung im Falle einer unbilligen Härte oder eines zu geringen Vorteils. Dies legt nahe, dass diverse Vorprüfungen zur Feststellung einer unbilligen Härte oder eines geringen wirtschaftlichen Vorteils bereits innerhalb eines Kartellverwaltungsverfahrens durch das Bundeskartellamt vorzunehmen sind.

Die Ermittlungsbefugnisse der Kartellbehörde sind innerhalb des Verwaltungsverfahrens wesentlich umfassender. So besitzt das Bundeskartellamt nach Maßgabe der §§ 57 ff. GWB umfassende Ermittlungs- und Beschlagnahmebefugnisse innerhalb eines Kartellverwaltungsverfahrens. Auch im Sinne eines effektiven und umfassenden Gesetzesvollzugs liegt es daher nahe, die Prüfung des § 34 Abs. 3 GWB innerhalb eines bereits eröffneten Abschöpfungsverfahrens vorzunehmen.

Zu beachten ist ferner, dass die Anwendung des Rechtsgedankens des Vorprüfungsverfahren auf den Anspruch aus § 34 GWB im Ergebnis nicht zu einer effektiven Durchsetzung der gesetzlichen Pflicht zur Vorteilsabschöpfung führen würde. Nach § 40 Abs. 1 Satz 1 GWB darf das Bundeskartellamt einen Zusammenschluss nur untersagen, *„(...) wenn es den anmeldenden Unternehmen innerhalb einer Frist von einem Monat seit Eingang der vollständigen Anmeldung mitteilt, dass es in die Prüfung des Zusammenschlusses (Hauptprüfverfahren) eingetreten ist."*

Sofern das Bundeskartellamt vor Ablauf der Monatsfrist zu der Überzeugung kommt, dass ein Zusammenschluss offensichtlich unbedenklich ist, so kann es das Verfahren abschließen, indem es die Monatsfrist verstreichen lässt.[432]

Die Behörde kann daher von einem weiteren Tätigwerden, welches gegebenenfalls in einer Untersagungsverfügung endet, durch schlichten Zeitablauf absehen und eine gesetzliche Freigabe des Zusammenschlusses herbeiführen.

In entsprechender Anwendung auf den § 34 GWB hätte dies zur Folge, dass durch Zeitablauf innerhalb des Vorprüfverfahrens zu § 34 Abs. 3 GWB das Vorliegen der Verzichtsgründe nach § 34 Abs. 3 GWB fingiert und die Behörde von Durchsetzung der Abschöpfungsverfügung *befreit* wird. Unter Berücksichtigung der festgestellten gesetzlichen Pflicht zur Vorteilsabschöpfung kann dieser rechtliche Mechanismus keine Anwendung auf den Anspruch nach § 34 GWB haben. Es bedarf strikter Regeln ohne Schlupflöcher, um die Nichtpraxis des Bundeskartellamts hinsichtlich der Vorteilsabschöpfung zu beenden. Eine „*lose*" Prüfungspflicht ist sowohl unter Berücksichtigung des Wortlauts und der Systematik des § 34 GWB als auch unter Berücksichtigung der effektiven Kartellrechtsdurchsetzung nicht ausreichend. Es bedarf einer Eröffnung des Abschöpfungsverfahrens nach § 34 GWB.

IV. Anspruch auf Anwendung des § 34 GWB

Der Anspruch nach § 34 GWB könnte sich darauf richten, dass der Anspruchsteller gegenüber dem Bundeskartellamt die Anwendung des § 34 GWB in dessen Gesamtheit verlangen kann. Sofern die Behörde die Vorteilsabschöpfung nicht innerhalb des Bußgeldverfahrens vornimmt, hat sie in einem Verfahren nach § 34 GWB zu erfolgen. Gleichzeitig umfasst die behördliche Anwendung des § 34 GWB auch die Beachtung der Verzichtsgründe nach § 34 Abs. 3 GWB.[433] Sofern das Bundeskartellamt von der gesetzlichen Pflicht zur Vorteilsabschöpfung absehen will, so hat es die in § 34 Abs. 3 GWB geregelten Verzichtsgründe darzulegen. Im Gegensatz zu einem schlichten Anspruch auf Kenntnisnahme sowie der entsprechenden Anwendung des fusionskontrollrechtlichen Vorprüfverfahrens bietet der Anspruch auf Anwendung des § 34 GWB den Vorteil, dass in jedem

---
432 *Riesenkampff/Steinbarth* in LMRKM, GWB, § 40, Rn. 2.
433 Vgl. Ausführungen unter § 2 B. II. 3., S. 80 ff.

§ 4 Der Anspruch auf Vorteilsabschöpfung

Falle eine Verwaltungsverfahren seitens der Behörde eingeleitet werden muss, sofern kein Verzichtsgrund nach § 34 Abs. 3 GWB vorliegt. So ist es dem Bundeskartellamt durch die in den §§ 54 ff. GWB geregelten behördlichen Befugnisse möglich, eine effektivere und umfassendere Sachverhaltsaufklärung zu betreiben, um den abzuschöpfenden Vorteil festzustellen. Ferner begünstigt der Anspruch auf Anwendung des § 34 GWB, dass § 34 GWB im Ganzen gerichtlich überprüfbar und durchsetzbar wird. Etwaige Schlupflöcher für die Behörde, von einer Vorteilsabschöpfung abzusehen, bestehen nicht.

V. Umsatzbezogene Vermutung

Eine weitere Überlegung ist, den Anspruch nach § 34 GWB gegenüber dem Bundeskartellamt auf eine pauschale Vorteilsabschöpfung oberhalb der Bagatellgrenze nach § 34 Abs. 3 Satz 2 GWB zu erweitern. In Anlehnung an die Bußgeldleitlinien des Bundeskartellamts ließe sich eine rein umsatzbezogene Vorteilsabschöpfungsmethode annehmen. Das heißt, dass immer der Mindestvorteil seitens der Behörde abgeschöpft werden muss, der oberhalb der Geringfügigkeitsschwelle liegt. Daraus folgt, dass die Bagatellgrenze des § 34 Abs. 3 Satz 2 GWB in der vorliegenden Fallkonstellation unmittelbar an eine konkrete Betragsschwelle geknüpft ist. Da weder das Gesetz noch die Gesetzesbegründung zu § 34 Abs. 3 GWB einen Anhaltspunkt geben, wann ein wirtschaftlicher Vorteil als zu gering anzusehen ist, ist nach einer praktikablen und fairen Ausgestaltung der Bagatellgrenze zu suchen.[434]

Für eine effektive und praktikable Umsetzung dieses Anspruchs muss die Berechnung des abzuschöpfenden Vorteils leicht umsetzbar und sofort durchsetzbar sein. Es wird widerleglich vermutet, dass der abzuschöpfende Vorteil zumindest 5 % des mit dem Kartellrechtsverstoß in Zusammenhang stehenden und während des Tatzeitraums erzielten Umsatzes beträgt.[435] Durch diese Beweislastumkehr kann der Abschöpfungsschuldner die Vorteilsabschöpfung lediglich abwenden, indem er nachweist, dass

---

434 Die hier angestellten Überlegungen zur Bestimmung der Bagatellgrenze des § 34 Abs. 3 Satz 2 GWB sind an die Ausführungen unter § 2 B. II. 3. d. aa., S. 85 f. angelehnt.

435 Angelehnt an die Handhabung der Bußgeldbemessung nach den Leitlinien für die Bußgeldzumessung in Kartellordnungswidrigkeitenverfahren vom 25.06.2013, im Folgenden „tatbezogener Umsatz".

der wirtschaftliche Vorteil unterhalb von 5 % des tatbezogenen Umsatzes liegt. Überdies hat die Behörde die Möglichkeit, nachträglich darzulegen, dass der wirtschaftliche Vorteil höher zu beziffern ist.

1. Praktische Umsetzung

Diese Methode weist eine Schwäche hinsichtlich ihrer Orientierung am Unternehmensumsatz auf. Sie kann lediglich einen monetär bezifferbaren wirtschaftlichen Vorteil abschöpfen. Dies wird der Definition des wirtschaftlichen Vorteils im Sinne der §§ 34, 81d Abs. 3 GWB, 17 Abs. 4 OWiG nicht vollumfänglich gerecht.[436] Allerdings findet sich für diese Lösung in § 34 Abs. 4 GWB ein Anhaltspunkt im Gesetz. Demnach kann der wirtschaftliche Vorteil nach § 34 Abs. 4 Satz 1 GWB geschätzt und muss nach Satz 2 zahlenmäßig bestimmt werden. Auf den ersten Blick stellt die Abschöpfung eines Pauschalbetrags einen gut austarierten Kompromiss dar. Zum einen wird mittels einer pauschalen Abschöpfung in Höhe von 5 % des tatbezogenen Umsatzes des betroffenen Unternehmens auch tatsächlich abgeschöpft. Dies dient einer effektiven Kartellrechtsdurchsetzung, der mit § 34 GWB bezweckten Abschreckungswirkung[437] sowie der effektiven Durchsetzung privater Rechte. Denn durch die pauschale Abschöpfung wird zumindest ein Teil der möglicherweise nachträglich gerichtlich durchgesetzten Schadensersatzsumme *gesichert* und ein mögliches Insolvenzrisiko des Abschöpfungsschuldner während eines langwierigen Schadensersatzprozesses minimiert.[438]

Zum anderen wird die Regelung des § 34 Abs. 3 GWB berücksichtigt. Die 5 %-Grenze definiert vorliegend zugleich die in § 34 Abs. 3 Satz 2 GWB verankerte Bagatellgrenze. Sofern der Abschöpfungsschuldner nachweisen kann, dass sein kartellbedingt erlangter wirtschaftlicher Vorteil unter 5 % des tatbezogenen Umsatzes ausmacht, greift § 34 Abs. 3 Satz 2 GWB. Da der Kartellant die Wirkungen des Kartells kennt, wird er diesen Nachweis erbringen können und ist somit nicht schutzlos gestellt.

---

436 Vgl. Ausführungen zu Bestimmung des wirtschaftlichen Vorteils unter § 2 B. I. 3., S. 44 ff.
437 Vgl. BT-Drucksache 18/10207, S. 69.
438 Vgl. hierzu das „Problem der Prozesslänge" unter § 2 B. II. 2. c., S. 71 ff.

2. Rechtliche Bedenken

Ob eine solche Lösung rechtlich tragbar ist, ist im Folgenden eingehend zu prüfen. Der oben beschriebene Anspruchsinhalt kollidiert möglicherweise mit dem Norminhalt des § 34 Abs. 3 GWB. Die in § 34 Abs. 3 Satz 2 GWB beschriebene Bagatellgrenze für den Abschöpfungsverzicht durch das Bundeskartellamt ist nicht klar definiert. Nach ihrem Telos soll sie daher für mehr Einzelfallgerechtigkeit im Rahmen einer Vorteilsabschöpfung sorgen. Zwar kann es sein, dass der Abschöpfungsschuldner der Behörde Fakten zuträgt, welche einen Verzicht auf die Vorteilsabschöpfung nach § 34 Abs. 3 GWB stützen. Nach dem Wortlaut der Norm liegt die Entscheidung, ob die Bagatellgrenze des § 34 Abs. 3 GWB letztlich zur Anwendung kommt, im – wenn auch intendierten – Ermessen der Behörde. Letztlich ist die Norm jedoch ein Ausfluss des Verhältnismäßigkeitsgrundsatzes für behördliches Handeln, an dem sich die Behörde messen lassen muss. Demnach kann die Beweislast für das Vorliegen eines Verzichtsgrunds nach § 34 Abs. 3 GWB nicht beim Abschöpfungsschuldner liegen. Die Behörde hat vor ihrer Abschöpfungsentscheidung zu prüfen, ob die Norm einschlägig ist. Gegen eine pauschale Abschöpfung in Höhe von 5 % des tatbezogenen Umsatzes spricht zudem die Systematik des § 34 GWB. Die pauschale Abschöpfung verkennt, dass nach § 34 Abs. 4 GWB der wirtschaftliche Vorteil in Geld geschätzt werden kann. Diese Möglichkeit wird der Behörde eingeräumt, wenn die genaue Feststellung des wirtschaftlichen Vorteils nicht möglich ist. Bei einer pauschalen Abschöpfung bedarf es einer solchen Regelung nicht. Darüber hinaus bietet die Orientierung am erzielten tatbezogenen Umsatz kein verlässliches Indiz für den tatsächlich erlangten wirtschaftlichen Vorteil des Kartellanten. Dies kann im Ergebnis mit den Verzichtsgründen des § 34 Abs. 3 GWB kollidieren. Denn sofern der Kartellant unabhängig von seinen kartellbedingt erlangten Vorteilen hohe tatbezogene Umsätze erzielt, wird der abzuschöpfende Vorteil in Höhe von 5 % dieses Umsatzes unverhältnismäßig hoch sein und könnte für den Kartellanten eine unbillige Härte nach § 34 Abs. 3 Satz 1 GWB darstellen.

In verfassungsrechtlicher Hinsicht lassen sich die Bedenken bezüglich einer pauschalen Abschöpfung auf Art. 20 Abs. 3 GG stützen. Das Rechtsstaatsprinzip und der Grundsatz der Verhältnismäßigkeit gebieten es gerade, dass der Staat nicht pauschal ohne differenzierte Nachprüfung gleichförmig eingreift. Um diesen Grundsätzen Rechnung zu tragen, hat der Gesetzgeber die Regelung des § 34 Abs. 3 GWB geschaffen. Letztlich ist der Umsatz auch kein geeigneter Indikator, um rechtssichere Aussagen über den abzuschöpfenden Vorteil zu treffen. Denn auch wenn die Behörde zur Vorteilsabschöpfung verpflichtet ist, so hat diese auch in rechtmäßiger Art und Weise zu erfolgen. Sie bedarf somit geeigneter Bezugsgrößen, damit der behördliche Eingriff nicht unverhältnismäßig ist.

VI. Ergebnis

Neben der Praktikabilität des Anspruchs sind auch die konsequente Anwendung des Rechts sowie die schützenswerten Interessen des Anspruchstellers zu berücksichtigen.

Letztlich bedarf es innerhalb des Regelungssystems des § 34 GWB keiner Einschränkung. Allein durch einen Anspruch auf Anwendung des § 34 GWB kann eine effektive und umfassende Vorteilsabschöpfung gewährleistet werden, ohne etwaige verfassungsrechtliche Grenzen zu überschreiten. Denn der Anspruch auf Anwendung des § 34 GWB verlangt neben der Pflicht zur Abschöpfung eben auch die Beachtung der in Absatz 3 der Norm geregelten Verzichtsgründe. Sofern die Behörde unter Anwendung des § 34 GWB zu dem Entschluss kommt, dass eine Vorteilsabschöpfung nach Maßgabe des § 34 Abs. 3 GWB unverhältnismäßig sei, hat sie dies zu begründen. Ferner ist die behördliche Entscheidung auch vollumfänglich gerichtlich überprüfbar.

C. *Anspruchsberechtigung*

Nachdem geklärt wurde, dass § 34 GWB ein subjektiv-öffentliches Recht auf Anwendung der Norm beinhaltet, stellt sich nun die Frage, wer Träger dieses Rechts ist. Ausgangspunkt ist dabei, wer zum durch § 34 GWB geschützten Personenkreis gehört. Nach den Grundsätzen der Schutznormtheorie müssen die Individualinteressen des Anspruchsberechtigten vom Schutzbereich des § 34 GWB umfasst sein. Es muss daher geprüft werden, welcher Marktteilnehmer in konkreten Einzelfall in den Schutzbereich des § 34 GWB fällt.

Nachfolgend soll untersucht werden, welche Kriterien für die Feststellung der Anspruchsberechtigung nach § 34 GWB angemessen sind. Im Bereich der privaten Rechtsdurchsetzung im Gesetz gegen Wettbewerbsbeschränkungen gibt es mittlerweile durch den Gesetzgeber geschaffene Begriffe, die eine Orientierung zur Beantwortung dieser Frage geben können. Daran anknüpfend wird untersucht, nach welchen Maßgaben die Betroffenheit im Sinne des § 34 GWB auszulegen ist.

I. Verknüpfung zwischen Schadensersatzanspruch und dem Anspruch nach § 34 GWB

Wie bereits festgestellt wurde, dient § 34 GWB zumindest auch der Sicherung von Schadensersatzansprüchen von Kartellgeschädigten.[439] Es kann daher darüber nachgedacht werden, ob nur derjenige für einen Anspruch nach § 34 GWB aktivlegitimiert sein kann, dem zugleich ein Schadensersatzanspruch gemäß §§ 33a Abs. 1, 33 Abs. 1 GWB gegenüber dem Kartellanten zusteht.

1. Argumente für eine Verknüpfung

a. Mögliche Deckungsgleichheit zwischen Schadensersatzleistung und dem erlangten Vorteil

Wie bereits erläutert ist die Vorteilsabschöpfung gemäß § 34 Abs. 2 Satz 1 Nr. 1 GWB subsidiär, *soweit* der wirtschaftliche Vorteil bereits durch Schadensersatzleistung abgeschöpft wurde.[440] Dadurch, dass sowohl der wirtschaftliche Vorteil als auch die Schadensersatzleistung an sich deckungsgleich sein *können*, kommt es in Betracht, lediglich demjenigen einen Anspruch nach § 34 GWB gegenüber dem Bundeskartellamt zuzubilligen, der auch einen Schadensersatzanspruch gegenüber dem Kartellschädiger hat.

---

439 Vgl. Ausführungen unter § 2 B. II. 2. c., S. 71 ff. sowie unter § 4 A. III. 1., S. 133 f.
440 Vgl. Ausführungen unter § 2 B. II. 2. a., S. 62 f. und unter ee., S. 67 f. Die Subsidiarität der behördlichen Abschöpfung liegt jedoch nur vor, wenn der wirtschaftliche Vorteil umfänglich durch die Abschöpfungsmöglichkeiten nach § 34 Abs. 2 Satz 1 GWB erfolgt ist.

b. Rechtsfolgen von Schadensersatz und Vorteilsabschöpfung

Daneben lassen sich die Rechtsfolgen des Schadensersatzanspruchs und der Vorteilsabschöpfung vergleichen. Der Schadensersatzanspruch ist vorrangig auf die Naturalrestitution nach § 249 Abs. 1 BGB gerichtet. Dieser Grundsatz gilt auch im Kartellrecht.[441] Dies bedeutet, dass der wirtschaftliche Zustand wiederherzustellen ist, der ohne das schädigende Ereignis bestehen würde, wobei die Herstellung eines vergleichbaren Zustands ausreicht.[442] Nichts anderes gilt für die Rechtsfolge der Vorteilsabschöpfung nach § 34 Abs. 1 GWB. Diese ist gerade darauf gerichtet, den kartellrechtswidrigen Wettbewerbszustand zu beseitigen und somit einen fairen und unverfälschten Wettbewerb wiederherzustellen.

2. Argumente gegen eine Verknüpfung

a. Keine effektive Abschöpfung

Praktisch besteht hier jedoch erneut das Problem, dass die Feststellung des Schadensersatzanspruchs äußerst aufwändig ist. Auch bei der Feststellung der konkreten Schadenshöhe können sich die bekannten Schwierigkeiten ergeben.[443] Sofern man den Bestand eines Schadensersatzanspruchs für die Anspruchsinhaberschaft nach § 34 GWB verlangen würde, bliebe für die Vorteilsabschöpfung nach § 34 GWB lediglich der Anwendungsbereich übrig, in dem der wirtschaftliche Vorteil den zu leistenden Schadensersatzbetrag übersteigt. Daneben bliebe das Problem bestehen, dass die gerichtliche Feststellung eines Schadensersatzanspruchs mehrere Jahre in Anspruch nehmen kann. Zwar tritt für den Schadenersatzanspruch sowie für die Vorteilsabschöpfung die Verjährungshemmung nach § 34 Abs. 5 Satz 2 in Verbindung mit § 33h Abs. 6 GWB ein. Allerdings verbliebe weiterhin die durch den Kartellanten rechtswidrig erlangte Kartellrendite auf dessen *Habenseite*. Abhilfe könnten lediglich geringere Anforderungen an den Bestand des Schadensersatzanspruchs schaffen. Verlangt man lediglich die Schlüssigkeit eines Schadensersatzanspruchs bei Geltendmachung

---

441 Vgl. BGH, WuW/E BGH, 442, 448; BGH, WuW/E BGH, 886, 892; BGH, WuW/E BGH, 1391, 1395; *Roth* in Frankfurter Kommentar, GWB, § 33, Rn. 72, Lfg. 92 (Loseblatt).
442 Vgl. BGH, NJW 1964, 542, 543.
443 Ausführlich *Kühnen*, NZKart 2019, 515 ff.

§ 4 Der Anspruch auf Vorteilsabschöpfung

des Anspruchs nach § 34 GWB, so wäre zumindest das Problem einer möglicherweise Zeitaufwändigen gerichtlichen Feststellung des Schadensersatzanspruchs beseitigt.

b. Kein Schaden

Zu trennen von der *Betroffenheit* ist die Frage, ob der Anspruchsteller überhaupt einen Schaden erlitten hat. Allein diese Differenzierung macht die Übertragung des Betroffenheitskriteriums auf einen Anspruch aus § 34 GWB fruchtbar. Denn anders als beim Schadensersatzanspruch verlangt die Vorteilsabschöpfung gerade keinen Schaden auf Seiten des Anspruchsinhabers, sondern stellt auf die Vorteilserlangung auf Verletzerseite ab.[444] Die unterlassene Vorteilsabschöpfung kann jedoch – zumindest in Ausnahmefällen – wettbewerbliche Wirkung entfalten, ohne dass durch sie betroffene Marktbeteiligte einen konkreten Schaden erleiden. Dem Kartellanten verbleibt ein erhöhtes Investitionspotenzial zur Stärkung seiner Marktstellung, beispielsweise durch die Ausweitung von Werbemaßnahmen oder die Förderung von Innovationen. Überdies könnte der Kartellant die erhöhte Finanzkraft nutzen, um seine direkten Konkurrenten durch einen Preiskampf vom Markt drängen. Auch für potenzielle Wettbewerber des Kartellanten kann der Eintritt auf den kartellbefangenen Markt durch die kartellbedingt erhöhte und nicht abgeschöpfte Finanzkraft des Kartellanten erschwert werden. Sie werden sich beispielsweise durch den Tiefpreiswettbewerb gar nicht erst auf dem Markt etablieren können.

Würde man einen Schaden dennoch als Voraussetzung fordern, so ergibt sich in der Folge das Problem, dass der Schaden durch Transaktionen *abgewälzt* werden kann. In der Praxis wird es jedoch kaum nachzuvollziehen sein, welcher Marktakteur seinen Schaden *abgewälzt* hat und somit nicht mehr Anspruchsberechtigter nach § 34 GWB ist. Die gleichen Schwierigkeiten bestehen dann bei der Frage, auf wen letztlich der Schaden *abgewälzt* ist und wer nun Inhaber des Rechts aus § 34 GWB ist.[445]

---

444 So auch *Raum*, Festschrift Hirsch, 301, 304.
445 Vgl. zu den praktischen Problemen der Aktivlegitimation bei der Schadensabwälzung *Berg/Mäsch*, GWB, § 33, Rn. 25.

3. Stellungnahme

Es ist daher nicht überzeugend, die Durchsetzung des marktregulierenden Anspruchs nach § 34 GWB vom Vorliegen eines individuellen Schadens des Anspruchstellers abhängig zu machen. Ungeachtet möglicherweise gebotener Einschränkungen des Betroffenheitskriteriums führt dies zu einer Pauschalierung der Aktivlegitimation nach § 34 GWB und einer unsachgerechten Verknüpfung zwischen der Aktivlegitimation eines Schadensersatzanspruchs und der eines Anspruchs nach § 34 GWB. Auch wenn Schadensersatzanspruch und Vorteilsabschöpfung in § 34 Abs. 2 Satz 1 Nr. 1 GWB miteinander verknüpft sind, so stellen sie trotzdem Ansprüche mit unterschiedlichen Schutzrichtungen dar. Die Kompensation des individuellen Schadens ist Ausganspunkt für den Schadensersatzanspruch. Die Beeinträchtigung des Anspruchstellers durch eine unterlassene Vorteilsabschöpfung schlägt sich aber gerade nicht zwangsläufig in Form eines durch ein Kartell entstandenen Schadens nieder. Daneben zeigt § 34 Abs. 2 Satz 1 Nr. 1 GWB auch, dass diese zwei Bezugsgrößen Schaden und wirtschaftlicher Vorteil nicht deckungsgleich sein müssen. Denn die Vorteilsabschöpfung ist lediglich entbehrlich, *soweit* der wirtschaftliche Vorteil durch eine Schadensersatzleistung des Abschöpfungsschuldners bereits abgeschöpft wurde.

Ferner zeigt das Problem der *Schadensabwälzung*, dass eine Orientierung an dem Schadensersatzanspruch fehl geht. Wälzt der Geschädigte seinen Schaden auf eine nachgelagerte Marktstufe ab, so ist dieser kompensiert. Sofern der Schaden durch *Abwälzung* entfiele, träfe dies auch auf die Aktivlegitimation für einen Anspruch nach § 34 GWB zu. Allerdings verbliebe der wirtschaftliche Vorteil weiterhin beim Kartellanten. Zwar kann nun der Abnehmer auf der nachgelagerten Marktstufe gegebenenfalls seinen Schadensersatzanspruch gelten machen. Jedoch wird letztlich durch eine Vielzahl von Transaktionen auf nachgelagerten Märkten der Nachweis der Betroffenheit erheblich erschwert, wodurch auch eine effektive und flächendeckende Vorteilsabschöpfung verhindert wird.

Mithin ist zu berücksichtigen, dass die gerichtliche Zubilligung eines Schadensersatzanspruchs mehrere gerichtliche Instanzen in Anspruch nehmen kann. Über den Zeitraum der Gerichtsprozesse verbleibt dem Kartellanten der wirtschaftliche Vorteil und die damit einhergehende erhöhte Finanzkraft oder verbesserte Marktstellung. Dies führt nicht zu einer konsequenten und umfassenden Durchsetzung des § 34 GWB. Damit einhergehend ergibt sich das Problem, dass es umso schwieriger wird, die fairen und unverfälschten Marktverhältnisse durch die Vorteilsabschöpfung zu rekonstruieren, je länger der Kartellant mit den rechtwidrig erlangten Mitteln auf das Marktgeschehen einwirken konnte. Zudem werden durch ein solches Verständnis die zukünftigen Markteinflüsse durch eine unterlassene Vorteilsabschöpfung nicht berücksichtigt. Darüber hinaus verkennt dieser Ansatz, dass neben dem individualisierbaren Recht auf Sicherung des Schadensersatzanspruchs aus § 34 GWB auch ein Recht auf Schutz der individualisierbaren Marktposition erwächst. Somit fällt auch derjenige in den Schutzbereich des § 34 GWB, dessen Marktposition in individualisierbarer Weise durch die unterlassene Vorteilsabschöpfung betroffen ist. Daneben dient die Vorteilsabschöpfung nicht ausschließlich der Durchsetzung privater Rechte. Im Fokus der Norm stehen neben der Abschreckung gegenüber potenziellen Kartellanten und auch die effektive Durchsetzung des Kartellrechts zum Erhalt oder zur Wiederherstellung eines fairen und unverfälschten Wettbewerbes. Auch wenn der Schadensersatzanspruch in seiner Rechtsfolge auf Naturalrestitution gerichtet ist und somit auch die Wiederherstellung eines rechtmäßigen Zustands erzielt, so steht die Durchsetzung privater Rechte im Fokus des Schadensersatzanspruchs. Die Kompensation des individuellen Schadens entspricht jedoch nicht der Wiederherstellung oder dem Erhalt des Wettbewerbs als solchen.

4. Zwischenergebnis

Es ist daher dogmatisch unsauber, die Anforderungen für die Aktivlegitimation eines Anspruchs nach § 34 GWB an die eines Schadensersatzanspruchs anzugleichen. Eine derartige Verknüpfung ist daher abzulehnen.

II. Die Betroffenheit als Grundvoraussetzung eines kartellrechtlichen Anspruchs

Nachfolgend soll untersucht werden, ob die kartellrechtliche Betroffenheit ein geeignetes Kriterium für die Feststellung der Anspruchsberechtigung nach § 34 GWB darstellt. Daran anknüpfend wird geprüft, nach welchen Maßgaben die Betroffenheit im Sinne des § 34 GWB auszulegen ist.

1. Übertragbarkeit des Betroffenheitskriteriums auf § 34 GWB

Nach dem Wortlaut des § 34 Abs. 1 GWB kann der wirtschaftliche Vorteil bei solchen Unternehmen in einem separaten Verwaltungsverfahren abgeschöpft werden, welche „*(...) vorsätzlich oder fahrlässig gegen eine Vorschrift dieses Teils, gegen Artikel 101 oder 102 des Vertrages über die Arbeitsweise der Europäischen Union oder eine Verfügung der Kartellbehörde verstoßen und dadurch einen wirtschaftlichen Vorteil erlangt (...)*" haben.

Sowohl § 34 Abs. 1 GWB als auch der Unterlassungs- und Beseitigungsanspruch nach § 33 Abs. 1 GWB verlangen eine Verletzung des materiellen Rechts des Gesetzes gegen Wettbewerbsbeschränkungen. Die Ansprüche nach den §§ 33 Abs. 1, 33a Abs. 1 GWB haben die Gemeinsamkeit, dass sie die kartellrechtliche Betroffenheit des Anspruchstellers voraussetzen.[446] § 34 Abs. 1 GWB verlangt hingegen im Unterschied zu den §§ 33 Abs. 1, 33a Abs. 1[447] GWB, dass die Verletzung des materiellen Kartellrechts kausal für die Erlangung eines wirtschaftlichen Vorteils des Rechtsverletzers ist. Anders als bei der Vorteilsabschöpfung handelt es sich bei den Ansprüchen aus den §§ 33 Abs. 1, 33a Abs. 1 GWB ausschließlich um Instrumente der Durchsetzung privater Rechte. Allerdings hat die Untersuchung des § 34 GWB ergeben, dass auch dieser die Rechte Privater schützt.

2. Parallele zum Beseitigungsanspruch nach § 33 Abs. 1 Satz 1 GWB

Betrachtet man die Rechtsfolgen der Abwehransprüche nach § 33 Abs. 1 GWB und des § 34 Abs. 1 GWB, ist die Vorteilsabschöpfung nach § 34 GWB mit dem Beseitigungsanspruch nach § 33 Abs. 1 Alt. 1 GWB vergleichbar. Die Rechtsfolgen der Normen sind auf die (Folgen-)Beseiti-

---

446 Vgl. abweichend in Bezug auf die Betroffenheit als Voraussetzung für einen Schadensersatzanspruch: *Roth* in Frankfurter Kommentar, GWB, § 33, Rn. 55, Lfg. 92 (Loseblatt). *Roth* wendet gegen ein auf Schadensersatz- sowie Abwehransprüche gleichlautendes Verständnis der Betroffenheit ein, dass sich der Verweis des § 33a Abs. 1 GWB ausschließlich auf § 33 Abs. 1 GWB bezieht. Demnach ist der Anspruchsberechtigte eines Schadensersatzanspruchs danach zu bestimmen, dass dieser durch einen Verstoß gegen den Tatbestand des § 33 Abs. 1 GWB einen Schaden erlitten hat. Nach dieser Ansicht kann der Kreis der Anspruchsberechtigten nach § 33 Abs. 1 GWB enger bestimmt werden als die der Geschädigten nach § 33a Abs. 1 GWB. Auf die Betroffenheit käme es bei einem Anspruch gemäß § 33a Abs. 1 GWB nicht an.
447 Der im Vergleich zu § 33 Abs. 1 GWB zusätzlich einen schuldhaft verursachten Schaden voraussetzt.

gung kartellrechtswidriger Wettbewerbsverhältnisse gerichtet. So dient der Beseitigungsanspruch der Beseitigung von durch kartellrechtswidriges Verhalten entstandenen fortdauernden oder gegenwärtigen Störungen.[448] Es ist daher naheliegend, auch für den Anspruch nach § 34 GWB die Betroffenheit als haftungsbegründende Voraussetzung anzunehmen. Anknüpfungspunkt des Anspruchs aus § 34 GWB ist jedoch nicht nur ein konkretes kartellrechtswidriges Handeln des Kartellanten, sondern die Beseitigung eines kartellrechtswidrig entstandenen Wettbewerbszustands. Der aufgrund der unterlassenen Vorteilsabschöpfung entstandene Wettbewerbszustand stellt die fortdauernde und gegenwärtige Störung dar. Somit zielt der Anspruch aus § 34 GWB auf die Beseitigung dieses Zustands ab. Bezogen auf die Rechtsfolge ist die Vorteilsabschöpfung somit ein speziellerer Beseitigungsanspruch. Ein Unterschied zu § 33 Abs. 1 Alt. 1 GWB besteht lediglich darin, dass der Störer selbst nicht der Anspruchsgegner des § 34 GWB ist und dass die Beseitigungshandlung somit nicht durch den Störer selbst vorgenommen wird. Hier wird die Behörde durch den Erlass einer Abschöpfungsverfügung tätig.

3. Zwischenergebnis

Es zeigt sich, dass die *Betroffenheit* eine Voraussetzung für privatrechtliche Ansprüche im Kartellrecht ist. Aufgrund der tatbestandlichen Überschneidungen sowie der Überschneidungen der Rechtsfolgen – insbesondere im Hinblick auf den Beseitigungsanspruch – der Normen, ist es daher geboten, nur dem Betroffenen einen Anspruch nach § 34 GWB zuzubilligen.[449] Überdies hat die Monopolkommission in der Vergangenheit festgestellt, dass auch wettbewerbliche Interessen durch eine behördliche Entscheidung beeinträchtigt werden können.[450] Insofern kann das Kriterium der kartellrechtlichen Betroffenheit auch auf einen Anspruch aus § 34 GWB

---

448 Vgl. BGH, WUW/E BGH, 288, 292; OLG Frankfurt, GRUR 1989, 370; *Fritzsche*, WRP 2006, 42, 44 f.; *Roth* in Frankfurter Kommentar, GWB, § 33, Rn. 38, Lfg. 91 (Loseblatt); *Bornkamm/Tolkmitt* in Langen Bunte, GWB, § 33, Rn. 6.
449 Einen anderen Ansatz vertritt *Kremer*, S. 61 f. Demnach sei die Individualisierung des berechtigten Personenkreises anhand der Lehre zum Nachbarschutz im Baurecht bestimmen.
450 Vgl. Sondergutachten 1, S. 55, Rn. 64; Sondergutachten 7, S. 108, Rn. 209.

übertragen werden.⁴⁵¹ Nachfolgend ist daher zu klären, nach welchen Kriterien sich die kartellrechtliche Betroffenheit bemisst.

III. Betroffenheit im Sinne des § 33 Abs. 1 und 3 GWB

Anspruchsinhaber nach § 33 Abs. 1 GWB ist der durch den Rechtsverstoß *Betroffene*. Das im Zug der 7. GWB-Novelle an Stelle des Schutznormerfordernisses getretene Kriterium wird in § 33 Abs. 3 GWB legaldefiniert. Demnach ist kartellrechtlich betroffen, *„(…) wer als Mitbewerber oder sonstiger Marktbeteiligter durch den Verstoß beeinträchtigt ist"* und unter Berücksichtigung des § 33 Abs. 2 GWB, wem eine solche Beeinträchtigung droht.⁴⁵² Nach dem Gesetz ist die Betroffenheit in den Fällen zweifelsfrei festgestellt, in denen die Feststellungswirkung aus § 33b GWB greift. Wenn also in einer kartellbehördlichen Entscheidung festgestellt wurde, dass bestimmte Personen oder Unternehmen Ziel einer kartellrechtswidrigen Handlung waren, führt dies auch automatisch zu deren Betroffenheit im Sinne des § 33 Abs. 3 GWB. Für die Fälle, die nicht von der Feststellungswirkung des § 33b GWB erfasst sind, ist die Beeinträchtigung gesondert festzustellen.

1. Beeinträchtigung der wirtschaftlichen Interessen

Einer möglichen Betroffenheit sind dergestalt Grenzen gesetzt, dass nur derjenige, der in seiner Rolle als Mitbewerber oder sonstiger Marktbeteiligter *beeinträchtigt* wird, Betroffener sein kann. Denn nur in diesen Fällen kann von einer rechtserheblichen Betroffenheit ausgegangen werden – im Gegensatz zu den nicht erfassten Fällen, bei denen lediglich weit entfernte negative Auswirkungen am Markt festzustellen sind.⁴⁵³ Für die Prüfung der Betroffenheit ergibt sich dadurch folgender Ablauf: Der Anspruchstel-

---

451 Vgl. auch *Kremer*, S. 61 ff.; *Schmidt*, S. 439, 586 ff., die einen Drittschutz annehmen, sofern der Dritte durch die Wettbewerbsbeschränkung rechtserheblich betroffen ist. Dies sei der Fall, wenn der Marktteilnehmer in seinen konkreten Marktchancen beeinträchtigt werde. Nicht umfasst ist hingegen, dass ein Dritter durch generelle Verschlechterungen der Marktverhältnisse betroffen sei; vgl. hierzu auch *Schmidt*, S. 392, 396, 586 ff.
452 Vgl. *Franck* in Immenga/Mestmäcker, GWB, § 33, Rn. 14.
453 So auch *Stancke*, NZKart 2017, 636, 638; *Schmidt* in Immenga/Mestmäcker, EU-Wettbewerbsrecht, 5. Aufl. 2012, Anhang 2, Rn. 12, 18.

ler muss zunächst durch einen Kartellverstoß in seinen wirtschaftlichen Interessen beeinträchtigt sein. Für die Bejahung der Betroffenheit im Sinne des § 33 Abs. 3 GWB muss in einem zweiten Schritt geprüft werden, ob der Anspruchsteller auch in seiner Rolle als sonstiger Marktbeteiligter oder Mitbewerber beeinträchtigt wurde. Der Wortlaut gibt allerdings keinen Hinweis darauf, welche Anforderungen an die Beeinträchtigung und letztlich die Betroffenheit zu stellen sind.

So können die Beeinträchtigungen sonstige Marktbeteiligte und Mitbewerber unterschiedlich hart treffen, ohne dass der Gesetzgeber zwischen unterschiedlichen Stufen der Beeinträchtigung oder Betroffenheit differenziert.[454] Sie können zum Beispiel lediglich mittelbar beeinträchtigt werden oder auch direkter Abnehmer kartellbefangener Ware sein.

a. Auslegung nach der *Schienenkartell-II*-Entscheidung

Seit der *Schienenkartell-II*-Entscheidung des Bundesgerichtshofs sind die Begriffsinhalte der Kartellbetroffenheit und der Kartellbefangenheit klar voneinander abgegrenzt. Demnach ist es für die Begründung der Betroffenheit nicht notwendig, festzustellen, dass sich die Kartellabsprache auf den konkret betroffenen Beschaffungsvorgang ausgewirkt hat. Der Anspruchsteller muss sein Schadensersatzbegehren nicht auf die Kartellbefangenheit des konkreten Geschäfts stützen. Vielmehr ist für die Feststellung der Betroffenheit ausreichend, dass eine wettbewerbsbeschränkende Handlung dazu geeignet ist, einen Schaden beim Anspruchssteller zu begründen.[455] Diese weite Auslegung der Kartellbetroffenheit hat der Bundesgerichtshof auch jüngst in seiner Entscheidung zum LKW-Kartell bestätigt.[456] Die Kartellbetroffenheit beschreibt demnach die durch ein Kartell konkret beeinflussten Belieferungs- und Beschaffungsvorgänge, während sich die Kartellbefangenheit auf die kartellbedingte Beeinflussung eines konkreten Produkts bezieht. Daraus folgt, dass der Erwerber eines kartellbefangenen Produkts auch stets kartellbetroffen ist.[457] Auch wenn der Bundesgerichtshof die Abkehr vom Anscheinsbeweis hin zu einer tatsächlichen Vermutung im Hinblick auf die Kartellbetroffenheit bestätigt hat, kann bezweifelt wer-

---

454 *Lübbig* in MüKo/Kartellrecht, GWB, § 33, Rn. 22.
455 Vgl. BGH, NJW 2020, 1430, 1432, Rn. 25 f.
456 Vgl. BGH, BeckRS 2020, 37175, Rn. 33.
457 Vgl. *Kersting* in LMRKM, GWB, § 33, Rn. 24.

den, das dies in praktischer Hinsicht zu Nachweisschwierigkeiten führt.[458] Denn dem erkennenden Gericht ist es auch bei einer tatsächlichen Vermutung möglich, im Wege einer Gesamtschau Rückschlüsse auf die Kartellbetroffenheit aus der Struktur der Kartellabsprache, ihrer praktischen Umsetzung sowie weiteren Indizien zu ziehen.[459] Es. Insofern kann weiterhin von einem weiten Verständnis der Betroffenheit durch die Gerichte ausgegangen werden.[460]

Die vorliegende Arbeit soll sich nicht mit den dogmatischen Besonderheiten der Betroffenheit nach dem Verständnis des Bundesgerichtshofs auseinandersetzen.[461] Anhand der *Rechtsprechung* soll nur verdeutlicht werden, dass die Anforderungen an die Betroffenheit auch nach dem Verständnis der *Rechtsprechung* gering sind.

b. Auslegung nach der 10. GWB-Novelle

Aufgrund der Abkehr der *Rechtsprechung* vom Anscheinsbeweis der Kartellbetroffenheit[462] hat sich der Gesetzgeber den daraus resultierenden vermeintlichen Nachweisproblemen der Kartellbefangenheit mit Einführung des § 33a Abs. 2 Satz 4 GWB im Zuge der 10. GWB-Novelle angenommen.[463] Demnach wird zugunsten von Kartellgeschädigten „(...) *widerleglich vermutet, dass Rechtsgeschäfte über Waren oder Dienstleistungen mit kar-*

---

458 Vgl. *Steinberg/Wirtz*, WuW 2020, 8, 11.
459 Vgl. BGH, NJW 2020, 1430, 1435, Rn. 52.
460 Vgl. *Steinberg/Wirtz*, WuW 2020, 8, 11.
461 Vgl. hierzu u.a. *Petzold/Steinle*, NZKart 2020, 176; *Otto*, ZWeR 2019, 354, 357; *Klumpe/Thiede*, NZKart 2020, 104; *Lahme/Ruster*, NZKart 2019, 196, welche die Ablehnung der *Rechtsprechung*, die Kartellbefangenheit des konkreten Geschäfts als zwingende haftungsbegründende Voraussetzung anzusehen, befürworten; nach *Petzold/Steinle*, NZKart 2020, 176, 177 gibt es auch nach der *Schienenkartell-II*-Entscheidung noch einen praktischen Anwendungsbereich für die Kartellbetroffenheit. Im Kontext der *Schienenkartell-II*-Entscheidung könne ein angeblicher Anspruch an der Betroffenheit scheitern, wenn ein Kausalzusammenhang allein auf der festgestellten Tatsachengrundlage vernünftigerweise nicht vorstellbar sei. Demnach sei das Merkmal der Betroffenheit in den Fällen von Bedeutung, wo die streitgegenständlichen Erwerbsvorgänge zumindest nicht eindeutig Gegenstand der Zuwiderhandlung gewesen seien.
462 Vgl. BGH, NJW 2020, 1430, 1433, Rn. 31; BGH, NJW 2019, 661, 664, Rn. 51 f.
463 Oftmals scheiterte die Geltendmachung von Schadensersatzansprüchen bereits daran, dass es Klägern mangels entsprechender Informationen nicht möglich war, den Nachweis der Kartellbefangenheit eines konkreten Geschäfts zu erbringen, vgl. BT-Drucksache 19/23492, S. 89.

tellbeteiligten Unternehmen, die sachlich, zeitlich und räumlich in den Bereich eines Kartells fallen, von diesem Kartell erfasst waren."[464] Gemäß § 33c Abs. 3 Satz 2 GWB erstreckt sich diese Vermutung auch auf mittelbare Abnehmer in Bezug auf Waren oder Dienstleistungen nach § 33c Abs. 2 Satz 1 Nr. 3 GWB.

Unberührt von der Vermutung bleiben hingegen Preisschirmschäden. Allerdings stellt die Entwurfsbegründung klar, dass aus dem Verzicht auf eine entsprechende Regelung keine Rückschlüsse hinsichtlich der Betroffenheit bei Preisschirmschäden gezogen werden können.[465] Da die *Rechtsprechung* jüngst hat erkennen lassen, dass sie die Kriterien für den Nachweis der Betroffenheit abschwächen, gleichzeitig jedoch der Vielfältigkeit von Kartellen Rechnung tragen möchte[466], lässt sich an der praktischen Bedeutung und damit zugleich an der Notwendigkeit der Implementierung der §§ 33a Abs. 2 Satz 4, 33c Abs. 3 Satz 2 GWB zweifeln.[467] Jedoch zeigen sowohl der Gesetzgeber als auch die *Rechtsprechung*, dass der Schutzbereich der Betroffenheit weit zu fassen ist.

c. Beschränkung der Beeinträchtigung

Unter dem Kriterium der *Rechtserheblichkeit* der Beeinträchtigung wird versucht, den expansiven Begriff der Betroffenheit nach § 33 Abs. 3 GWB einzugrenzen, um zu verhindern, dass ganz entfernte nachteilige Auswirkungen am Markt eine Betroffenheit begründen können.[468]

In der *Literatur* wird dies zum Teil als Beeinträchtigung in *marktvermittelter Weise* definiert.[469] Ausgangspunkt der Betroffenheit ist somit die Frage, ab welchem Grad eine rechtlich bedeutsame Beeinträchtigung des je-

---

464 Vgl. auch hierzu die Stellungnahme der Studienvereinigung Kartellrecht e.V. zu den mit dem Referentenentwurf vorgeschlagenen Änderungen – Verwaltungsverfahren/Schadensersatz/Fusionskontrolle vom 13.02.2020, S. 25, Rn. 97 f.
465 Vgl. BT-Drucksache 19/23492, S. 89; *Kahlenberg/Rahlmeyer/Giese*, BB 2020, 2691, 2700.
466 Vgl. BGH, NJW 2020, 1430, 1434, Rn. 40, auch wenn die *Rechtsprechung* in ihren *Schienenkartell*-Entscheidungen von den Prinzipien des Anscheinsbeweises abgerückt ist, so sprach sie sich immerhin für eine tatsächliche Vermutung hinsichtlich der Betroffenheit aus.
467 Vgl. *Steinberg/Wirtz*, WuW 2020, 8, 11.
468 *Schmidt* in Immenga/Mestmäcker, EU-Wettbewerbsrecht, 5. Aufl. 2012, Anhang 2, Rn. 12, 18.
469 Vgl. *Roth*, Festschrift Schroeder, 709, 718; *Franck* in Immenga/Mestmäcker, GWB, § 33, Rn. 20.

weiligen Marktteilnehmers vorliegt. Dies setze voraus, dass sich ein verursachter oder drohender wirtschaftlicher Nachteil als Ergebnis einer Transaktion zu kartellbedingt verzerrten Markt- und Wettbewerbsbedingungen widerspiegele. Auf welcher Marktstufe sich die verzerrten Wettbewerbsbedingungen niederschlagen, spiele bei dieser Betrachtung hingegen keine Rolle. Davon ausgenommen sind nach dieser Ansicht sogenannte abgeleitete wirtschaftliche Nachteile. Darunter fallen beispielsweise kartellbedingte Nachteile von Anteilseignern an dem geschädigten Unternehmen.[470] Sie stellt damit auf eine Unmittelbarkeit zwischen Nachteil und Transaktion ab. Entscheidend für die Betroffenheit nach § 33 Abs. 3 GWB ist demnach, auf welchen Markt sich die Kartellrechtsverletzung bezieht und ob sie die dortigen Marktverhältnisse und Wettbewerbsbedingungen verzerrt.[471]

Noch enger ist die Ansicht, dass lediglich der Marktteilnehmer durch eine kartellrechtswidrige Absprache beeinträchtigt sei, gegen den sich die Absprache gezielt richte.[472]

d. Weite Auslegung

Die *Rechtsprechung* ist von ihrer engen Auslegung abgerückt und geht mittlerweile von einem weiten Verständnis der Beeinträchtigung aus. Statt der früher von der *Rechtsprechung* verlangten *Zielgerichtetheit* des Kartellverstoßes[473] reicht es nach der jüngeren *Rechtsprechung* des Bundesgerichtshofs zum *Schienenkartell-II* für das Vorliegen der Betroffenheit aus, dass eine wettbewerbsbeschränkende Handlung dazu geeignet ist, einen Schaden beim Anspruchsteller zu begründen.[474] Bereits nach der früheren *Rechtsprechung* der Oberlandesgerichte Düsseldorf und Frankfurt ist eine weite Auslegung der Beeinträchtigung zu erkennen. Bei einem Unterlassungsanspruch aus § 33 Abs. 1 Alt. 2 GWB liegt diese bereits vor, wenn der Mitbewerber oder sonstige Marktbeteiligte in seiner Wettbewerbsposition benachteiligt und somit dessen Aussicht auf Ertragserzielung auf dem tätigen Markt verschlechtert wird oder nachteilige Folgen für ihn eintre-

---

470 *Franck* in Immenga/Mestmäcker, GWB, § 33, Rn. 20.
471 *Franck* in Immenga/Mestmäcker, GWB, § 33, Rn. 20.
472 So *Hempel*, WuW 2004, 362, 369, Fn. 58, unter Bezugnahme auf BGHZ 86, 324, 330.
473 Vgl. zum früher anzuwendenden Kriterium der „*Zielgerichtetheit*": BGHZ 86, 324, 330; BGHZ 190, 145, Rn. 16 f.; LG Mannheim, GRUR 2004, 182 ff.
474 BGH, NJW 2020, 1430, 1432, Rn. 25 f.

§ 4 Der Anspruch auf Vorteilsabschöpfung

ten können. Dies sei der Fall, wenn bereits der Eintritt eines Schadens aufgrund eines kartellrechtswidrigen Verhaltens vorstellbar ist.[475]

e. Kritik an der weiten Auslegung

In der *Literatur* wird diese weite Fassung der Beeinträchtigung bei kartellbedingten Schadensersatzansprüchen kritisiert. Zur Verhinderung faktischer Popularklagen sei eine engere Fassung des Betroffenheitskriteriums geboten. Demnach sei bei kartellbedingten Schadensersatzansprüchen ein Vortrag des Anspruchstellers zu den Markt- und Wettbewerbsgegebenheiten in der Wertschöpfungskette zu verlangen, aus dem hervorgehe, dass bei diesem als potenziell Geschädigten eine reelle Gefahr einer mehr als nur marginalen Schädigung bestehe.[476] Überdies erfährt das weite Verständnis der Betroffenheit nach der Rechtsprechung der Oberlandesgerichte Düsseldorf und Frankfurt, nach dem die Möglichkeit eines Schadenseintritts für eine Beeinträchtigung im Sinne des § 33 Abs. 1 Alt 2. GWB ausreicht, Kritik im Hinblick auf die Betroffenheit mittelbarer Abnehmer. Demnach sei es nicht tragbar, dass mittelbare Abnehmer aufgrund der Gefahr der *Abwälzung* des Schadens schon als Betroffene im Sinne des § 33 Abs. 1, 3 GWB gelten, da der konkrete Schadenseintritt letztlich davon abhänge, ob die vorgelagerte Marktstufe ihren Schaden tatsächlich auf die nachgelagerte *abwälze*.[477]

f. Stellungnahme

Ein enges Verständnis der Beeinträchtigung ist mit Blick auf die auf Sicherung eines unverfälschten Wettbewerbs im Binnenmarkt gerichtete Zielsetzung des europäischen Wettbewerbsrechts sowie des Gesetzes gegen Wettbewerbsbeschränkungen längst überholt. Auch unter der Berücksichtigung der kartellrechtlichen Rechtsprechungsentwicklung seit der *Courage*-Entscheidung[478] sollte der Kreis der Anspruchsteller für Schadensersatz-

---

475 Vgl. OLG Düsseldorf, NZKart 2014, 154; OLG Frankfurt, WuW/E DE-R 2860, 2861.
476 Vgl. *Franck* in Immenga/Mestmäcker, GWB, § 33, Rn. 18.
477 So *Roth* in Frankfurter Kommentar, GWB, § 33, Rn. 56, Lfg. 92 (Loseblatt).
478 EuGH, Urteil vom 20.09.2001, C-453/99, ECLI:EU:C:2001:465 = GRUR Int 2002, 54 = EuZW 2001, 715.

klagen möglichst weit gefasst werden. Diese Entwicklung ist auch in der jüngsten *Rechtsprechung* des Bundesgerichtshofs zu erkennen. Nach der *Schienenkartell-II-Rechtsprechung* reicht für das Vorliegen der Betroffenheit aus, dass eine wettbewerbsbeschränkende Handlung dazu geeignet ist, einen Schaden beim Anspruchssteller zu begründen.[479] Das Landgericht Hannover hat bereits in einer früheren Entscheidung die kartellrechtliche Betroffenheit angenommen, wenn der „(...) *Anspruchsteller von dem beanstandeten Verhalten so betroffen wurde, dass nachteilige Folgen für ihn eintreten konnten".*[480] Demnach könne eine Beeinträchtigung bei unmittelbaren Abnehmern schon dann vorliegen, wenn diese in ihrer Auswahl- und Entscheidungsfreiheit eingeschränkt werden und das Ausweichen auf Alternativen, Nachteile mit sich ziehe.[481]

Die Kritik an einer weiten Auslegung der Betroffenheit nach der Rechtsprechung der Oberlandesgerichte Düsseldorf und Frankfurt im Hinblick auf die Betroffenheit mittelbarer Abnehmer überzeugt nicht.[482] Eine solche Einschränkung ist im Hinblick auf die effektive Kartellrechtsdurchsetzung allerdings nicht geboten. Es besteht kein Anlass, in diesen Fällen eine Betroffenheit abzulehnen. Die Betroffenheit begründet die Aktivlegitimation für kartellrechtliche Ansprüche, die im Ergebnis darauf abzielen, den Wettbewerb hinsichtlich rechtswidriger Verhaltensweisen zu regulieren. Es ist daher von einem weiten Verständnis der Beeinträchtigung auszugehen, die bereits vorliegt, wenn durch das kartellrechtswidrige Verhalten des Anspruchsgegners eine negative Beeinträchtigung der wettbewerblichen Interessen des Anspruchstellers eintreten kann.

Im Zuge der 10. GWB-Novelle hat der Gesetzgeber mit den Regelungen der §§ 33a Abs. 2 Satz 4, 33c Abs. 3 Satz 2 GWB deutlich gemacht, dass er den kartellrechtlichen Schutz durch privatrechtliche Ansprüche möglichst weit fassen möchte.[483] Demnach wird bereits die Betroffenheit vermutet, wenn ein vermeintlich kartellbefangenes Produkt sachlich, räumlich sowie zeitlich in den Bereich eines Kartells fällt, ohne dass eine tatsächliche Kartellbefangenheit erwiesen wäre. Der Gesetzgeber will bereits solche Marktteilnehmer schützen, die potenziell in den Wirkungskreis eines Kartells fallen. Das Vorliegen der Betroffenheit mittelbarer Abnehmer von der

---

479 Vgl. BGH, NJW 2020, 1430, 1432, Rn. 25.
480 Vgl. LG Hannover, BeckRS 2016, 12506, I.3.
481 So *Stancke*, NZKart 2017, 636, 638.
482 Zur Kritik vgl. *Roth* in Frankfurter Kommentar, GWB, § 33, Rn. 56, Lfg. 92 (Loseblatt); Ausführungen unter § 4 C. III. 1. e., S. 162.
483 Vgl. BT-Drucksache 19/23492, S. 88 f.

tatsächlichen *Abwälzung* des Schadens durch die vorgelagerte Markstufe abhängig zu machen, ist mit dieser Intention nicht zu vereinbaren.

2. Beeinträchtigung als *„Mitbewerber und sonstiger Marktbeteiligter"*

Ferner ist der Anspruchsteller nur als Betroffener im Sinne des § 33 Abs. 3 GWB einzustufen, sofern er in seiner Rolle als *„Mitbewerber oder sonstiger Marktbeteiligter"* beeinträchtigt worden ist.

Durch die Auslegung der Begriffe *Mitbewerber und sonstigen Marktbeteiligten* nach § 33 Abs. 1 GWB kann der Kreis an Anspruchsberechtigten bestimmt werden. Anhand dieses Kriteriums bemisst sich die Reichweite der Betroffenheit. Da jede Beeinträchtigung der wirtschaftlichen Interessen für die Bejahung der Betroffenheit im ersten Schritt ausreicht, wird sich der Umfang an Anspruchsberechtigten nach den Definitionen des *Mitbewerbers und sonstigen Marktbeteiligten* richten.

a. Marktbeteiligter als Oberbegriff

In der *Literatur* wird die Ansicht vertreten, dass der Begriff *„Marktbeteiligter"* einen Oberbegriff darstelle, unter den auch *„Mitbewerber"* fallen würden. Dies ergebe sich aus der Formulierung *„sonstige"*.[484] Aus diesem Verständnis folgt, dass für die Bejahung der Betroffenheit ein konkreter Bezug des kartellbetroffenen Markts zum Anspruchsteller bestehen oder bestanden haben muss und nicht jeder Marktbeteiligter – sondern nur *sonstige* und *Mitbewerber* – kartellrechtlich betroffen sein können. Demnach ist es für die Feststellung der Betroffenheit entscheidend, auf welchen Markt sich der Kartellrechtsverstoß bezieht. Dies sei nur im Hinblick auf den Wettbewerbsverstoß zu bestimmen. Es gehe um den Markt, der von der Verbotsnorm, gegen die verstoßen wurde, geschützt wird. In Bezug auf das in § 1 GWB und Art. 101 AEUV normierte Kartellverbot handele es sich um den Markt, auf dem sich die Wettbewerbsbeschränkung entfalte. In Fällen des Marktmachtmissbrauchs nach §§ 19, 20 GWB, Art. 102 AEUV sei dies der Markt, auf dem sich der Missbrauch der marktbeherrschenden Stellung auswirke. Dies sei zumeist der beherrschte Markt.[485] Durch Kopp-

---

[484] *Kersting* in LMRKM, GWB, § 33, Rn. 25; *Roth* in Frankfurter Kommentar, GWB, § 33, Rn 48, Lfg. 92 (Loseblatt).
[485] Vgl. *Kersting* in LMRKM, GWB, § 33, Rn. 25.

lung verschiedener Angebote könne sich die kartellrechtswidrige Wirkung des Marktmachtmissbrauchs auch auf einen nichtbeherrschten Drittmarkt übertragen.[486]

Betroffen seien damit die unmittelbaren Abnehmer und Lieferanten sowie die Wettbewerber der Kartellanten. Da mittelbare Abnehmer oder Lieferanten nicht auf diesem Markt agieren, seien diese nicht als Betroffene zu qualifizieren. Hinsichtlich zukunftsgerichteter Unterlassungsansprüche genüge hingegen eine Eigenschaft als potenzieller unmittelbare Abnehmer und Lieferanten für die Betroffenheit nach § 33 Abs. 1, 3 GWB. Für die Bertoffenheit reiche es daher aus, wenn ein Abnehmer, der bislang von Kartellaußenseitern Ware beziehe, diese auch direkt von Kartellanten erwerben könne.

b. Die Betroffenheit im Lichte der *jedermann-Rechtsprechung*

Unter Berücksichtigung der *jedermann-Rechtsprechung*[487] wird das Betroffenheitskriterium nach *herrschender Ansicht* weiter gefasst.[488] Das Betroffenheitskriterium sei demnach so weit zu fassen, dass auch alle mittelbaren Abnehmer und Lieferanten, einschließlich Kartellaußenseitern, die nicht direkt auf dem Markt des Kartellanten agieren, dazu zählen. Demzufolge lässt sich der Begriff „*sonstige*" auch so auslegen, dass unter diesen alle Marktbeteiligten fallen, die gerade nicht Mitbewerber sind. Nach dieser Ansicht ist der Begriff des Mitbewerbers strikt den Unternehmen zuzuordnen, die im Horizontalverhältnis zum Kartellanten stehen. Sonstige

---

486 Sog. „*Drittmarktproblematik*", vgl. hierzu *Bornkamm/Tolkmitt* in Langen/Bunte, GWB, § 33, Rn. 45; *Roth* in Frankfurter Kommentar, GWB, § 33, Rn. 70, Lfg. 92 (Loseblatt).
487 Vgl. EuGH, Urteil vom 20.9.2001, C-453/99, ECLI:EU:C:2001:465 = GRUR Int 2002, 54 = EuZW 2001, 715; EuGH, Urteil vom 13.07.2006, verb. Rs. C-295/04 bis C-298/04, ECLI:EU:C:2006:461 = BeckRS 2006, 70529; EuGH, Urteil vom 05.06.2014, C-557/12, ECLI:EU:C:2014:1317, BeckRS 2014, 80953, sowie die *Rechtsprechung* des BGH nach BGHZ 190, 145.
488 So unter anderem *Bornkamm/Tolkmitt*, in Langen/Bunte, GWB, § 33, Rn. 18 f.; *Emmerich*, Immenga/Mestmäcker, GWB, 5 Aufl. 2014, § 33, Rn. 10 ff.; *Krohs* in Kölner Kommentar, Bd. 1, GWB, § 33, Rn. 40 ff.; *Lübbig* in MüKo/Kartellrecht, GWB, § 33, Rn. 24; *Stancke*, NZKart 2017, 636, 637 ff.; *Ulshöfer* in Kamann/Ohlhoff/Völcker, Kartellverfahren und Kartellprozess, § 25, Rn. 21.

§ 4 Der Anspruch auf Vorteilsabschöpfung

Marktbeteiligten hingegen sind solche, die im Vertikalverhältnis zum Kartellanten stehen.[489]

aa. Horizontalverhältnis

Als Mitbewerber ist demnach zu bezeichnen, wer auf demselben sachlich und räumlich relevanten Markt und auf derselben Marktseite wie der Anspruchsgegner tätig ist. Hierunter können Endverbraucher nicht subsumiert werden, da lediglich Unternehmen nach dem funktionalen Unternehmensbegriff in diesem Verhältnis zueinander tätig werden.[490]

bb. Vertikalverhältnis

Anders ist es hingegen bei der Subsumtion der sonstigen Marktbeteiligten. Hierzu können sämtliche Abnehmer oder Lieferanten der Marktseite des Anspruchsgegners, als auch Abnehmer oder Lieferanten von Kartellaußenseitern gehören. Insbesondere sind nach dieser Ansicht auch mittelbare Abnehmer umfasst, die keinen direkten Bezug zum kartellbefangenen Markt haben.[491] So können Kunden von Kartellaußenseitern Betroffene im Sinne des § 33 Abs. 3 GWB sein, wenn das allgemeine Marktpreisniveau kartellbedingt im Sinne eines *Preisschirmeffekts*[492] ansteigt.[493] Durch dieses weite Verständnis des sonstigen Marktbeteiligten können also auch kartellfremde Wettbewerber oder kartellfremde potenzielle Wettbewerber Betroffene sein. Dies ist beispielsweise der Fall, wenn diesen Marktbeteiligten der Marktzutritt, insbesondere durch kartellbedingte künstliche Markt-

---

489 Zur Differenzierung zwischen Horizontal- und Vertikalverhältnis im Hinblick auf die Qualifizierung von Mitbewerbern und sonstigen Marktbeteiligten vgl. *Bornkamm/Tolkmitt* in Langen/Bunte, GWB, § 33, Rn. 18; *Emmerich* in Immenga/Mestmäcker, GWB, 5. Aufl. 2014, § 33, Rn. 13; *Berg/Mäsch*, GWB, § 33, Rn. 20; a.A. *Kersting* in LMRKM, GWB, § 33, Rn. 26, mit Verweis auf die Ansicht der vorgenannten Autoren.
490 Vgl. *Kersting* in LMRKM, GWB, § 33, Rn. 26.
491 Vgl. *Roth* in Frankfurter Kommentar, GWB, § 33, Rn. 52, Lfg. 92 (Loseblatt) unter konsequenter Berücksichtigung der *Courage-Rechtsprechung*: EuGH, Urteil vom 20.09.2001, C-453/99, ECLI:EU:C:2001:465 = GRUR Int 2002, 54 = EuZW 2001, 715.
492 EuGH, Urteil vom 05.06.2014, C-557/12, ECLI:EU:C:2014:1317, Rn. 34 f. = BeckRS 2014, 80953, Rn. 34 f.
493 Vgl. *Stancke*, NZKart 2017, 636, 640 m.w.N.

zutrittsschranken, verweigert oder erschwert wird.[494] Ferner ist die Auslegung der sonstigen Marktbeteiligten nicht auf Unternehmen beschränkt. Somit können auch Verbraucher als letztes Glied der Abnehmerkette Betroffene nach § 33 Abs. 3 GWB sein.[495]

c. Am Kartellverstoß beteiligte Marktteilnehmer

In der *Literatur* wird zudem diskutiert, ob auch solche Marktteilnehmer unter den Anwendungsbereich des § 33 Abs. 3 GWB fallen, die selbst an einem kartellrechtswidrigen Verhalten beteiligt sind.[496] Dies betrifft insbesondere die Fälle, in denen die Beteiligung durch eine wettbewerbsbeschränkende Vereinbarung auf vertikaler Ebene zur Bindung eines Marktbeteiligten der nachgelagerten Marktstufe führt. Betrachtet man die Wirkungen der Bindung dieses Marktteilnehmers, so wird schnell klar, dass auch dieser in den Schutzbereich des § 33 Abs. 3 GWB fallen muss. Denn insbesondere für den durch die Vereinbarung gebundenen Marktteilnehmer stellt eine solche Vereinbarung oftmals eine erhebliche Belastung dar.[497] Ein solches Verständnis ist daneben auch kongruent mit dem europäischen Kartellrecht. So wurde in der *Courage*-Entscheidung[498] ein solcher Anspruch – im Hinblick auf einen Vertikal-Kartellrechtsverstoß – nach Art. 101 AEUV gewährt.

Gänzlich ungeklärt hingegen ist die Frage, ob dies auch bei freiwilliger Beteiligung an horizontalen Wettbewerbsbeschränken der Fall ist.[499] Hinsichtlich eines Schadensersatzanspruchs nach den §§ 33 Abs. 1, 33a Abs. 1 GWB kommt es auf die Frage, ob solche Mitbewerber Betroffene im Sinne des § 33 Abs. 3 GWB sind, letztlich nicht an, da jedenfalls aufgrund des Mitverschuldens nach § 254 BGB durch die Beteiligung am Kartellrechtsverstoß für einen solchen keine Grundlage verbleibt.[500] Daneben würde auch der Grundsatz aus § 242 BGB greifen, dass niemand aus eigenem

---

494 Vgl. *Stancke*, NZKart 2017, 636, 640.
495 Vgl. *Kersting* in LMRKM, GWB, § 33, Rn. 26.
496 Vgl. *Bornkamm/Tolkmitt* in Langen/Bunte, GWB, § 33, Rn. 18.
497 *Bornkamm/Tolkmitt* in Langen/Bunte, GWB, § 33, Rn. 30.
498 EuGH, Urteil vom 20.09.2001, C-453/99, ECLI:EU:C:2001:465 = GRUR Int 2002, 54 = EuZW 2001, 715.
499 Vgl. auch *Stancke*, NZKart, 637, 641, der die Aktivlegitimation von Kartellbeteiligten bei horizontalen Kartellrechtsverstößen lediglich in seltenen Fällen für denkbar hält.
500 Vgl. *Bornkamm/Tolkmitt* in Langen/Bunte, GWB, § 33, Rn. 18.

rechtswidrigen Verhalten einen Nutzen ziehen darf.[501] Wie diese Frage hinsichtlich der Betroffenheit durch die unterlasse Vorteilsabschöpfung zu behandeln ist, wird nachfolgend unter § 4 C. IV. 2. d. erläutert.[502]

d. Stellungnahme

Die Ansichten unterschieden sich im Kern in der Frage, ob Marktbeteiligte, die nicht in einem direkten Verhältnis zum Kartellanten stehen, beispielsweise mittelbare Abnehmer, auch unter den Begriff des sonstigen Marktbeteiligten des § 33 Abs. 3 GWB zu subsumieren und somit als Betroffene zu qualifizieren sind. Zwar könnte aufgrund der Differenzierung zwischen sonstigen Marktbeteiligten und Mitbewerbern darauf geschlossen werden, dass es sich bei den Betroffenen nach § 33 Abs. 3 GWB um spezielle Gruppen von Marktbeteiligten handelt und demnach nicht jeder Marktbeteiligte Betroffener nach § 33 Abs. 3 GWB sein kann.[503] Jedoch gibt es keinen Anlass für ein solch enges Verständnis. Bei der Differenzierung zwischen Mitbewerbern und sonstigen Marktbeteiligten kann der Begriff *„sonstige"* auch so ausgelegt werden, dass von diesem alle Marktbeteiligten erfasst sind, die gerade nicht Mitbewerber sind. Die Formulierung *sonstige Marktbeteiligte* kann demnach auch lediglich als gesetzgeberische Ungenauigkeit verstanden werden.

Das weite Verständnis ist insbesondere im Hinblick auf die Effektivität der Kartellrechtsdurchsetzung und der Stärkung der privaten Rechte im Kartellrecht, sowie unter Berücksichtigung der *jedermann-Rechtsprechung* zu befürworten. Auch der Bundesgerichtshof hat im Hinblick auf mittelbare Abnehmer in seiner *ORWI-Rechtsprechung* entschieden, dass mittelbare Abnehmer ihre Schäden ebenfalls geltend machen können. Mittelbaren Abnehmern die Anspruchsberechtigung zu versagen hätte demnach „(...) *zur Folge, gerade jenen Ansprüche zu verwehren, die häufig in erster Linie durch Kartelle oder verbotene Verhaltensweisen geschädigt werden.*"[504] Darüber hinaus bietet der Gesetzeswortlaut des § 33 Abs. 3 GWB keinen Anhaltspunkt für eine starre Bezugnahme auf kartellbefangene Märkte. Vielmehr kann jeder Marktbeteiligte als *sonstiger Marktbeteiligter* im Sinne des § 33

---

501 *Emmerich*, in Immenga/Mestmäcker, GWB, 5. Aufl. 2014, § 33, Rn. 19.
502 Vgl. S. 177 f.
503 Vgl. *Kersting* in LMRKM/Kersting, GWB, § 33, Rn. 25; *Roth* in Frankfurter Kommentar, GWB, § 33, Rn 48, Lfg. 92 (Loseblatt).
504 Vgl. BGHZ 190, 145, Rn. 26.

Abs. 3 GWB bezeichnet werden, der im Vertikalverhältnis zum Kartellanten stehend in seiner wettbewerblichen Handlungsfreiheit beeinträchtigt wird. Nachfolgend wird daher untersucht, nach welchen Kriterien die Betroffenheit nach § 34 GWB auszulegen ist.

IV. Auslegung des Betroffenheitskriteriums unter Berücksichtigung der Schutzwirkung des § 34 GWB

Um den strukturellen Unterschieden zu den Ansprüchen aus § 33 Abs. 1, 33a Abs. 1 GWB sowie dem Normzweck des § 34 GWB Rechnung zu tragen, benötigt die Anspruchsinhaberschaft nach § 34 GWB andere Kriterien. Die maßgeblichen Voraussetzungen der Betroffenheit im Sinne des § 33 Abs. 3 GWB müssen unter Berücksichtigung der von § 34 GWB ausgehenden Schutzwirkung bewertet werden. So wird § 34 GWB vom Gesetzgeber als „(...) *Instrument zur Abschöpfung des gesamten, durch den Kartellrechtsverstoß erlangten wirtschaftlichen Vorteils (...)*" charakterisiert.[505] Da sich aus diesem Motiv allein keine konkreten Schlüsse ziehen lassen, sind die Funktion der Norm und ihre Auswirkungen unter Berücksichtigung des Schutzzwecks des Kartellrechts im Gesamten zu analysieren. Ferner ist zu berücksichtigen, dass § 34 GWB einer flächendeckenden und vollumfänglichen Durchsetzung bedarf. Die gesetzliche Pflicht zur Abschöpfung darf nicht dadurch ausgehöhlt werden, dass es aufgrund der geringen Anzahl von Aktivlegitimierten nach § 34 GWB nicht zu der gesetzlich gewollten Vorteilsabschöpfung kommt. Außerdem gebietet die Verfassung eine weite Auslegung der Betroffenheit nach § 34 GWB. Das im Rechtsstaatsprinzip verankerte Prinzip der Gesetzmäßigkeit der Verwaltung bindet die Exekutive an Recht und Gesetz.[506] Die Einhaltung der gesetzlichen Vorgaben kann vorliegend nur gewährleistet werden, sofern eine große Anzahl an Anspruchsberechtigten die Einhaltung der Pflicht durch die Geltendmachung eines Anspruchs fördert.[507] Im Nachfolgenden soll exemplarisch anhand verschiedener Kartellrechtsverstöße verdeutlicht

---

505 Vgl. BT-Drucksache 15/3640, S. 55.
506 Das aus der Gesetzmäßigkeit der Verwaltung erwachsene Prinzip des Gesetzesvorrangs besagt, dass Verwaltungsmaßnahmen nicht gegen (höherrangige) Rechtssätze verstoßen dürfen, vgl. *Kotzur* in v. Münch/Kunig, GG, Art. 20, Rn. 153.
507 Vgl. *Blanke*, S. 25, bereits das Rechtsstaatsprinzip gebiete die Umsetzung der gesetzgeberischen Vorgaben im GWB zum Schutze der Allgemeinheit und damit auch Einzelner..

werden, woraus sich in der Praxis häufig die wirtschaftlichen Vorteile der Kartellanten ergeben und inwieweit die Marktteilnehmer und Verbraucher durch die Nichtabschöpfung dieser Vorteile betroffen sein können. Da es für die flächendeckende Durchsetzung der Vorteilsabschöpfung nach § 34 GWB einer weiten Auslegung der Betroffenheit bedarf, muss es für das Vorliegen des Kriteriums ausreichen, wenn die Nichtabschöpfung des wirtschaftlichen Vorteils dazu geeignet ist, den Anspruchsteller in seinen wirtschaftlichen Interessen und Handlungsspielräumen zu beeinträchtigen.[508]

1. Typische Kartellverstöße im Horizontalverhältnis

a. Submissionskartelle

Im sogenannten *Schienenkartell* ging es um ein Submissionskartell zwischen verschiedenen Schienenherstellern. Die Submissionsabsprache betraf die Preis- und Quotenkoordination sowie Kundenschutzabsprachen und zielte darauf ab, Ausschreibungen unter den Kartellanten aufzuteilen.[509] Indem die Kartellanten bei Ausschreibungen entweder bewusst kein Angebot oder dieses erst nach Ablauf der Abgabefrist einreichten oder gezielt übertuerte Angebote abgaben, konnte dem zu begünstigenden Mitstreiter der Zuschlag erteilt werden.[510] Das Oberlandesgericht

---

508 Ähnlich zur Anspruchsberechtigung vgl. hierzu *Kremer*, S. 61 ff; *Schmidt*, S. 439, 586 ff., wonach ein Drittschutz gegen Wettbewerbsbeschränkungen bei rechtserheblichem Betroffensein des Marktbeteiligten vorliegt. Dies sei der Fall, wenn ein Marktbeteiligter durch die Wettbewerbsbeschränkung in einer konkreten Marktchance beeinträchtig wird, sei es durch Marktzutrittserschwernissen oder durch Verhinderung des Ausbaus der eigenen Marktposition. Bloße Verschlechterungen der allgemeinen Marktverhältnisse genügen hingegen nicht; vgl. hierzu auch *Schmidt*, S. 392, 396, 586 ff.
Diese Ansicht betrifft allerdings nur die Frage, ob der Dritte durch eine Wettbewerbsbeschränkung in seiner Wettbewerbsfreiheit und seinen Marktchancen beeinträchtigt wird. Anknüpfungspunkt der vorliegenden Arbeit ist hingegen die Frage, ob die behördlich Unterlassene Vorteilsabschöpfung einen Marktteilnehmer in seinen wirtschaftlichen Interessen und Handlungsspielräumen zu beeinträchtigen.
509 Vgl. auch hierzu den Fallbericht des Bundeskartellamts vom 06.09.2013, Aktenzeichen B12 – 16/12, B12 – 19/12.
510 Pressemitteilung des Bundeskartellamts vom 23.07.2013, https://www.bundeskartellamt.de/SharedDocs/Meldung/DE/Pressemitteilungen/2013/23_07_2013_Schienen.html (letzter Abruf: 21.02.2021).

Düsseldorf hat mit seiner *Schienenkartell*-Entscheidung[511] bekräftigt, dass auch solche Submissionskartelle Einfluss auf das Preisniveau nehmen. Das Gericht verweist auf die seit Jahren praktizierte höchstrichterliche strafrechtliche Judikatur,[512] wonach „(...) *eine hohe Wahrscheinlichkeit dafür spricht, dass Submissionskartelle nicht gebildet und am Leben erhalten werden, wenn sie ihren Kartellmitgliedern bei Submissionen keine höheren als die sonst erzielbaren Marktpreise (Wettbewerbspreise) bringen*".[513]

Die Wirkungen solcher Kartellrechtsverstöße wurden in der jüngeren *Rechtsprechung* des Bundesgerichtshofs ausführlich diskutiert. So vertrat er in seiner *Schienenkartell-I*-Entscheidung die Ansicht, dass nicht allein aufgrund der Existenz eines Kartells ein Rückschluss darüber getroffen werden könne, ob im konkreten Fall das Kartell preissteigernde Wirkung habe.[514] Unabhängig von der Frage, ob bei Preis- und Quotenkartellen ein Anscheinsbeweis dafür streitet, dass solche Kartelle eine preissteigernde Wirkung haben und etwaige Abnehmer schädigen, geht die *Rechtsprechung* allerdings regelmäßig davon aus, dass Preis- und Quotenkartelle für die Kartellanten wirtschaftlich rentabel sind.[515] Der Bundesgerichtshof hat mit der *Schienenkartell-II*-Entscheidung erkannt, dass bei Quoten- und Kundenschutzkartellen eine tatsächliche Vermutung mit starker Indizwirkung dafür streite, dass diese Kartellverstöße das Preisniveau beeinflussen.[516] Dem liegt der Gedanke zugrunde, dass diese Kartelle lediglich den Zweck der Gewinnerzielung durch höhere Marktpreise verfolgen.[517] Nach allgemeinen ökonomischen Grundsätzen verstärkt sich die Rentabilität des Kartells, je flächendeckender und zeitlich umfassender es betrieben wurde.[518]

---

511 OLG Düsseldorf, NZKart 2019, 157.
512 BGH, NJW 1992, 921, 923 unter III. 4. a.
513 OLG Düsseldorf, NZKart 2019, 157, 160.
514 Vgl. BGH, NJW 2019, 661, 666, Rn. 65 f.
515 Vgl. grundlegend für Preis- und Quotenkartelle BGH, WuW/E DE-R 1567, 1569 = NJW 2006, 163, 165; so auch *Kühnen*, WuW 2010, 16, 18.
516 Vgl. BGH, NJW 2020, 1430, 1434, Rn. 40, 42.
517 Vgl. *Raum*, Festschrift Hirsch, 301, 303.
518 Vgl. u.a. BGH, NJW 2019, 661, 664, Rn. 55; BGH, NJW 2018, 2479, 2481, Rn. 35; BGH, BeckRS 2013, 6316, Rn. 76 f.; BGH, NJW 2006, 163, 165; LG Dortmund, NZKart 2020, 612, wonach bei einem über viele Jahre organisiert und diszipliniert praktizierten Preis-, Kundenschutz- und Quotenkartell mit hoher Marktabdeckung auch angesichts des erheblichen Bußgeldrisikos davon auszugehen sei, dass die kartellbeteiligten Unternehmen den kartellrechtswidrig vergrößerten Preissetzungsspielraum weitmöglichst ausschöpfen.

§ 4 Der Anspruch auf Vorteilsabschöpfung

Begrifflich bleibt der Bundesgerichtshof seiner in der *Schienenkartell-I*-Entscheidung eingeschlagenen Linie treu.[519] Demnach sind aus der tatsächlichen Vermutung der kartellbedingten Beeinflussung des Preisniveaus, aus der Struktur der Kartellabsprache, ihrer praktischen Umsetzung sowie weiteren Indizien in einer Gesamtschau Rückschlüsse auf die Kartellbetroffenheit zu ziehen.[520]

b. Preis- und Quotenkartelle

Im Horizontalverhältnis stellen Preis- und Quotenkartelle einen in der Praxis häufig auftretenden Kartellrechtsverstoß dar. In der jüngeren *Rechtsprechung* hat sich der Bundesgerichtshof in seiner *LKW-Kartell*-Entscheidung sowie der *Grauzement-II*-Entscheidung unter anderem mit den Wirkungen von Preis- und Quotenabsprachen befasst. Diese und weitere Fälle werden nachfolgend exemplarisch dargelegt.

aa. Fallbeispiel LKW-Kartell

Die oben dargestellten Grundsätze hat der Bundesgerichtshof kürzlich in seiner Entscheidung zum *LKW-Kartell* bestätigt. Der Entscheidung lag ein Preiskartell zwischen fünf marktrelevanten LKW-Herstellern zugrunde. Diese haben zwischen 1997 und 2011 Preislisten und Listenpreiserhöhungen über ihre Lastkraftwagen ausgetauscht. Im vorliegenden Fall hat sich der Bundesgerichtshof dafür ausgesprochen, dass sich bei dem zugrundeliegenden Kartellverstoß um eine „harte" Preisabsprache und nicht um einen reinen Informationsaustausch zwischen den Kartellanten handele.[521]

---

519 Vgl. BGH, NJW 2019, 661, 664 Rn. 55, zur Abkehr vom Anscheinsbeweis hin zur tatsächlichen Vermutung, dass (zumindest Quoten- und Kundenschutz-) Kartelle Einfluss auf das Preisniveau haben.
520 Vgl. BGH, NJW 2020, 1430, 1435, Rn. 52.
521 Vgl. BGH, BeckRS 2020, 37175, Rn. 43 = NZKart, 117, 119, Rn. 43, der im zugrunde liegenden Fall Zweifel an einem reinen Informationsaustausch zwischen den Kartellanten hat; die Vorinstanz des OLG Stuttgart ging davon aus, dass es sich beim Austausch der Preislisten und Listenpreiserhöhungen zwischen den LKW-Herstellen lediglich um einen Informationsaustausch gehandelt habe. Allerdings gebe es auch bei einem kartellrechtswidrigen Informationsaustausch zwischen Wettbewerbern einen wirtschaftlichen Erfahrungssatz, dass dieser zur Anhebung des Preisniveaus führe, vgl. OLG Stuttgart, NJOZ 2020, 241, 247, Rn. 127 f.

C. Anspruchsberechtigung

Bei Vorliegen einer Preisabsprache streite eine tatsächliche Vermutung im Sinne eines Erfahrungssatzes dafür, dass ein über einen längeren Zeitraum und mit hoher Marktabdeckung praktiziertes Preiskartell zur Anhebung des Preisniveaus und somit zu einer Kartellrendite führe.[522] Dieser Erfahrungssatz sei als starkes Indiz im Rahmen einer richterlichen Gesamtwürdigung zu werten.[523]

bb. Fallbeispiel Silostellgebühren

Den *Silostellgebühren I*[524]- und *II*[525] Entscheidungen des Oberlandesgerichts Düsseldorf lag der Sachverhalt zugrunde, dass es fast in der gesamten Mörtel-Branche im Rahmen diverser Abstimmungen zu der Übereinkunft kam, für das Aufstellen von Trockenmörtel-Silos über die eigentlichen Mörtelkosten hinaus eine zusätzliche neue Silostellgebühr zu erheben. Die von den Kartellanten umgesetzten Absprachen betrafen den Absatz von Trockenmörtel-Silos im gesamten Bundesgebiet.[526]

cc. Fallbeispiel Wurstkartell

Das sogenannten *Wurstkartell* wurde von mehreren Wurstherstellern durch illegale Preisabsprachen praktiziert. Die Kartellanten haben seit mehreren Jahrzehnten Treffen vereinbart, um über Marktentwicklungen und Preise zu diskutieren. Ferner haben sich verschiedene Wursthersteller telefonisch über Preisspannen für Produktgruppen abgestimmt. Dadurch konnten höhere Preisforderungen gegenüber dem Einzelhandel durchgesetzt worden.[527]

---

522 Vgl. BGH, BeckRS 2020, 37175, Rn. 40, 43.
523 Vgl. BGH, BeckRS 2020, 37175, Rn. 57 ff. = NZKart 2021, 117, 121, Rn. 57 ff.; grundlegend für die Gesamtwürdigung: BGH, NJW 2020, 1430, 1435, Rn. 52.
524 OLG Düsseldorf, BeckRS 2013, 3474.
525 OLG Düsseldorf, BeckRS 2013, 4074.
526 Vgl. OLG Düsseldorf, BeckRS 2013, 4074; OLG Düsseldorf, BeckRS 2013, 3474; Pressemitteilung des Bundeskartellamts vom 03.07.2009, https://www.bundeskartellamt.de/SharedDocs/Meldung/DE/Pressemitteilungen/2009/03_07_2009_Silostellgeb%C3%BChr.html (letzter Abruf: 21.02.2021).
527 Vgl. Beck-aktuell, becklink 1033537.

§ 4 Der Anspruch auf Vorteilsabschöpfung

dd. Fallbeispiel Zementkartell

In der *Grauzement-II*-Entscheidung hat der Bundesgerichtshof hinsichtlich Gebiets- und Quotenabsprachen festgestellt, dass solche Kartellverstöße preissteigernde Wirkungen haben.[528] In seiner Entscheidung bestätigte der Bundesgerichtshof, dass auch bei dem im hiesigen Fall praktizierten Kartell der wirtschaftliche Erfahrungssatz, dass die Gründung eines Kartells grundsätzlich der Steigerung des Gewinns der am Kartell beteiligten Unternehmen diene, anzuwenden sei. Aufgrund der Bildung und Erhaltung des Kartells spreche eine hohe Wahrscheinlichkeit dafür, dass der Kartellverstoß höhere als am Markt erzielbare Preise erbringe.[529] Die Fallpraxis zu Quotenabsprachen zwischen Wettbewerbern zeigt, dass sie – zumeist in Verbindung mit weiteren Kartellabsprachen, wie zum Beispiel Gebiets- oder Kundenschutzabsprachen – ein probates Mittel zu Erzielung von Kartellrendite sind.

c. Zwischenergebnis

Es zeigt sich, dass in vielen Fällen horizontaler-Kartellabsprachen die künstliche Erhöhung des Preisniveaus und eine daraus resultierende Kartellrendite bezweckt ist. Dadurch erlangen die Kartellanten eine kartellbedingt höhere Finanzkraft und eine stärkere Marktposition. Unter Berücksichtigung einer effektiven Kartellrechtsdurchsetzung und den verfassungsrechtlichen Vorgaben des Prinzips der Gesetzmäßigkeit der Verwaltung ist die Betroffenheit möglichst weit auszulegen. Insofern muss es ausreichen, dass die Nichtabschöpfung des wirtschaftlichen Vorteils und der nach Maßgabe kaufmännischer Vernunft erwartbare Einsatz des Vorteils im Wettbewerb dazu geeignet sind, den Anspruchsteller in seinen wettbewerblichen Interessen und Handlungsspielräumen zu beeinträchtigen.

Nachfolgend wird erläutert, wie sich die Betroffenheit der einzelnen Marktteilnehmer nach § 34 GWB darstellt.

---

528 Vgl. BGH, NJW 2018, 2479; vgl. auch die Vorinstanz LG Mannheim, BeckRS 2015, 115229.
529 Vgl. u.a. BGH, NJW 2018, 2479, 2481, Rn. 35; BGH, BeckRS 2013, 6316, Rn. 76 f.; BGH, NJW 2006, 163, 164 f.

2. Die Betroffenheit nach § 34 GWB im Horizontalverhältnis

a. Direkter Wettbewerber als Kartellaußenseiter

Geht man davon aus, dass durch die unterlassene Vorteilsabschöpfung rechtswidrig erlangte wirtschaftliche Vorteile beim Kartellanten verbleiben, so sind Kartellaußenseiter als direkte Wettbewerber im Horizontalverhältnis zum Abschöpfungsschuldner durch die Nichtabschöpfung unmittelbar betroffen. Denn diese Unternehmen erfahren einen unmittelbar spürbaren wettbewerblichen Nachteil, wenn einem Wettbewerber durch die unterlassene Vorteilsabschöpfung plötzlich ganz andere finanzielle Mittel zur Verfügung stehen oder er eine dominante Marktposition erlangt hat und somit die Dynamik des Wettbewerbs kartellrechtswidrig beeinflusst.

b. Kartellaußenseiter, die Vorteile aus einer unterlassenen Vorteilsabschöpfung ziehen

Es stellt sich die Frage, ob auch ein solcher Marktteilnehmer Betroffener im Sinne des § 34 GWB sein kann, der sich eine kartellbedingte Marktverzerrung zunutze macht. Gemeint sind beispielsweise Fälle, in denen ein Marktbeteiligter eine auf der unterlassenen Vorteilsabschöpfung beruhende Preisanhebung nutzt, um auch seine Preise zu erhöhen. Die Betroffenheit unter Berücksichtigung des Schutzzwecks des § 34 GWB verlangt lediglich, dass die unterlassene Vorteilsabschöpfung dazu geeignet ist, den Marktteilnehmer in seinen wettbewerblichen Interessen oder Handlungsspielräumen zu beeinträchtigen. Unternehmen, die im Windschatten des Kartells Profite erzielen, werden jedoch nicht von der unterlassenen Vorteilsabschöpfung beeinträchtigt. Sie generieren durch die kartellrechtswidrigen Marktverhältnisse eigene Vorteile und können die kartellrechtswidrig erlangte Finanzkraft des Kartellanten ausgleichen. Ferner darf bezweifelt werden, ob die Zubilligung des Anspruchs aus § 34 GWB an solche Unternehmen zu der beabsichtigten flächendeckenderen Umsetzung der Vorteilsabschöpfung führt. Denn der Marktbeteiligte, der aufgrund der Vorteilsabschöpfung sogar eigene wettbewerbliche Vorteile erzielt, wird kein Interesse daran haben, dass der faire und unverfälschte Wettbewerb wiederhergestellt wird. So wird der Anspruch nach § 34 GWB in der Regel nicht von solchen Marktbeteiligten geltend gemacht werden. Ein Interesse an der Durchsetzung des § 34 GWB könnten diese Marktteilnehmer aufgrund der Rechtfolgen der Vorteilsabschöpfung gegenüber ihren Mitstreitern haben. Denn durch die Vorteilsabschöpfung für die Vergangenheit wird der Kartellant finanziell geschwächt. Allerdings begründet ein solches Interesse allein keine Betroffenheit nach § 34 GWB.

c. Potenzielle Wettbewerber

Daneben können durch die vorteilsbedingte erhöhte Finanzkraft auch Marktzutrittsschranken für potenzielle Wettbewerber geschaffen werden. Sofern ein Kartellant den kartellrechtswidrig erlangten Vorteil in der Weise nutzen kann den Marktzutritt für potenzielle Wettbewerber zu behindern, sind auch diese Unternehmen Betroffene im Sinne des § 34 GWB. *Strategische Marktzutrittsschranken* können geschaffen werden, wenn die am Markt etablierten Unternehmen Markteintrittsversuche durch Einflussnahme auf die Kosten des Marktzutritts oder die erwarteten Erlöse verbeugen oder unterbinden können.[530] Dies ist insbesondere dann der Fall, wenn der wirtschaftliche Vorteil des Kartellanten so eingesetzt werden kann, dass er den Marktzutritt eines potenziellen Wettbewerbers zumindest erschwert.[531] Eine solche Marktzutrittsschranke besteht bereits, wenn die nicht abgeschöpften finanziellen Ressourcen[532] des Kartellanten auf dem betroffenen Markt eine erhebliche Abschreckungswirkung im Hinblick auf einen Marktzutritt potenzieller Wettbewerber haben.[533] Für potenzielle Wettbewerber kann ein erfolgreicher Marktzutritt wenig aussichtsreich sein, wenn sie weitaus weniger Ressourcen zu Verfügung haben als ein

---

530 Vgl. z.B. BKartA, WuW 2004, 1083, 1087.
531 Bundeskartellamt, Leitfaden zur Marktbeherrschung in der Fusionskontrolle vom 29.03.2012, S. 28, Rn. 68.
532 Vgl. KG Berlin, WuW/E OLG 3051, 3079, wonach Finanzkraft auf einem von Werbungs- und Markenwettbewerb gekennzeichneten Markt abschreckende Wirkungen hinsichtlich des Markzutritts potenzieller Wettbewerber entfalten könne. Anders jedoch das Bundeskartellamt, Leitfaden zur Marktbeherrschung in der Fusionskontrolle vom 29.03.2012, S. 23 Rn. 55. Demnach hat die Finanzkraft selbst keine Verdrängungs- bzw. Abschreckungswirkung.
Finanzielle Ressourcen verbessern jedoch die Möglichkeiten und schaffen einen Anreiz für Unternehmen, Marktverdrängungsstrategien wie z.B. einen Preiskampf, durchzuführen.
533 Vgl. BKartA, WuW 2004, 1083, 1087; *Kahlenberg* in LMRKM, GWB, § 36, Rn. 85, der dies unter dem Begriff der strukturellen Marktzutrittsschranke verortet.

marktbeherrschendes Unternehmen.[534] So kann der Kartellant die auf der nicht erfolgten Abschöpfung beruhenden größeren Investitionsmöglichkeiten nutzen, um die Preise auf dem Zielmarkt so zu drücken, dass ein potenzieller Wettbewerber keine Möglichkeit hat, sich auf diesem Markt zu etablieren. Sehen Newcomer deshalb bereits von dem Versuch der Etablierung auf dem betroffenen Markt ab, sind sie unmittelbar in ihren wettbewerblichen Interessen und Handlungsspielräumen zu beeinträchtigt. Denkbar ist darüber hinaus, dass der Kartellant beispielsweise durch eine gezielte Ausweitung der Produktionsmengen die Gewinnmöglichkeiten des potenziellen Wettbewerbers beschränkt[535] und somit eine faktische Marktzutrittsschranken für diesen errichtet.[536]

d. Kartellbeteiligte Unternehmen im Horizontalverhältnis

Kartellteilnehmer erleiden durch die Nichtabschöpfung des wirtschaftlichen Vorteils eines Kartellmitstreiters keine Nachteile. Sie profitieren von dem Kartellrechtsverstoß. Auch im Vergleich zu den anderen Kartellmitstreitern liegt keine Beeinträchtigung vor, da alle am Kartell Beteiligten wirtschaftliche Vorteile aus der Kartellrechtsverletzung erlangt haben und somit dem erhöhten Investitionspotenzial oder der stärkeren Marktstellung der Kartellmitstreiter nicht ausgesetzt sind.

Eine Betroffenheit der Kartellmitstreiter nach § 34 GWB liegt allenfalls dann vor, wenn einzelne Mitstreiter durch die Abschöpfungspraxis der Behörde bevorteilt werden. Dies ist insbesondere der Fall, wenn lediglich gegen einzelne Mitglieder des Kartells eine Abschöpfungsverfügung erlassen wird. Aus der Bevorteilung der verschonten Kartellanten ergibt sich die Beeinträchtigung der wettbewerblichen Interessen und Handlungsspielräume des Abschöpfungsschuldners und somit auch seine Betroffenheit nach § 34 GWB. Eine Anspruchsversagung durch Mitverschulden nach § 254 BGB kommt im Rahmen des Anspruchs nach § 34 GWB nicht zur Anwendung. § 254 BGB regelt ausschließlich den Umfang des Schadensersatzes für den Fall, dass der Geschädigte bei der Entstehung des Schadens mitgewirkt hat. Auch eine entsprechende Anwendung der Norm ist hinsichtlich

---

534 Vgl. BKartA, AG 1997, 428, 430.
535 Bundeskartellamt, Leitfaden zur Marktbeherrschung in der Fusionskontrolle vom 29.03.2012, S. 28, Rn. 68.
536 Bundeskartellamt, Leitfaden zur Marktbeherrschung in der Fusionskontrolle vom 29.03.2012, S. 28, Rn. 68.

einer flächendeckenden Durchsetzung des § 34 GWB abzulehnen. Die Beteiligung an einem Kartell darf der effektiven und flächendeckenden Beseitigung von kartellrechtswidrigen Wettbewerbsverzerrungen nicht im Wege stehen.

Auch der Grundsatz aus § 242 BGB, dass niemand aus seinem rechtswidrigen Handeln Nutzen ziehen darf[537], kann hier nicht zur Anwendung kommen. Zwar ließe sich argumentieren, dass Kartellanten ein großes Interesse an der Schwächung ihrer Kartellmitstreiter durch die Vorteilsabschöpfung für die Vergangenheit haben, um ihre eigene Marktposition zu verbessern. Insofern bestünde die erhöhte Gefahr eines „Missbrauchs" des Anspruchs nach § 34 GWB durch Unternehmen, die den rechtswidrigen Zustand erst mit ihrem eigenen Verhalten ermöglicht haben. Dagegen ist aber anzuführen, dass durch diesen „Missbrauch" des Anspruchs nach § 34 GWB im Ergebnis dessen umfängliche Durchsetzung und somit auch die Sicherung privater Rechtspositionen gestärkt wird. Insofern tritt ein möglicher Rechtsmissbrauch und Anspruchsausschluss nach § 242 BGB hinter dem Schutz privater Rechte durch die effektive Kartellrechtsdurchsetzung zurück. Dies trifft erst recht auf Kartellanten zu, bei denen der wirtschaftliche Vorteil bereits abgeschöpft wurde. Diese haben zwar auch ein Interesse daran, ihre Konkurrenten durch eine Vorteilsabschöpfung finanziell zu schwächen. Allerdings haben diese Kartellanten einen erheblichen Wettbewerbsnachteil gegenüber solchen Mitstreitern, bei denen nicht abgeschöpft wurde. Sie partizipieren nicht mehr an den wirtschaftlichen Vorteilen und sind somit auch der erhöhten Finanzkraft der verschonten Kartellanten ausgesetzt. Es wäre daher unbillig, solchen Unternehmen einen Anspruch nach § 34 GWB zu versagen, deren wirtschaftlicher Vorteil bereits durch die Behörde abgeschöpft wurde.

3. Die Betroffenheit nach § 34 GWB sonstiger Marktbeteiligter im Vertikalverhältnis

Wie mit den sonstigen Marktbeteiligten in dieser Konstellation umzugehen ist, hängt von der Definition der Beeinträchtigung ab. Eine durch die unterlassene Vorteilsabschöpfung entstandene Beeinträchtigung wird bei diesen Marktteilnehmern dann anzunehmen sein, wenn sich eine merkbare Veränderung der Wettbewerbsverhältnisse auf den betroffenen Märkten durch die unterlassene Vorteilsabschöpfung erkennen lässt. Zu

---

537 Vgl. *Emmerich* in Immenga/Mestmäcker, GWB, 5. Aufl. 2014, § 33, Rn. 19.

beachten ist allerdings, dass die Feststellung der Beeinträchtigung an das aktuelle Marktgeschehen unmittelbar nach der Kartellrechtsverletzung anzuknüpfen ist. Diese Bewertung muss unter Berücksichtigung der effektiven Durchsetzung des § 34 GWB auch zukünftige Marktentwicklungen einbeziehen.

a. Direkte Abnehmer

Der kartellrechtswidrig erlangte wirtschaftliche Vorteil kann zumindest auch im Vertikalverhältnis die Abnehmer der sich auf dem betroffenen Markt befindlichen Produkte betreffen. Denn sofern der Abschöpfungsschuldner eine kartellrechtswidrige stärkere Marktposition erlangt hat, ist dieser in der Lage, den Preiswettbewerb durch die erlangte Preissetzungsmacht (negativ) zu beeinflussen. Dies wiederum hätte unmittelbare Auswirkungen auf die Einkaufspreise der Abnehmer und gegebenenfalls sogar auf die Qualität der abzunehmenden Produkte. Im Zuge einer effektiven und flächendeckenden Kartellrechtsdurchsetzung kann es dabei nicht darauf ankommen, ob der Kartellant von seiner erlangten Preissetzungsmacht Gebrauch macht.

b. Mittelbare Abnehmer

Mittelbare Produktabnehmer innerhalb einer Lieferkette können nach den vorstehenden Überlegungen Betroffene im Sinne des § 34 GWB sein. Solange das Bundeskartellamt die kartellbedingt entstandene Marktmacht und Finanzkraft nicht nach Maßgabe des § 34 GWB abgeschöpft hat, entspricht es kaufmännischer Vernunft, dass der Kartellant den erlangten Vorteil auch im Wettbewerb einsetzt. Demnach besteht das Risiko, dass ein kartellbedingter Preisaufschlag auf die Abnehmer nachgelagerter Marktstufen *abgewälzt* wird.[538]

---

538 Sog. „*passing-on*", vgl. LG Düsseldorf, GRUR-RS 2016, 01136, Rn. 92.

§ 4 Der Anspruch auf Vorteilsabschöpfung

c. Verbraucher

Die vorstehenden Ausführungen für die Betroffenheit im Sinne des § 34 GWB der mittelbaren Abnehmer gelten auch für Verbraucher. Sie stehen am Ende der Absatzkette, sodass die auf der unterlassenen Vorteilsabschöpfung beruhenden Preisaufschläge auf sie *abgewälzt* werden können. Anders als Unternehmen können Verbraucher zwar nicht in ihren wettbewerblichen Interessen oder Handlungsspielräumen beeinträchtigt sein. Allerdings besteht für sie das Risiko, durch die unterlassenen Vorteilsabschöpfung einen Schaden zu erleiden. Demnach sind Verbraucher als betroffen im Sinne des § 34 GWB zu qualifizieren, sofern die unterlassene Vorteilsabschöpfung dazu geeignet ist, bei ihnen einen Schaden herbeizuführen. Dem lässt sich entgegenhalten, dass in diesen Fällen bereits ein ausreichender Schutz durch Schadensersatzansprüche vorhanden ist. Nach der Schutzwirkung der Norm ist jedoch zu berücksichtigen, dass § 34 GWB – zumindest auch – dem Erhalt subjektiver Rechte in Form der Sicherung von Schadensersatzansprüchen dient. Es wäre widersprüchlich, Verbraucher von der Anspruchsberechtigung nach § 34 GWB auszuschließen, obwohl sie von der Schutzwirkung der Norm umfasst sind. Denn sofern der Verbraucher durch die unterlassene Vorteilsabschöpfung eine Schädigung zu befürchten hat, hat er auch ein Interesse daran, dass die vom Kartellanten zu zahlende Schadensersatzsumme gesichert wird.

Um vom Schutzbereich des § 34 GWB erfasst zu sein, muss der Verbraucher jedoch darlegen, dass er Waren oder Dienstleistungen bezogen hat, die sachlich, zeitlich und räumlich in Zusammenhang mit dem Markt stehen, auf dem der Kartellant tätig ist.[539]

d. Kunden von Kartellaußenseitern

Auch die Kunden von Kartellaußenseitern können nach § 34 GWB betroffen sein. Dies ist dann der Fall, wenn durch die unterlassene Vorteilsabschöpfung die Gefahr besteht, dass das allgemeine Preisniveau kartellbedingt ansteigt. Sofern der Kartellant seine nicht abgeschöpfte, stärkere Marktposition nutzen kann, um den allgemeinen Marktpreis zu überhö-

---

[539] In Anlehnung an die im Zuge der 10. GWB-Novelle eingeführten Vermutungsregelung des § 33a Abs. 2 Satz 4 GWB.

hen[540], müssen Kunden von Kartellaußenseitern nach § 34 GWB aktivlegitimiert sein, da der durch die kartellbedingte Erhöhung des Marktpreises entfaltende *Preisschirmeffekt*[541] zugleich die Preise der Kartellaußenseiter erhöht.

e. Vorgelagerte Lieferanten

Verbleiben dem Kartellanten durch die unterlassene Vorteilsabschöpfung die kartellrechtswidrige erlangte Finanzkraft oder die stärkere Marktstellung, ist nach dem Maßstab kaufmännischer Vernunft damit zu rechnen, dass sie diese wirtschaftlichen Vorteile auch im Wettbewerb einsetzen. Somit ist bereits die Nichtabschöpfung dieser Vorteile dazu geeignet, einen Marktmachtmissbrauch, Diskriminierungen oder Behinderungen gegenüber vorgelagerten Lieferanten auf den Einkaufsmärkten zu begünstigen. Denn auch hier besteht das Risiko, dass der direkte Lieferant in seiner Rolle als Nachfrager die kartellbedingten Wettbewerbsverzerrungen, zum Beispiel in Form von Unterpreisen, auf die vorgelagerte Marktstufe weitergibt. Somit können auch Marktteilnehmer vorgelagerter Marktstufen Betroffene im Sinne des § 34 GWB sein.

f. Marktteilnehmer, die Vorteile aus einer unterlassenen Vorteilsabschöpfung ziehen

Im Hinblick auf die Frage, ob auch ein solcher Marktteilnehmer Betroffener im Sinne des § 34 GWB sein kann, der sich eine kartellbedingte Marktverzerrung zunutze macht, ist auf die Ausführungen unter § 4 C. IV. 2. b. zu verweisen.[542] Denn auch direkte Abnehmer, mittelbare Abnehmer sowie Lieferanten des Kartellanten können sich die auf der unterlassenen Vorteilsabschöpfung beruhenden Markt- und Wettbewerbsverzerrungen zu Nutze machen und ihre Abnahme- und Bezugspreise anpassen.[543]

---

540 Vgl. zur Kartellbetroffenheit bei Kunden von Kartellaußenseitern in Hinblick auf einen Schadensersatzanspruch *Stancke*, NZKart 2017, 636, 640.
541 Grundlegend EuGH, Urteil vom 05.06.2014, C-557/12, ECLI:EU:C:2014:1317 = BeckRS 2014, 80953.
542 Vgl. S. 175 f.
543 Sog. „*Preisschirmeffekt*", vgl. grundlegend EuGH, Urteil vom 05.06.2014, C-557/12, ECLI:EU:C:2014:1317 = BeckRS 2014, 80953.

4. Die Betroffenheit nach § 34 GWB bei vertikalen Wettbewerbsbeschränkungen

Auch in Vertikalverhältnissen treffen Unternehmen kartellrechtswidrige Absprachen, um Profite zu erwirtschaften. Insbesondere die Preis- und Konditionenbindung von Abnehmern und Lieferanten stellen eine in der Praxis häufig auftretende Konstellation dar. Der nachfolgend dargestellte Fall des Bundeskartellamts soll das Vorgehen der beteiligten Unternehmen in Vertikalfällen verdeutlichen.

a. Fallbeispiel Melitta und Rossmann

Hintergrund der Entscheidung waren Absprachen zwischen dem Kaffeeröster Melitta und fünf Handelsunternehmen, unter anderem der Drogeriekette Rossmann. Sie haben sich über den Endverkaufspreis vor allem von Filterkaffee verständigt. Zwischen den beteiligten Unternehmen wurde eine Vereinbarung getroffen, ein Mindestniveau beim Endverkaufspreis einzuhalten, um Kampfpreise zu vermeiden.[544] Die Preise wurden dabei von Melitta als bindendes Unternehmen im Vertikalverhältnis zu den beteiligten Handelsunternehmen gelenkt und kontrolliert. Durch das vertikale Preislenkungssystem des Kaffeerösters Melitta sind insbesondere die Aktionspreise von Rossmann für Melitta Filterkaffee zwischen Unternehmen abgestimmt worden. Melitta konnte sich durch die Einbeziehung von Rossmann in das vertikale Preislenkungssystem vor Preisvorstößen des Drogisten schützen. Rossmann konnte durch die Teilnahme am Preislenkungssystem Informationen über das Preisverhalten seiner Wettbewerber im Handel bekommen und so die Aktionspreisführung berechenbarer und einfacher gestalten.[545]

Der vorstehende Fall beinhaltet sowohl einen vertikalen als auch einen horizontalen Kartellrechtsverstoß. Durch das von Melitta betriebene Preislenkungssystem wird eine vertikale Preisbindung gegenüber den an der Absprache beteiligten Unternehmen erzeugt, während zugleich der Preiswettbewerb der Handelsunternehmen untereinander ausgeschaltet wird.

---

544 Vgl. Beck-aktuell zu BGH, BeckRS 2019, 17415, becklink 2013876.
545 Vgl. Pressemitteilung des Bundeskartellamts vom 01.03.2018, https://www.bundeskartellamt.de/SharedDocs/Meldung/DE/Pressemitteilungen/2018/01_03_2018_OLG_Vertikalfall_Rossmann.html (letzter Abruf: 21.02.2021).

Nachfolgend soll ausschließlich für Vertikalabsprachen untersucht werden, woraus sich der wirtschaftliche Vorteil für die Kartellanten und die Betroffenheit der Marktbeteiligten nach § 34 GWB ergeben kann. Konkret stellt sich die Frage, woraus sich durch die vertikale Bindung von Kunden oder Lieferanten – beispielsweise durch exklusive Belieferungs- und Abnahmevereinbarungen – der erlangte wirtschaftliche Vorteil der am Kartellrechtsverstoß beteiligten Unternehmen ergibt.

b. Ausschließlichkeitsbindungen als wirtschaftlicher Vorteil

Ein wirtschaftlicher Vorteil kann sich aus den durch den Kartellrechtsverstoß begründeten exklusiven Geschäftsbeziehungen[546] der beteiligten Unternehmen ergeben. Dies betrifft Fälle, in denen die vertikale Bindung als langfristige und sichere Absatzquelle des bindenden Unternehmens dient.

Eine sogenannte Ausschließlichkeitsbindung liegt vor, wenn ein Vertragspartner dem anderen untersagt, die vertraglich benannte Ware oder Dienstleistung von Konkurrenten zu beziehen oder diese bei einem Konkurrenten abzusetzen.[547] Solche Absprachen sind nicht per se kartellrechtswidrig.

Unter Berücksichtigung des europäischen Rechts ist bereits auf Tatbestandebene des § 1 GWB zu differenzieren. Da Ausschließlichkeitsbindungen auch für die gebunden Abnehmer oder Lieferanten Vorteile bringt – beispielsweise in Gestalt von Absatz- oder Bezugsgarantien – ist die Kartellrechtswidrigkeit der Vertikalabsprache davon abhängig, ob sie eine marktabschottende Wirkung entfaltet.[548]

Um die Kartellrechtswidrigkeit einer Ausschließlichkeitsvereinbarung festzustellen, ist im Einzelfall zu prüfen, ob die Kombination von Bezugsmenge und Laufzeit zu einer Abschottung auf dem relevanten Markt führt. Der Bundesgerichtshof hat sich in seiner *Gaslieferverträge*-Entscheidung mit einer solchen Vertikalbindung befasst. Der Entscheidung lag eine Bezugsverpflichtung für Gas von Weiterverteilern gegenüber der E.ON Ruhrgas AG zugrunde. In der *Gaslieferverträge*-Entscheidung hat der Bundesgerichtshof ausgeführt, dass eine große Zahl von Gaslieferverträgen, die den Gesamtbedarf oder große Teile des Bedarfs des Abnehmers

---

546 Vgl. BayObLG, NJW 1998, 2461, 2462, wonach der Aufbau einer Geschäftsverbindung einen wirtschaftlichen Vorteil darstellen kann.
547 Vgl. *Zimmer* in Immenga/Mestmäcker, GWB, § 1, Rn. 210.
548 Vgl. *Zimmer* in Immenga/Mestmäcker, GWB, § 1, Rn. 210.

§ 4 Der Anspruch auf Vorteilsabschöpfung

abdecken sowie die langen Vertragslaufzeiten im Gesamten dazu führen, dass der Markt gegenüber Wettbewerbern abgeschottet wird. In diesem Fall liege ein Verstoß gegen geltendes Kartellrecht vor.[549] Als Orientierungshilfe dienen die Art. 1 lit. d, Art. 3 und Art. 5 der Vertikal-GVO. Demnach sind Bezugsbindungen von mehr als 80 % mit einer Laufzeit von nicht mehr als 5 Jahren zulässig, sofern der Lieferant und der Abnehmer nach Art. 3 Vertikal-GVO einen Marktanteil von nicht mehr als 30 % halten. Für die Abschottungswirkung im Sinne des Missbrauchsrechts kommt es auf den Anteil des Abnehmers an sich nicht an.[550] Die Anwendung des Art. 5 Vertikal-GVO ist jedoch bei Alleinbelieferungspflichten von Lieferanten ausgeschlossen. In diesem Fall ist lediglich die 30 %-Marktanteilsgrenze zu prüfen.[551]

Der erlangte wirtschaftliche Vorteil einer kartellrechtswidrigen Ausschließlichkeitsbindung mit abschottender Wirkung liegt in der für den Bindenden sicheren Bezugs- oder Abnahmequelle. Der Bindende muss sich diese nicht im freien Wettbewerb „erkämpfen". Da diese unmittelbar aus der Bindungswirkung der Vertikalvereinbarung entsteht, ergibt sich in der vorliegenden Konstellation die Betroffenheit des gebundenen Unternehmens nach § 34 GWB unmittelbar aus der *Nichtabschöpfung* der durch die sichere Bezugs- oder Abnahmequelle erlangten wirtschaftlichen Vorteile.[552]

aa. Unmittelbare Betroffenheit des gebundenen Unternehmens

Abzulehnen ist in diesen Fällen die Annahme, dass gebundene Unternehmen aufgrund der rechtlichen Unwirksamkeit der Vertikalvereinbarung nicht in ihren wettbewerblichen Interessen beeinträchtigt seien.[553] Es ist davon auszugehen, dass gebundene Unternehmen in Fällen jahrelanger Geschäftsbeziehungen und vertraglicher Bindungen nicht wissen, dass die vertragliche Bindung kartellrechtswidrig und nichtig ist. Insofern stellt die Vertikalabsprache in diesen Fällen eine faktische – wenn auch unwissentlich rechtswidrige – Beeinträchtigung dar.

---

549 Vgl. BGH, NJW-RR, 2009, 1635.
550 Vgl. *Thomas* in Kling/Thomas, GWB, § 20, Rn. 132.
551 Vgl. *Zimmer* in Immenga/Mestmäcker, GWB, § 1, Rn. 214.
552 Vgl. zu den finanziellen Vorteilen die Ausführungen unter § 4 C. IV. 4. b. cc., S. 186 f.
553 Vgl. *Roth* in Frankfurter Kommentar, GWB, § 33, Rn. 67, Lfg. 92 (Loseblatt).

C. Anspruchsberechtigung

Zu überlegen ist, ob dem gebundenen Unternehmen aufgrund seiner Teilnahme an dem Kartellrechtsverstoß ein Anspruch zu versagen ist. Nach der *Courage*-Entscheidung[554] ist auch einem vertikal gebundenen Unternehmen ein Anspruch zuzubilligen, wenn dieses aufgrund seiner schwachen Verhandlungsposition keinen Einfluss auf die Vertragsverhandlungen nehmen kann und somit auch nicht in der Lage ist, die kartellrechtswidrige Bindung zu beseitigen.[555] Da die Vorteilsabschöpfung auch der privaten Rechtsdurchsetzung dient, können die Ausführungen der *Courage*-Entscheidung im Grundsatz auch auf die Feststellung der Betroffenheit nach § 34 GWB übertragen werden. Im Hinblick auf eine effektive und flächendeckende Durchsetzung der Vorteilsabschöpfung ist es nicht geboten, die Anspruchsberechtigung zu verengen. Dementsprechend ist auch eine Anspruchsversagung der gebundenen Unternehmen nach § 242 BGB abzulehnen. Im Übrigen wird auf die Ausführungen unter § 4 C. IV. 2. d. verwiesen.[556]

bb. Unmittelbare Betroffenheit der Wettbewerber der bindenden und gebundenen Vertragspartei

Bei Nichtabschöpfung der gesicherten Bezugs- und Vertriebsbindungen, sind die Wettbewerber des gebundenen Lieferanten aufgrund der Beeinträchtigung ihrer Absatzmöglichkeiten nach § 34 GWB betroffen. Umgekehrt gilt dies für Wettbewerber des Abnehmers, die von der Belieferung ausgeschlossen oder in ihr eingeschränkt werden.[557] Hat das bindende Unternehmen mit einem Abnehmer eine *Alleinbezugsverpflichtung* vereinbart, sind Wettbewerber des bindenden Unternehmens bei Nichtabschöpfung der sicheren Bezugsquelle unmittelbar betroffen. Auf der Beschaffungsseite sind die Wettbewerber des bindenden Unternehmens durch die Nichtabschöpfung einer *Ausschließlichkeitsbindung* beruhenden Versperrung von Beschaffungswegen betroffen im Sinne des § 34 GWB.[558]

Sofern der aus der vertikalen Bindung entstandene wirtschaftliche Vorteil nicht abgeschöpft wird, ist der Wettbewerber des bindenden Unter-

---

554 EuGH, Urteil vom 20.9.2001, C-453/99, ECLI:EU:C:2001:465 = GRUR Int 2002, 54 = EuZW 2001, 715.
555 Vgl. *Roth* in Frankfurter Kommentar, GWB, § 33, Rn. 67, Lfg. 92 (Loseblatt).
556 Vgl. S. 177 f.
557 Vgl. *Roth* in Frankfurter Kommentar, GWB, § 33, Rn. 65, Lfg. 92 (Loseblatt).
558 Vgl. *Topel* in Wiedemann, Handbuch des Kartellrechts, § 50, Rn. 55; *Bornkamm/Tolkmitt* in Langen/Bunte, GWB, § 33, Rn. 37.

§ 4 Der Anspruch auf Vorteilsabschöpfung

nehmens unmittelbar nach § 34 GWB betroffen.[559] Dies gilt gleichermaßen für potenzielle Wettbewerber, da durch die Nichtabschöpfung gesicherter Bezugs- und Abnahmebindungen eine Marktzutrittsschranke erhalten wird.[560]

cc. Erhöhte Finanzkraft durch vertikale Bindungen

Die Abschöpfung einer sicheren Absatz- und Bezugsquelle als wirtschaftlicher Vorteil gleicht auf den ersten Blick einem Beseitigungsanspruch nach § 33 Abs. 1 Alt. 1 GWB. Es sollen alle aus der Geschäftsbeziehung entstandenen wirtschaftlichen Vorteile rückabgewickelt werden. Da sich aus der gesicherten Geschäftsbeziehung monetäre Vorteile für die Kartellanten ergeben, sind diese zumeist Gegenstand der Vorteilsabschöpfung nach § 34 GWB.

Für die Bestimmung des Abschöpfungsbetrags kann auf die durch die Geschäftsbeziehungen entstandenen Umsatzzuwächse abgestellt werden. Zu fragen ist demnach, ob der Bindende aufgrund der Vertragsbindung Umsatzzuwächse generiert, die er ohne die Wettbewerbsbeeinträchtigung nicht erlangt hätte. In diesem Fall richtet sich die Betroffenheit im Sinne des § 34 GWB nach den möglichen Beeinträchtigungen der Marktbeteiligten aufgrund der nicht abgeschöpften kartellrechtswidrig erhöhten Finanzkraft.[561] Im Umkehrschluss bedeutet das zwar auch, dass aus dem Kartellrechtsverstoß nicht zwingend ein umsatzbezogener wirtschaftlicher Vorteil entstehen muss. Die exklusive Bindung der Vertragspartner zueinander kann dazu führen, dass finanziell attraktivere Angebote anderer Marktteilnehmer nicht angenommen werden. Den Kartellanten kann durch die Kartellabsprache im Vergleich mit der hypothetischen Umsatzentwicklung

---

559 Vgl. *Topel* in Wiedemann, Handbuch des Kartellrechts, § 50, Rn. 55.
560 Nach *Kahlenberg* in LMRKM, GWB, § 36 Rn. 93; *Kerber/Schwalbe* in MüKo/Kartellrecht, EU-Wettbewerbsrecht, 1. Teil Grundlagen, Rn. 294 stehen langfristige Lieferverträge oder Ausschließlichkeitsbindungen exemplarisch für strategische Marktzutrittsschranken.
Vgl. zu den praktischen Wirkungen langfristiger Vertragsbeziehungen und Ausschließlichkeitsbindungen auf potenziellen Wettbewerb z.B. BGH, ZIP 1998, 122, 124 f, 127 = NJW 1998, 2440; BGH, NJW 1998, 2444, 2446 f.; BKartA, WuW 1999, 754, 758 unter 2.3.7; BKartA, AG 1997, 428, 429 f.; BKartA, WuW/E BKartA 2213, 2215 f.
561 Die Betroffenheit richtet sich nach den Ausführungen unter § 4 C. IV. 2. und 3., S. 175 ff.

ohne den Kartellverstoß somit ein wirtschaftlicher Nachteil entstehen. Bei lebensnaher Betrachtung wird man jedoch davon ausgehen können, dass eine Vertikalvereinbarung unter geschäftserfahrenen Kaufleuten nur geschlossen wird, sofern sie wirtschaftlich vorteilhaft ist.

Für die Feststellung der hypothetischen Umsätze ist danach zu fragen, was sich das bindende Unternehmen dadurch erspart hat, nicht im Wettbewerb tätig werden zu müssen. Um dies festzustellen, muss untersucht werden, wie stark der Wettbewerb auf dem zu untersuchenden Markt ist. Herrscht starker Wettbewerb, ist davon auszugehen, dass die Vertikalabrede für das bindenden Unternehmen wirtschaftlich lukrativ ist. Ferner ist zu berücksichtigen, wie hoch die Wechselbereitschaft von Abnehmern oder Lieferanten ist und welche Parameter für eine etwaige Wechselentscheidung entscheidend sind. Dies wird in der Praxis – je nach Ausgestaltung des konkreten Markts – kaum festzustellen sein. Ferner ist zu berücksichtigen, dass sofern der Ermittlungsaufwand und die Höhe des wirtschaftlichen Vorteils nicht in einem angemessenen Verhältnis zueinanderstehen, die Bagatellgrenze des § 34 Abs. 3 Satz 2 GWB greift.

dd. Schätzungserleichterungen bei der Anwendung des § 34 Abs. 4 GWB

Da bei lebensnaher Betrachtung eine langjährige Ausschließlichkeitsbindung zwischen Marktakteuren unterschiedlicher Marktstufen nur aufrechterhalten und praktiziert wird, sofern diese für die Beteiligten wirtschaftlich rentabel ist, muss in diesen Fällen eine Vorteilsschätzung möglich sein. Der wirtschaftliche Vorteil in Form des durch die kartellrechtswidrige Abrede geschaffenen *wettbewerbsfreien* Zeitraums ist daher vorliegend eine ausreichende Anknüpfungstatsache[562] für die Schätzung nach § 34 Abs. 4 GWB. Da sich dieser Zeitraum meist bei der Aufdeckung des Kartells feststellen lässt oder von den Kartellanten durch einen Kronzeugenantrag offenbart wird, greift hier nicht die Bagatellgrenze des § 34 Abs. 3 Satz 2 GWB wegen eines unangemessenen Verhältnisses zwischen Ermittlungsaufwand und Höhe der Abschöpfungssumme.[563] Da der Zeitraum eines betriebenen Kartells nur bedingt Rückschlüsse auf die kon-

---

562 Zum Erfordernis der Anknüpfungstatsache vgl. *Lübbig* in MüKo/Kartellrecht, GWB, § 34, Rn. 27; *Bornkamm/Tolkmitt* in Langen/Bunte, GWB, § 34, Rn. 13.
563 Vgl. Ausführungen unter § 2 B. II. 3. d. bb., S. 86 f.

§ 4 Der Anspruch auf Vorteilsabschöpfung

krete Kartellrendite zulässt[564], wird eine den tatsächlichen Verhältnissen nahekommende Schätzung in diesen Fällen jedoch nur schwer zu erbringen sein. Die Schätzung ist daher für die Behörde zu erleichtern. Der wirtschaftliche Vorteil kann in diesen Fällen durch Abschlagszahlung in Höhe eines prozentualen Anteils der im Kartellzeitraum erzielten Umsätze abgeschöpft werden. Die Höhe des prozentualen Anteils ist durch den Gesetzgeber zu definieren.

c. Zwischenergebnis

Die oben aufgeführten typischen Kartellrechtsverstöße zeigen exemplarisch, dass durch die Beeinflussung des Preiswettbewerbs eine Rendite erzielt wird, die den Kartellanten eine erhöhte Finanzkraft oder stärkere Marktposition verschafft. Die Betroffenheit nach § 34 GWB für Marktbeteiligte richtet sich danach, ob davon auszugehen ist, dass der Marktbeteiligte durch die Nichtabschöpfung dieser Finanzmittel in seinen wettbewerblichen Interessen beeinträchtigt wird. Für die Betroffenheit von Verbraucher nach § 34 GWB ist entscheidend, ob der Erhalt des kartellrechtswidrig erlangten Vorteils dazu geeignet ist, einen Schaden beim Verbraucher zu verursachen.

5. Nichtangriffspakte in der Praxis

Weitaus seltener als die vorstehenden Kartellrechtsverstöße kommen in der Praxis sogenannte reine *Nichtangriffspakte* vor. Dies sind Vereinbarungen zwischen Unternehmen, durch die sie den Wettbewerb untereinander ausschließen. Der Ausschluss des Wettbewerbs kann sich dabei auf einzelne Wettbewerbsparameter wie beispielsweise das Abwerben von Kundenstämmen oder auch auf den gesamten Wettbewerb zwischen den beteiligten Unternehmen beziehen. Nachfolgend soll anhand von Beispielsfällen veranschaulicht werden, wie sich ein Nichtangriffspakt in der Praxis darstellt und inwiefern sich aus ihm ein wirtschaftlicher Vorteil nach § 34 GWB ergeben kann.

---

564 Zumindest bei Quoten- oder Preiskartellen ist davon auszugehen, dass diese an Rentabilität gewinnen, je länger sie praktiziert werden, vgl. hierzu BGH, WuW/E DE-R 1567, 1569 = NJW 2006, 163, 165; so auch *Kühnen*, WuW 2010, 16, 17; *Raum*, Festschrift Hirsch, 301, 303.

a. Fallbeispiel Industrieversicherer

In diesem Fall haben sich mehrere große Industrieversicherer darauf verständigt, den zum damaligen Zeitpunkt bestehenden intensiven Prämien- und Bedingungswettbewerb auf ihrem Markt zu beenden. Durch den geschlossenen *Nichtangriffspakt* verpflichteten sich die beteiligten Unternehmen unter anderem, während der Vertragslaufzeit keine Beitragssenkungen durchzuführen, keine rückwirkenden Beitragsanpassungen vorzunehmen, neue Verträge nur mit Ausstiegs- und Anpassungsklauseln abzuschließen sowie den wettbewerblichen Austausch zu verstärken.[565]

Dieser Beispielsfall zeigt, dass Nichtangriffspakte auch zum Erhalt einer bereits bestehenden Marktlage getroffen werden können. In diesem Zusammenhang stellt sich die Frage, wonach sich bei solchen Fallkonstellation der wirtschaftliche Vorteil und die Betroffenheit nach § 34 GWB bemisst.

b. Fallbeispiel Flüssiggas-I

Zur Wirkung von Nichtangriffspakten hinsichtlich der Kundenabwerbung zwischen Wettbewerbern hat der Bundesgerichtshof zuletzt in seiner *Flüssiggas-I*-Entscheidung Stellung bezogen.[566] Im Flüssiggas-Kartell haben mehrere Flüssiggas-Unternehmen untereinander vereinbart, sich gegenseitig keine Kunden abzuwerben. Zur Abschreckung wurden wechselwilligen Kunden von den Kartellanten auf Nachfrage kein Preis oder nur ein überhöhter Preis genannt. Der Bundesgerichtshof hat festgehalten, dass Nichtangriffspakte in Form von Kundeschutzabsprachen ein künstliches Preisniveau erzeugen können. Demnach sei es *„(B) bei einem Kundenschutzkartell (...) grundsätzlich nachvollziehbar, dass sich die Preise der Kartellmitglieder ohne die Zuwiderhandlung den niedrigeren Preisen von Kartellaußenseitern angenähert hätten. Denn ohne die protektive Wirkung durch das Kartell hätte sich der Wettbewerbsdruck auf die Kartellmitglieder erhöht, was für eine (hypothetische) Verringerung auch von deren Preisniveau spricht.“*[567]

Dadurch seien *„(...) Einflüsse des Kartells auf die Preissetzung der Kartellaußenseiter zu erwarten (sog. umbrella effect, Preisschirmeffekt).“*[568] Nach der

---

565 Beck-aktuell, becklink 142109.
566 BGH, NZKart 2019, 146.
567 Vgl. BGH, NZKart 2019, 146, 150, Rn. 69.
568 Vgl. BGH, NZKart 2019, 146, 150, Rn. 69.

Entscheidung sprächen insbesondere ein hoher Grad der Marktabdeckung, eine längere Dauer der Zuwiderhandlung und eine Produkthomogenität dafür, dass sich auch die Preissetzung von Kartellaußenseitern – bewusst oder unbewusst – an den Kartellpreisen orientiere.[569]

c. Zwischenergebnis

Die *Flüssiggas-I*-Entscheidung zeigt, dass sich kartellbedingte Preisvorteile auch durch Nichtangriffspakte hinsichtlich einzelner Wettbewerbsparameter ergeben können. Es kann für daran beteiligten Unternehmen daher ein erklärtes Ziel sein, durch die Absprache eine Kartellrendite zu erzielen, ohne dabei eine Preisabsprache zu treffen.

Anders gelagert ist hingegen die Situation, dass durch einen Nichtangriffspakt versucht wird, die eigene Existenz auf dem Markt zu sichern. Nachfolgend soll geprüft werden, woraus sich ein wirtschaftlicher Vorteil und die Betroffenheit nach § 34 GWB in diesen Fallkonstellationen ergibt.

6. Atypische Kartellverstöße

a. Nichtangriffspakt zum Schutz vor ruinösem Preiswettbewerb

Denkbar ist, dass in Märkten, in denen ein ruinöser Preiswettbewerb zu befürchten ist, Unternehmen durch einen Nichtangriffspakt den noch marginal möglichen Wettbewerb untereinander ausschließen, um so ihre eigene Existenz auf dem Markt zu sichern.

Durch die Ausschaltung des – wenn auch minimalen – Preiswettbewerbs wird auch in dieser Fallkonstellation ein künstlich erhöhtes Preisniveau erzeugt. Die sich aus dem Ausschluss des Preiswettbewerbs ergebenen Mehrerlöse und der kartellbedingte Erhalt der Marktposition stellen den wirtschaftlichen Vorteil im Sinne des § 34 GWB dar. Die Betroffenheit der Anspruchsberechtigten ergibt sich aus der Eignung der Beeinträchtigung ihrer wirtschaftlichen Interessen durch den möglichen Einsatz der erhaltenen wirtschaftlichen Vorteile. Diese sind für die einzelnen Marktbeteiligten unter § 4 C. IV. 2. und 3. erläutert.[570] Da sich die Kartellrendite auch in diesen Fällen aus einem künstlich aufrechterhaltenen Marktpreis ergibt, ist

---

569 Vgl. BGH, NZKart 2019, 146, 151, Rn. 71.
570 Vgl. S. 175 ff.

zu überlegen, woraus sich die Betroffenheit nach § 34 GWB ergeben kann, wenn auf dem betroffenen Markt kein Preiswettbewerb möglich ist.

b. Kein Preiswettbewerb aufgrund eines Tiefstpreises

Es ist denkbar, dass auf Märkten der Preis so niedrig ist, dass nicht mit einem Preiswettbewerb zu rechnen ist, ohne dass für die Wettbewerber Verluste entstehen würden. Auf diesen Märkten bleibt ein Konditionenwettbewerb möglich. Durch die Kartellabsprache zwischen den beteiligten Unternehmen kann sich zum einen ein wirtschaftlicher Vorteil aus dem Ausschluss des Konditionenwettbewerbs an sich ergeben. Das betrifft beispielsweise den Abschluss und Erhalt von Verträgen, die unter regulären Wettbewerbsbedingungen nicht abgeschlossen worden wären. Ferner kann ein Nichtangriffspakt zur Sicherung der Marktposition geschlossen werden. Dieser Fallkonstellation wird sich im nachfolgenden gewidmet.

Es stellen sich in diesem Zusammenhang zwei Fragen: Zum einen, ob die durch den Nichtangriffspakt beabsichtigte Sicherung der Marktposition einen wirtschaftlichen Vorteil im Sinne des § 34 GWB darstellt und zum anderen, ob und wenn ja, wie sich aus dem Erhalt einer Marktposition die Betroffenheit der Anspruchsteller nach § 34 GWB ergeben kann.

aa. Erlangter wirtschaftlicher Vorteil im Sinne des § 34 GWB

Nach dem Wortlaut des § 34 Abs. 1 GWB sind solche wirtschaftlichen Vorteile abzuschöpfen, die der Kartellanten *durch* die in der Norm aufgeführten Kartellrechtsverstöße erlangt hat. Wie bereits erläutert, umfasst der Begriff des wirtschaftlichen Vorteils jede kartellbedingte wirtschaftliche Besserstellung des Rechtsverletzers.[571] Zudem dient die Abschöpfung kartellrechtswidrig erlangter wirtschaftlicher Vorteile dem Erhalt und der Wiederherstellung des fairen und unverfälschten Wettbewerbs. Die Norm kommt nach ihrer Funktion in solchen Fällen zur Anwendung, in denen sich der Kartellrechtsverstoß für den Kartellanten vorteilhaft im Vergleich zu seiner Marktsituation ohne den Kartellverstoß ausgewirkt hat. Da sich

---

571 Vgl. Ausführungen unter § 2 B. I. 3., S. 44 ff. Der Begriff des wirtschaftlichen Vorteils umfasst daher auch rechtswidrig erlangte Marktpositionen und Geschäftsverbindungen. Zu berücksichtigen sind jedoch auch alle vorteilsmindernden Positionen, wie z.B. kartellbedingte Mindererlöse.

§ 4 Der Anspruch auf Vorteilsabschöpfung

in der vorliegenden Fallkonstellation der Marktpreis auf dem Tiefpunkt befindet und somit auch kein Preiswettbewerb möglich ist, kommt es durch den Nichtangriffspakt nicht zu einer kartellbedingt künstlichen Erhöhung des Preisniveaus und einer daraus resultierenden Rendite. Vorliegend ist zu fragen, wann und ob die Sicherung einer Marktposition durch eine kartellrechtswidrige Absprache einen aufgrund des Kartellrechtsverstoßes *erlangten* wirtschaftlichen Vorteil im Sinne des § 34 GWB darstellt.

Die *erlangte* Marktposition des Kartellanten könnte sich in der Ausschaltung des Wettbewerbs innerhalb des durch die Kartellabsprache getroffenen Regelungsbereichs begründen. Es ist jedoch zu berücksichtigen, dass Kartellaußenseiter oder potenzielle Wettbewerber von der Vereinbarung zwischen den Kartellanten nicht berührt werden. Sie können ohne Einschränkungen in den Wettbewerb mit den Kartellanten treten und Marktanteile generieren. Die Sicherung der Marktposition kann somit erklärtes Ziel einer Kartellabsprache sein, sie könnte jedoch ohne Bindung der Kartellaußenseiter wirkungslos sein. Zu fragen ist daher, ob ein wirtschaftlicher Vorteil allein durch den Wettbewerbsausschluss der Kartellanten untereinander entstehen kann.

bb. Feststellung der Betroffenheit nach § 34 GWB

Demzufolge können auch Kartellrechtsverstöße auf Märkten, in denen kein Preiswettbewerb betrieben werden kann, zu einer kartellbedingten Erhöhung der Finanzkraft führen, sofern bei Vorliegen eines regulären Wettbewerbs Verluste zu erwarten wären. Somit richtet sich die Betroffenheit auch in der vorliegenden Fallkonstellation danach, ob ein Marktbeteiligter oder Verbraucher Beeinträchtigungen der nach § 34 GWB geschützten subjektiv-öffentlichen Rechte durch die unterlassene Abschöpfung der kartellrechtswidrig generierten Finanzkraft zu befürchten hat. Hinsichtlich der Feststellung der Betroffenheit der einzelnen Marktbeteiligten wird auf die Ausführungen unter § 4 C. IV. 2. und 3. verwiesen.[572]

cc. Sicherung des Umsatzes durch einen Nichtangriffspakt

Die Sicherung einer Marktposition kann nur gewährleistet werden, wenn den Kartellanten die notwendigen Umsätze zufließen, um ihre Marktan-

---

572 Vgl. S. 175 ff.

C. Anspruchsberechtigung

teile zu sichern.[573] Anders als bei einer Umsatzsteigerung durch die künstliche Anhebung des Preisniveaus bezwecken die Kartellanten durch den Nichtangriffspakt in der vorliegenden Fallkonstellation die Sicherung des Umsatzes durch den Erhalt ihrer Absatzmenge. Ein wirtschaftlicher Vorteil im Sinne des § 34 GWB in Form eines kartellbefangenen Umsatzes oder einer kartellbefangenen Absatzmenge ist dann festzustellen, wenn die Kartellanten bei hypothetischer Betrachtung ohne die Absprache in einen Konditionenwettbewerb getreten wären und sich dadurch die Marktverhältnisse geändert hätten.

Das Bundeskartellamt müsste für den Nachweis des kartellbedingten Umsatzes feststellen, welche Konditionen sich auf dem Markt verändert hätten und ob diese zu einer Verschiebung der Marktverhältnisse geführt hätten. Da dies in der Praxis jedoch kaum nachweisbar sein wird, sind die vorstehenden Überlegungen eher theoretischer Natur. Insofern wird in diesen Fallkonstellation der Nachweis der Betroffenheit nach § 34 GWB für die Marktbeteiligten kaum zu erbringen sein. Ferner kommt in diesen Fällen die Anwendung der Bagatellgrenze des § 34 Abs. 3 Satz 2 GWB in Betracht. Bei lebensnaher Betrachtung kann allein die Ausschaltung des Konditionenwettbewerbs auf einem Markt mit Tiefpreisniveau nicht solche Vorteile begründen, dass der oben skizzierte Aufwand der hypothetischen Feststellung kartellbedingter Marktveränderungen in einem angemessenen Verhältnis zu der Vorteilshöhe steht.[574] Allenfalls kann auch in diesen Fällen der wirtschaftliche Vorteil nach § 34 Abs. 4 GWB anhand des kartellbedingt wettbewerbsfreien Zeitraums festzustellen sein. Auch hier sind Schätzungserleichterung in Form einer Abschlagszahlung in Höhe eines prozentualen Anteils der im Kartellzeitraum erzielten Umsätze anzuwenden.[575]

dd. Zwischenergebnis

Auch wenn Nachweisprobleme für das Bundeskartellamt bestehen, zeigt die vorstehende Betrachtung, dass sich aus der kartellbedingt gesicherten

---

573 Grundsätzlich wird zur Marktanteilsberechnung auf den Umsatz abgestellt, vgl. Bundeskartellamt, Leitfaden zur Marktbeherrschung in der Fusionskontrolle vom 29.03.2012, S. 12, Rn. 28; *Thomas* in Immenga/Mestmäcker, GWB, § 36, Rn. 134.
574 Vgl. Ausführungen zur Bestimmung der Bagatellgrenze nach § 34 Abs. 3 Satz 2 GWB unter § 2 B. II. 3. d. bb., S. 86 f.
575 Vgl. Ausführungen unter § 4 C. IV. 4. b. dd., S. 187 f.

Absatzmenge ein kartellbedingter Umsatz ergibt. Obgleich sich die Marktstruktur durch die Kartellabsprache im Vergleich zum Zeitpunkt vor der Kartellabsprache nicht ändert und die Absprache lediglich den Erhalt der Marktpositionen der Kartellanten untereinander bezweckt, besteht der wirtschaftliche Vorteil der Kartellanten in dem aus ihrer Selbstbindung resultierenden Umsatz. Bei lebensnaher Betrachtung werden die wirtschaftlichen Vorteile auf diesen Märkten tendenziell gering sein, sodass ein Abschöpfungsverzicht nach § 34 Abs. 3 Satz 2 GWB in Betracht käme.

7. Ergebnis

Somit können sowohl Marktbeteiligte im Horizontal- und Vertikalverhältnis zum Abschöpfungsschuldner als auch Verbraucher durch eine unterlassene Vorteilsabschöpfung Betroffene im Sinne des § 34 GWB sein.

Anspruchsinhaber ist derjenige, der durch eine unterlassene Vorteilsabschöpfung betroffen im Sinne des § 34 GWB ist. Aufgrund der weitreichenden Folgen der unterlassenen Vorteilsabschöpfung sowie der gesetzlichen Pflicht des Bundeskartellamts, diese auch durchzusetzen, ist die Betroffenheit nach § 34 GWB weit auszulegen. Ein Marktteilnehmer ist als betroffen im Sinne des § 34 GWB zu qualifizieren, sofern die unterlasse Vorteilsabschöpfung und der damit verbundene zu erwartende Einsatz der Kartellrendite im Wettbewerb dazu geeignet sind, ihn in seinen wettbewerblichen Interessen und Handlungsspielräumen zu beeinträchtigen. In Fällen der vertikalen Bindung kann sich die Betroffenheit des gebundenen Unternehmens aus der Bindung selbst ergeben, sofern sie als wirtschaftlicher Vorteil zu qualifizieren ist. Verbraucher sind als Betroffene nach § 34 GWB zu qualifizieren, sofern die unterlassene Vorteilsabschöpfung und der damit verbundene Einsatz des wirtschaftlichen Vorteils dazu geeignet sind, einen Schaden beim Verbraucher zu verursachen. Der Verbraucher hat für die Betroffenheit nach § 34 GWB jedoch darzulegen, dass er Waren oder Dienstleistungen bezogen hat, die sachlich, zeitlich und räumlich in Zusammenhang mit dem Markt stehen, auf dem der Kartellant tätig ist. Anders als beim Schadensersatzanspruch führt das *Risiko* von Popularklagen im Rahmen des § 34 GWB faktisch zum effektiven Gesetzesvollzug und entspricht somit den gesetzlichen Vorgaben. Darüber hinaus wird nur durch den umfassenden Gesetzesvollzug der faire und unverfälschte Wettbewerb gesichert.

§ 5 Endergebnis und Zusammenfassung

Die derzeitige Handhabung der Vorteilsabschöpfung in der kartellrechtlichen Praxis stellt einen Missstand dar. Die vorliegende Arbeit bietet einen Lösungsvorschlag zur konsequenten Rechtsanwendung im Rahmen der kartellrechtlichen Vorteilsabschöpfung. Sofern das Bundeskartellamt von einer Vorteilsabschöpfung im Rahmen des Bußgeldverfahrens absieht, gibt es für die im Sinne des § 34 GWB betroffenen Marktteilnehmer und Verbraucher die Möglichkeit, ihren Anspruch auf Anwendung des § 34 GWB gegenüber dem Bundeskartellamt rechtlich zu erzwingen.

Nachfolgend sind die Arbeitsergebnisse in Thesenform festgehalten:

1. Es besteht eine rechtliche Pflicht des Bundeskartellamts, den wirtschaftlichen Vorteil bei gegen das Kartellrecht verstoßenden Unternehmen abzuschöpfen. Dies ergibt sich sowohl aus der Systematik und dem Wortlaut der §§ 34 Abs. 1, 81d Abs. 3 GWB als auch aus verfassungsrechtlicher Sicht. Durch den in Art. 3 GG normierten Gleichbehandlungsgrundsatz ist eine Andersbehandlung der kartellrechtlichen Vorteilsabschöpfung im Vergleich zur allgemeinen Vorteilsabschöpfung im Rahmen von Ordnungswidrigkeitsverfahren nach § 17 Abs. 4 OWiG rechtswidrig.

2. Systematisch hat die Abschöpfung vorrangig im Rahmen des Bußgeldverfahrens zu erfolgen. Sofern Zweckmäßigkeitserwägungen es gebieten, kann das Bundeskartellamt innerhalb eines gesonderten Verwaltungsverfahrens gemäß § 34 GWB die Vorteilsabschöpfung vollziehen.

3. Ist der wirtschaftliche Vorteil nicht zu ermitteln, so kann er nach § 34 Abs. 4 GWB geschätzt werden. Als valide Anknüpfungspunkte der Vorteilsschätzung dienen dabei – neben den gängigen Methoden wie beispielsweise die Vergleichsmarktbetrachtung – auch die Umstände der Kartellabsprache sowie die konkrete Umsetzung des Kartellverstoßes bei der Bestimmung des Vorteils. Ein breites Spektrum an Anknüpfungspunkten für eine realistische Schätzung ist auch unter dem Gesichtspunkt der effektiven Kartellrechtsdurchsetzung geboten.

4. Von der Pflicht zur Vorteilsabschöpfung darf nur innerhalb der in § 34 Abs. 3 GWB normierten rechtlichen Grenzen abgewichen werden. Der in § 34 Abs. 3 GWB zum Ausdruck kommende Verhältnismäßigkeitsgrundsatz intendiert zugleich das Ermessen der Behörde, sofern die Abschöpfung eine unbillige Härte darstellt oder der abzuschöpfende Vorteil gering ist.

5. Höher gewichtige Rechtsgüter können im Rahmen der Abwägung innerhalb der Verhältnismäßigkeitsprüfung nach § 34 Abs. 3 GWB trotz Vorliegens eines geringen Vorteils oder einer unbilligen Härte zur Abschöpfungspflicht der Behörde führen. Sofern die Abschöpfung den Kartellanten beispielsweise in Existenznöte bringt und somit eine unbillige Härte im Sinne des § 34 Abs. 3 Satz 1 GWB darstellt, kann eine Abschöpfung rechtlich verpflichtend sein, wenn dies wettbewerbliche Gründe, etwa die im Einzelfall zur Wiederherstellung notwendiger Wettbewerbsstrukturen erforderliche Rückabwicklung des wirtschaftlichen Vorteils an die durch den Kartellrechtsverstoß geschädigten Marktbeteiligten, erfordern.

6. Der Maßstab für die Bewertung eines geringen wirtschaftlichen Vorteils ist das Verhältnis zwischen dem Abschöpfungsaufwand und dem zu erwartenden Abschöpfungsbetrag. Je höher dieser liegt, desto eher hat das Bundeskartellamt – gegebenenfalls auch ein sehr umfassendes – Abschöpfungsverfahren durchzuführen.

7. Sofern ein Kartellant von der Kronzeugenregelung Gebrauch macht und dessen Bußgeld erlassen oder reduziert wird, ist dieser nicht vor einer anschließenden Vorteilsabschöpfung nach § 34 GWB geschützt.

8. Das Bundeskartellamt hat bis heute in keinem kartellrechtlichen Fall eine Vorteilsabschöpfung vorgenommen. Unter Berücksichtigung der aktuellen Rechtslage handelte das Bundeskartellamt rechtswidrig.

9. Weisungen des Bundeswirtschaftsministeriums gegenüber dem Bundeskartellamt bieten für die Beseitigung dieses rechtswidrigen Zustands kein effektives Mittel. Das Wirtschaftsministerium kann zwar auf Grundlage des § 52 GWB allgemeine Weisungen gegenüber dem Bundeskartellamt erlassen. Allerdings zeigt die kartellrechtliche Praxis, dass von diesem Mittel sehr restriktiv Gebrauch gemacht wird. Der theore-

§ 5 Endergebnis und Zusammenfassung

tischen Anwendung steht somit der unzureichende Praxisgebrauch entgegen. Ferner besitzt auch der Bundesrechnungshof keine Weisungskompetenz oder ähnliches gegenüber dem Bundeskartellamt.

10. Als Mittel zur effektiven Kartellrechtsdurchsetzung und Beseitigung des rechtswidrigen Zustands kommt daher ein Anspruch aus § 34 GWB gegenüber der Behörde in Betracht.

11. § 34 GWB bietet als drittschützende Norm betroffenen Marktteilnehmern und Verbrauchern die Möglichkeit, das Bundeskartellamt rechtlich zu einem Tätigwerden zu zwingen. Grundlage des Drittschutzes ist die Verknüpfung der Vorteilsabschöpfung mit der Sicherung etwaiger Schadensersatzsprüche Kartellgeschädigter sowie deren individualisierbarer Markposition.

12. Mit Blick auf die derzeitige Abschöpfungspraxis ist festzuhalten, dass das Instrument insbesondere vor dem Hintergrund der extensiven Ressourcenbindung nicht zur Anwendung kommt. Ferner würde sich das Bundeskartellamt insofern angreifbar machen, als dass die von ihm erlassenen Abschöpfungsverfügungen mit Rechtsmitteln anfechtbar wären und anschließend einer gerichtlichen Kontrolle unterliegen. Diese Argumente befreien die Behörde nicht von der gesetzlichen Pflicht nach § 34 GWB, den wirtschaftlichen Vorteil von Kartellanten abzuschöpfen.

13. Der Anspruch gegenüber dem Bundeskartellamt kann nicht auf den Erlass einer konkreten Verfügung gerichtet sein. Neben der Systematik des § 34 GWB scheitert ein solcher Anspruch praktisch an der Darlegung des konkreten wirtschaftlichen Vorteils des Abschöpfungsschuldners.

14. Die Abschöpfung eines pauschalen Betrags beispielsweise in Höhe von 5 % des tatbezogenen Umsatzes scheitert bereits daran, dass nicht jeder Kartellverstoß in der Praxis einen wirtschaftlichen Vorteil nach sich zieht. Dies wird auch anhand der Systematik des § 34 GWB deutlich, der in Absatz 3 faktisch eine Prüfungspflicht des Bundeskartellamts hinsichtlich der Existenz eines wirtschaftlichen Vorteils im konkreten Einzelfall normiert.

§ 5 Endergebnis und Zusammenfassung

15. Die effektivste und dem rechtlichen Rahmen entsprechende Methode ist ein Anspruch auf Anwendung des § 34 GWB. Der Anspruch umfasst die Einleitung des Abschöpfungsverfahrens nach § 34 GWB sowie die Beachtung der Frage, ob im konkreten Fall nach Prüfung des § 34 Abs. 3 GWB abgeschöpft wird oder nicht. Allein hiermit ist der gesetzlichen Pflicht des Bundeskartellamts Genüge getan.

16. Ist die Feststellung des wirtschaftlichen Vorteils in Ausnahmefälle nicht möglich und lassen sich die für eine möglichst genaue Schätzung nach § 34 Abs. 4 GWB notwenigen Anknüpfungstatsachen nicht ermitteln, ist die Schätzung für die Behörde zu erleichtern. Der wirtschaftliche Vorteil kann in diesen Fällen auf Grundlage des § 34 Abs. 4 GWB durch eine Abschlagszahlung in Höhe eines prozentualen Anteils der im Kartellzeitraum erzielten Umsätze abgeschöpft werden. Dies kommt beispielsweise bei Ausschließlichkeitsvereinbarungen zwischen Unternehmen auf vertikaler Ebene sowie bei Nichtangriffspakten auf Tiefstpreismärkten in Betracht. Die Höhe des prozentualen Anteils ist durch den Gesetzgeber zu definieren.

17. Anspruchsberechtigt sind solche Marktteilnehmer und Verbraucher, die durch die unterlassene Vorteilsabschöpfung betroffen sind. Dabei bedarf es für die Aktivlegitimation einer Auslegung des Betroffenheitskriteriums unter Berücksichtigung des Schutzbereichs des § 34 GWB. Um eine flächendeckende Rechtsdurchsetzung zu gewährleisten, reicht es für die Betroffenheit im Sinne des § 34 GWB aus, dass die unterlassene Vorteilsabschöpfung dazu geeignet ist, den Anspruchsteller in seinen wettbewerblichen Interessen und Handlungsspielräumen zu beeinträchtigen. In Fällen der vertikalen Bindung kann sich die Betroffenheit des gebundenen Unternehmens aus der Bindung selbst ergeben, sofern sie als wirtschaftlicher Vorteil zu qualifizieren ist. Die Betroffenheit durch Nichtabschöpfung der Finanzmittel liegt vor, wenn der Verbleib und die nach Maßgabe kaufmännischer Vernunft erwartbare Investition dieser Vorteile dazu geeignet sind, die wettbewerblichen Interessen und Handlungsspielräume des Anspruchstellers zu beeinträchtigen. Verbraucher sind betroffen, sofern die unterlasse Vorteilsabschöpfung und der erwartbare Einsatz der Kartellrendite durch den Kartellanten dazu geeignet sind, einen Schaden beim Anspruchsteller zu verursachen. Der Verbraucher hat für die Betroffenheit nach § 34 GWB jedoch darzulegen, dass er Waren oder

Dienstleistungen bezogen hat, die sachlich, zeitlich und räumlich in Zusammenhang mit dem Markt stehen, auf dem der Kartellant tätig ist.

18. Sofern diese Nachteile in einer Gesamtbetrachtung letztlich zur ineffektiveren Durchsetzung des gesamten Kartellrechts führen und den Behördenapparat behindern, ist der Gesetzgeber gefordert, die Regelungen zur Vorteilsabschöpfung zu überarbeiten.

Literaturverzeichnis

I. Kommentare, Aufsätze, Lehrbücher, Monographien

Achenbach, Hans, Anmerkung zum Beschluss des BGH vom 25.04.2005, in: NStZ 2006, 231 ff. (zitiert: Anmerkung *Achenbach*, NStZ 2006, 233 f.)

Alexander, Christian, Schadensersatz und Abschöpfung im Lauterkeits- und Kartellrecht – Privatrechtliche Sanktionsinstrumente zum Schutz individueller und überindividueller Interessen im Wettbewerb, Tübingen 2010 (zitiert: *Alexander*)

Barth, Uli/ Bongart, Christian, Gesamtwirtschaftliche Analyse: Die große Unbekannte der Mehrerlösermittlung, in: WuW 2009, 30 ff. (zitiert: *Barth/Bongart*, WuW 2009, 30)

Bechtold, Rainer, Die Stellung der Beigeladenen im Kartellverfahren, in: Betriebs-Berater 2003, 1021 ff. (zitiert: *Bechtold*, BB 2003, 1021)

Bechtold, Rainer/Bosch, Wolfgang, Gesetz gegen Wettbewerbsbeschränkungen, 9. Aufl. München 2018 (zitiert: *Bechtold/Bosch*, GWB)

Beck'scher Online-Kommentar Grundgesetz (Herausgeber: Epping, Volker/Hillgruber, Christian) 47. Edition, Stand: 15.05.2021, München (zitiert: *Bearbeiter* in BeckOK/GG)

Beck'scher Online-Kommentar OWiG (Herausgeber: Graf, Jürgen), 30. Edition, Stand: 01.04.2021, München (zitiert: *Bearbeiter* in BeckOK/OWiG)

Beck'scher Online-Kommentar VwVfG (Herausgeber: Bader, Johann /Ronellenfitsch, Michael), 51. Edition, Stand: 01.04.2021, München (zitiert: *Bearbeiter* in BeckOK/VwVfG)

Berg, Werner/Mäsch, Gerald, Deutsches und Europäisches Kartellrecht, 3. Aufl. München 2018 (zitiert: *Berg/Mäsch*, GWB)

Blanke, Gerold, Der Anspruch auf Eingreifen der Kartellbehörde, Göttingen 1974 (zitiert: *Blanke*)

Dreier, Horst, Grundgesetzt-Kommentar, Band 3, Artikel 86–146, 3. Aufl., Tübingen 2018 (zitiert: *Bearbeiter* in Dreier, GG)

Eckel, Phillip, Kollektiver Rechtsschutz gegen kartellrechtliche Streuschäden: Das Vereinigte Königreich als Vorbild?, in: WuW 2015, Heft 1, 4 ff. (zitiert: *Eckel*, WuW 2015, 4)

Fritzsche, Alexander, Der Beseitigungsanspruch im Kartellrecht nach der 7. GWB-Novelle, in: WRP 2006, 42 ff. (zitiert: *Fritzsche*, WRP 2006, 42)

Frankfurter Kommentar zum Kartellrecht (Herausgeber: Jaeger, Wolfgang/Kokott, Juliane/Pohlmann, Petra/Schroeder, Dirk), Loseblatt, 99. Ergänzungslieferung, Stand: März 2021, Köln (zitiert: *Bearbeiter* in Frankfurter Kommentar, GWB (Loseblatt)

Gierth, Karl, Der Bescheidungsanspruch im verwaltungsbehördlichen Verfahren, in: DÖV 1977, 761 ff. (zitiert: *Gierth*, DÖV 1977, 761)

Literaturverzeichnis

Gemeinschaftskommentar (Herausgeber Müller-Henneberg, Hans/Schwartz, Gustav/Hootz, Christian u.a.), Gesetz gegen Wettbewerbsbeschränkungen und Europäisches Kartellrecht, 4. Aufl. Köln, Berlin, Bonn München 1981 (zitiert: *Bearbeiter* in GK, GWB)

Haase, Florian/Geils, Malte, Die steuerliche Abzugsfähigkeit von Kartellgeldbußen, in: Betriebs-Berater 2015, 2583 ff. (zitiert: *Haase/Geils*, BB 2015, 2583)

Hänsch, Thomas, Der isolierte Anspruch auf Tätigwerden der Kartellbehörde, Rostock 2013 (zitiert: *Hänsch*)

Hempel, Rolf, Privater Rechtsschutz im deutschen Kartellrecht nach der 7. GWB-Novelle, in: WuW 2004, 362 ff. (zitiert: *Hempel*, WuW, 2004, 362)

Hömig Dieter/Wolff, Heinrich Amadeus, Grundgesetz für die Bundesrepublik Deutschland, 12 Aufl., Baden-Baden 2018 (zitiert: *Bearbeiter* in Hömig/Wolff, GG)

Immenga, Ulrich/Mestmäcker, Ernst-Joachim, Wettbewerbsrecht, Kommentar zum Europäischen Kartellrecht, Band 1, 5. Aufl. München 2012 (zitiert: *Bearbeiter* in Immenga/Mestmäcker, EU-Wettbewerbsrecht, 5. Aufl. 2012)

Immenga, Ulrich/Mestmäcker, Ernst-Joachim, Wettbewerbsrecht, Kommentar zum Deutschen Kartellrecht, Band 2, 5. Aufl. München 2014 (zitiert: *Bearbeiter* in Immenga/Mestmäcker, GWB, 5. Aufl. 2014)

Immenga, Ulrich/Mestmäcker, Ernst-Joachim, Wettbewerbsrecht, Kommentar zum Deutschen Kartellrecht, Band 2, 4. Aufl., München 2007 (zitiert: *Bearbeiter* in Immenga/Mestmäcker, GWB, 4. Aufl. 2007)

Immenga, Ulrich/Mestmäcker, Ernst-Joachim, Wettbewerbsrecht, Kommentar zum Deutschen Kartellrecht, Band 2, 6. Aufl., München 2020 (zitiert: *Bearbeiter* in Immenga/Mestmäcker, GWB)

Janssen, André, Präventive Gewinnabschöpfung, Tübingen 2017 (zitiert: *Janssen*)

Jellinek, Hansjörg, Ermessensausübung durch Verwaltungsbehörden, in: ZRP 1981, 68 ff. (zitiert: *Jellinek*, ZRP 1981, 68)

Kahlenberg, Harald/Rahlmeyer, Dietmar/Giese, Peter, Die 10. GWB-Novelle (GWB-Digitalisierungsgesetz) – der Regierungsentwurf, in: BB 2020, 2691 ff. (zitiert: Kahlenberg/Rahlmeyer/Giese, BB 2020, 2691)

Kamann, Hans-Georg/Ohlhoff, Stefan/Völcker, Sven, Kartellverfahren und Kartellprozess, München 2017 (zitiert: *Bearbeiter* in Kamann/Ohlhoff,/Völcker, Kartellverfahren und Kartellprozess)

Keßler, Jürgen, Verbraucherschutz im GWB de lege lata und de lege ferenda, VuR 2012, 391 ff. (zitiert: *Keßler*, VuR 2012, 391)

Kling, Michael/Thomas, Stefan, Kartellrecht, 2. Aufl. München 2016 (zitiert: *Bearbeiter* in Kling/Thomas, GWB)

Klumpe, Gerhard/Thiede, Thomas, Flogging a Dead Horse, in: NZKart 2020, 104, ff. (zitiert: *Klumpe/Thiede*, NZKart 2020, 104)

Klumpe, Gerhard/Thiede, Thomas, Ergänzende Überlegungen zu Lukas Rengier, Kartellschadensersatz in Deutschland, WuW 2018, 613, in: NZKart 2019, 136 ff. (zitiert: *Klumpe/Thiede*, NZKart 2019, 136)

Kölner Kommentar zum Kartellrecht (Herausgeber: Busche, Jan/Röhling, Andreas) Band 1, §§ 1–34a GWB, Köln 2017 (zitiert: *Bearbeiter* in Kölner Kommentar, Bd. 1, GWB)

Kölner Kommentar zum Kartellrecht (Herausgeber: Busche, Jan/Röhling, Andreas) Band 2, §§ 35–96, 130, 131 GWB, Köln 2015 (zitiert: *Bearbeiter* in Kölner Kommentar, Bd. 2, GWB)

Könen, Daniel, Die Rolle des Bundeskartellamts im Beschwerdeverfahren – Eine Untersuchung insbesondere in Bezug auf Nachermittlungen, Baden-Baden 2013 (zitiert: *Könen*)

Konrads, Sebastian, Entschärfung des Haftungsrisikos des verantwortlichen Vorstands einer Aktiengesellschaft zum Zwecke der Inanspruchnahme einer kartellrechtlichen Kronzeugenregelung, München 2012 (zitiert: *Konrads*)

Kremer, Matthias Gabriel, Die kartellrechtliche Beschwerde – Zugleich ein Beitrag zur Lehre vom subjektiven öffentlichen Recht im GWB, Berlin 1988 (zitiert: *Kremer*)

Krüger, Elmar, Die Steuerliche Abzugsfähigkeit von Kartellgeldbußen – ungeklärte Fragen?, in: DStR 2016, 895 ff. (zitiert: *Krüger*, DStR 2016, 895)

Kühnen, Jürgen, Mehrerlös und Vorteilsabschöpfung nach der 7. GWB-Novelle, in: WuW, 2010, 16 ff. (zitiert: *Kühnen*, WuW 2010, 16)

Kühnen, Jürgen, Überlegungen zur Schätzung der Kartellschadensersatzhöhe, in: NZKart 2019, 515 ff. (zitiert: *Kühnen*, NZKart 2019, 515)

Lahme, Rüdiger/Ruster, Andreas, Das ungeschriebene Merkmal der Kartellbefangenheit, in: NZKart 2019, 196 ff. (zitiert: *Lahme/Ruster*, NZKart 2019, 196)

Langen, Eugen/Bunte, Hermann-Josef, Kommentar zum deutschen und europäischen Kartellrecht, Band 1, Deutsches Kartellrecht, 13. Aufl., München 2018 (zitiert: *Bearbeiter* in Langen/Bunte, GWB)

Laub, Karin, Die Ermessensreduzierung in der verwaltungsgerichtlichen Rechtsprechung, München 2000 (zitiert: *Laub*)

Loewenheim, Ulrich/Meesen, Karl M./Riesenkampf, Alexander/Kersting, Christian/Meyer-Lindemann Hans Jürgen, Kommentar zum Deutschen und Europäischen Kartellrecht, 4. Aufl., München 2020 (zitiert: *Bearbeiter* in LMRKM)

Münchener Kommentar zum Wettbewerbsrecht (Herausgeber: Säcker, Franz Jürgen/Meier-Beck, Peter/Bien, Florian/Montag, Frank) Band 1, Europäisches Wettbewerbsrecht, 3. Aufl., München 2020 (zitiert: *Bearbeiter* in MüKo/Kartellrecht, EU-Wettbewerbsrecht)

Münchener Kommentar zum Wettbewerbsrecht (Herausgeber: Säcker, Franz Jürgen/Meier-Beck, Peter/Bien, Florian/Montag, Frank) Band 2, Gesetz gegen Wettbewerbsbeschränkungen (GWB) §§ 1–96, 185, 186; Verfahren vor den europäischen Gerichten, 3. Aufl., München 2020 (zitiert: *Bearbeiter* in MüKo/Kartellrecht, GWB)

Otto, Jannick, (Kartell-)Betroffenheit und Schadensallokation nach der 9. GWB-Novelle, in: ZWeR 2019, 354 ff. (zitiert: *Otto*, ZWeR 2019, 354)

Petzold, Daniel/Steinle, Christian, Der BGH stellt erneut die Weichen, in: NZKart 2020, 176 ff. (zitiert: *Petzold/Steinle*, NZKart 2020, 176)

Literaturverzeichnis

Poelzig, Dörte/Bauermeister, Tabea, Kartellrechtsdurchsetzung, ne bis in idem und Verhältnismäßigkeit (Teil 2) – Die Anrechnung kartellrechtlicher Sanktionen, in: NZKart 2017, 568 ff. (zitiert: *Poelzig/Bauermeister*, NZKart 2017, 568)

Raum, Rolf, Vorteilsabschöpfung im Kartellrecht – Viele Wege zu einem Ziel, in: Festschrift für Günter Hirsch zum 65. Geburtstag, München 2008 (zitiert: *Raum*, Festschrift Hirsch)

Rebler, Adolf, Die Einziehung im OWi-Recht (§ 29a OWiG) – Das Bruttoprinzip und die Bestimmung des "Erlangten", in: DAR 2018, 411 ff. (zitiert: *Rebler*, DAR 2018, 411)

Roth, Konrad, Das neue gesetzliche Kronzeugenprogramm, in: WuW 2021, 10 ff. (zitiert: Roth, WuW 2021, 10)

Roth, Wulf-Henning, Zur Aktivlegitimation im deutschen Kartelldeliktsrecht, in: Festschrift für Dirk Schroeder zum 65. Geburtstag; Europäisches, deutsches und internationales Kartellrecht Köln 2018 (zitiert: *Roth*, Festschrift Schroeder)

Sachs, Michael, Grundgesetz Kommentar, 8. Aufl., München 2018 (zitiert: *Bearbeiter* in Sachs, GG)

Schmidt, Karsten, Kartellverfahrensrecht – Kartellverwaltungsrecht – Bürgerliches Recht, 1977 (zitiert: *Schmidt*)

Schönfeld, Jens/Haus, Florian/Bergmann, Malte/Erne, Sarah, Geldbußen von Bundeskartellamt und Kommission wegen Kartellverstößen sind abzugsfähig, in: DStR 2017, 73 ff. (zitiert: *Schönfeld/Haus/Bergmann/Erne*, DStR 2017, 73)

Schulte, Josef Lothar/Just, Christoph, Kartellrecht – GWB, Kartellvergaberecht, EU-Kartellrecht Kommentar, 2. Aufl., Köln 2016 (zitiert: *Bearbeiter* in Schulte/Just, GWB)

Seifert, Konstantin, Informationsbeschaffung für Kartellschadensersatzverfahren – Kommen Geschädigte (noch) an die Akte des Bundeskartellamts?, in: NZKart 2017, 512 ff. (zitiert: *Seifert*, NZKart 2017, 512)

Sieme, Stefan, Der Gewinnabschöpfungsanspruch nach § 10 UWG und die Vorteilsabschöpfung gem. §§ 34, 34a GWB, Berlin 2009 (zitiert: *Sieme*)

Stancke, Fabian, Die Betroffenheit und Aktivlegitimation im Rahmen kartellrechtlicher Schadensersatzklagen, in: NZKart 2017, 636 ff. (zitiert: *Stancke*, NZKart 2017, 636)

Steinberg, Philipp Marc/Wirtz, Markus, Der Referentenentwurf zur 10. GWB-Novelle – Ein Dialog zwischen dem BMWi und der anwaltlichen Praxis (Teil 2), in: WuW 2020, 8 ff. (zitiert: *Steinberg/Wirtz*, WuW 2020, 8)

Stelkens, Paul/Bonk, Heinz Joachim/Sachs, Michael, Verwaltungsverfahrensgesetz, 9. Aufl., München 2018 (zitiert: *Bearbeiter* in Stelkens/Bonk/Sachs, VwVfG)

von Münch, Ingo/Kunig, Philip, Grundgesetz Kommentar, 7. Aufl. München 2021 (zitiert: *Bearbeiter* in v. Münch/Kunig, GG)

Voßkuhle, Andreas/Kaiser, Anna-Bettina, Grundwissen – Öffentliches Recht: Das subjektiv-öffentliche Recht, in: JuS 2009, 16 ff. (zitiert: *Voßkuhle/Kaiser*, Jus 2009, 16)

Wegner, Carsten, Anmerkung zum Beschluss des BGH vom 24.04.2005, in: wistra 2005, 384 ff. (zitiert: Anmerkung *Wegner*, wistra 2005, 386 ff.)

Wiedemann, Gerhard, Handbuch des Kartellrechts, 4 Aufl., München 2020 (zitiert: *Bearbeiter* in Wiedemann, Handbuch des Kartellrechts)

Zuck, Rüdiger, Bundeskartellamt und Bundeswirtschaftsministerium, in: Betriebs-Berater 1973, 20 ff. (zitiert: *Zuck,* BB 1973, 20)

II. Materialien

Amtsblatt der Europäischen Kommission, Mitteilung der Kommission über den Erlass und die Ermäßigung von Geldbußen in Kartellsache, Amtsblatt der Europäischen Kommission C 298/17 vom 08.12.2006, (zitiert: *Leniency Notive*)

Entwurf eines Siebten Gesetzes zur Änderung des Gesetzes gegen Wettbewerbsbeschränkungen, BR-Drucksache 441/04

Regierungsbegründung zu dem Entwurf eines Sechsten Gesetzes zur Änderung des Gesetzes gegen Wettbewerbsbeschränkungen, BT-Drucksache 13/9720

Regierungsbegründung zu dem Entwurf eines Siebten Gesetzes zur Änderung des Gesetzes gegen Wettbewerbsbeschränkungen, BT-Drucksache 15/3640

Gesetzesentwurf der Bundesregierung eines Neunten Gesetzes zur Änderung des Gesetzes gegen Wettbewerbsbeschränkungen, BT-Drucksache 18/10207

Gesetzentwurf der Bundesregierung eines Gesetzes zur Änderung des Gesetzes gegen Wettbewerbsbeschränkungen für ein fokussiertes, proaktives und digitales Wettbewerbsrecht 4.0 und anderer wettbewerbsrechtlicher Bestimmungen (GWB-Digitalisierungsgesetz), BT-Drucksache 19/23492

Richtlinie 2014/104/EU des europäischen Parlaments und des Rates vom 26. November 2014 über bestimmte Vorschriften für Schadensersatzklagen nach nationalem Recht wegen Zuwiderhandlungen gegen wettbewerbsrechtliche Bestimmungen der Mitgliedstaaten und der Europäischen Union (zitiert: Richtlinie 2014/104/EU)

Richtlinie 2019/1/EU des europäischen Parlaments und des Rates vom 11. Dezember 2018 zur Stärkung der Wettbewerbsbehörden der Mitgliedstaaten im Hinblick auf eine wirksamere Durchsetzung der Wettbewerbsvorschriften und zur Gewährleistung des reibungslosen Funktionierens des Binnenmarkts (zitiert: Richtlinie 2019/1/EU)

Schriftlicher Bericht des Ausschusses für Wirtschaftspolitik (21. Ausschuss) über den Entwurf eines Gesetzes gegen Wettbewerbsbeschränkungen, BT-Drucksache, II/3644

Sondergutachten 1 der Monopolkommission, Anwendung und Möglichkeiten der Mißbrauchsaufsicht über marktbeherrschende Unternehmen seit Inkrafttreten der Kartellgesetznovelle, 2. Aufl., Baden-Baden 1977 (zitiert: Sondergutachten 1)

Sondergutachten 7 der Monopolkommission, Mißbräuche der Nachfragemacht und Möglichkeiten zu ihrer Kontrolle im Rahmen des Gesetzes gegen Wettbewerbsbeschränkungen, Baden-Baden 1977 (zitiert: Sondergutachten 7)

Literaturverzeichnis

III. Sonstiges

Bundeskartellamt:
- Tätigkeitsbericht des Bundeskartellamts in den Jahren 2005/2006 vom 15.06.2007, BT-Drucksache 16/5710 (zitiert: Tätigkeitsbericht 05/06)
- Tätigkeitsbericht des Bundeskartellamts in den Jahren 2007/2008 vom 22.06.2009, BT-Drucksache 16/13500 (zitiert: Tätigkeitsbericht 07/08)
- Tätigkeitsbericht des Bundeskartellamts in den Jahren 2009/2010 vom 20.07.2011, BT-Drucksache 17/6640 (zitiert: Tätigkeitsbericht 09/10)
- Tätigkeitsbericht des Bundeskartellamts in den Jahren 2011/2012 vom 29.05.2013, BT-Drucksache 17/13675 (zitiert: Tätigkeitsbericht 11/12)
- Tätigkeitsbericht des Bundeskartellamts in den Jahren 2013/2014 vom 15.06.2014, BT-Drucksache 18/5210 (zitiert: Tätigkeitsbericht 13/14)
- Tätigkeitsbericht des Bundeskartellamts in den Jahren 2015/2016 vom 15.06.2017, BT-Drucksache 18/12760 (zitiert: Tätigkeitsbericht 15/16)
- Tätigkeitsbericht des Bundeskartellamts in den Jahren 2017/2018 vom 19.06.2019, BT-Drucksache 19/10900 (zitiert: Tätigkeitsbericht 17/18)
- Tätigkeitsbericht des Bundeskartellamts in den Jahren 2019/2020 vom 23.06.2021, BT-Drucksache 19/30775 (zitiert: Tätigkeitsbericht 19/20)
- Fallbericht des Bundeskartellamts vom 06.09.2013, Aktenzeichen B12 – 16/12, B12 – 19/12
- Broschüre, Erfolgreiche Kartellverfolgung – Nutzen für Wirtschaft und Verbraucher, URL: https://www.bundeskartellamt.de/SharedDocs/Publikation/DE/Broschueren/Informationsbrosch%C3%BCre%20-%20Erfolgreiche%20Kartellverfolgung.pdf?__blob=publicationFile&v=12 (letzter Abruf: 21.02.2021)
- Pressemitteilung vom 01.03.2018, URL: https://www.bundeskartellamt.de/SharedDocs/Meldung/DE/Pressemitteilungen/2018/01_03_2018_OLG_Vertikalfall_Rossmann.html (letzter Abruf: 21.02.2021)
- Pressemitteilung vom 23.07.2013, URL: https://www.bundeskartellamt.de/SharedDocs/Meldung/DE/Pressemitteilungen/2013/23_07_2013_Schienen.html (letzter Abruf: 21.02.2021)
- Pressemitteilung vom 03.07.2009, URL: https://www.bundeskartellamt.de/SharedDocs/Meldung/DE/Pressemitteilungen/2009/03_07_2009_Silostellgeb%C3%BChr.html (letzter Abruf: 21.02.2021)
- Leitlinien für die Bußgeldzumessung in Kartellordnungswidrigkeitenverfahren vom 25.06.2013, URL: https://www.bundeskartellamt.de/SharedDocs/Publikation/DE/Leitlinien/Bekanntmachung%20-%20Bu%C3%9Fgeldleitlinien-Juni%202013.html (letzter Abruf: 21.02.2021)
- Leitfaden zur Marktbeherrschung in der Fusionskontrolle vom 29.03.2012, URL: https://www.bundeskartellamt.de/SharedDocs/Publikation/DE/Leitfaden/Leitfaden%20-%20Marktbeherrschung%20in%20der%20Fusionskontrolle.pdf?__blob=publicationFile&v=12 (letzter Abruf: 21.02.2021)
- Bekanntmachung Nr. 9/2006 über den Erlass und die Reduktion von Geldbußen in Kartellsachen – Bonusregelung – vom 07.03.2006, URL: https://www.bundeskartellamt.de/SharedDocs/Publikation/DE/Bekanntmachungen/Bekan

ntmachung%20-%20Bonusregelung.pdf?__blob=publicationFile&v=9 (letzter Abruf: 21.02.2021)
- Mitteilung über die Aufhebung der Bekanntmachung Nr. 9/2006 über den Erlass und die Reduktion von Geldbußen in Kartellsachen – Bonusregelung – vom 07.03.2006, URL: https://www.bundeskartellamt.de/DE/Kartellverbot/Kronzeugenprogramm/Kronzeugenprogramm_artikel.html_(letzter Abruf: 21.02.2021)

Bundesrechnungshof:
- Aufgaben/Organisation, URL: https://www.bundesrechnungshof.de/de/ueber-uns/institution/organisation (letzter Abruf: 21.02.2021)
- 2015 Prüfungsmitteilung – Vorteilsabschöpfung durch das Bundeskartellamt (§ 34 GWB) vom 14.04.2015, URL: https://www.bundesrechnungshof.de/de/veroeffentlichungen/produkte/pruefungsmitteilungen/2015/2015-pm-vorteilsabschoepfung-durch-das-bundeskartellamt-34-gwb (letzter Abruf: 21.02.2021)

Redaktion beck-aktuell, Nachrichten, Pressemitteilungen, Fachnews:
- Beck-aktuell, becklink 1033537
- Beck-aktuell, becklink 142109
- Beck-aktuell, becklink 2013876

Studienvereinigung Kartellrecht e.V, Stellungnahme zu den mit dem Referentenentwurf vorgeschlagenen Änderungen – Verwaltungsverfahren/Schadensersatz/Fusionskontrolle vom 13.02.2020, URL: https://www.studienvereinigung-kartellrecht.de/sites/default/files/stellungnahmen/67b4e1a541bd1af1e25ae7e6eb9824fc/200213_stuv_stellungnahme_verwverfahren_schadensersatz_fuko_10_gwb_novelle_bmwi.pdf (letzter Abruf: 21.02.2021)